U0866296

集体谈判演练技术

赢在共赢

宋湛　李岩　编著

中国工人出版社

图书在版编目（CIP）数据

集体谈判演练技术：赢在共赢／宋湛，李岩编著．—北京：中国工人出版社，2013.10

ISBN 978-7-5008-5649-8

Ⅰ.①集… Ⅱ.①宋… ②李… Ⅲ.①劳资关系—谈判—研究 Ⅳ.①F246

中国版本图书馆CIP数据核字（2013）第237617号

集体谈判演练技术：赢在共赢

出 版 人　李庆堂
责任编辑　罗荣波
责任校对　孙迺伟
责任印制　栾征宇
出版发行　中国工人出版社（北京市东城区鼓楼外大街45号　邮编：100120）
网　　址　http://www.wp-china.com
电　　话　010-62005043（总编室）
　　　　　010-82075935（工会与劳动关系分社）
　　　　　010-62005038（传真）
发行热线　010-62004002　62033018（读者服务部）
读者服务　010-62389465
经　　销　各地书店
印　　制　北京睿特印刷厂
开　　本　700毫米×1000毫米　1/16
印　　张　15
字　　数　250千字
版　　次　2013年10月第1版　2017年4月第2次印刷
定　　价　38.00元

尽管民主作为社会机会的一个主要来源是宝贵的，但是还需要考察它良好运作的方式和手段，来实现它的潜力。社会正义的实现不仅依赖于体制形式（包括民主规制和法令），而且还依赖于富有实效的实践。

——阿玛提亚·森（Amartya Sen）《以自由看待发展》

赢在共赢（代序）

我们必须承认，我们正处在有史以来头一次需要协调如此众多不同利益来形成共同利益的高难处境中，同时，日益增大的短期压力使得从中长期上的考量变得难上加难。

——马塞尔·格瑞纳德《对危机的思考》

一

2001 年的“劳动关系”课上，一群学生坐在对放的两排课桌的两边，有些局促又有些新奇地望着对方，尝试着扮演劳资双方，模拟协商谈判签订集体劳动合同。虽然 1994 年颁布了《中华人民共和国劳动法》，赋予劳动者集体协商的权利，并且在 2000 年由当时的劳动社会保障部出台了《工资集体协商试行办法》，但是在那段时间，集体协商和集体合同在公众眼中仍然是稀罕事物。

11 年后的 2012 年 11 月，在首都经济贸易大学的大学生活动中心，六所来自全国的有劳动关系专业的全日制本科高校的 12 支队伍正在进行模拟集体谈判大赛。各队依据谈判情境，角色定位清晰、制定谈判策略重点得当，表现得进退有度、语言刚柔相济，同 11 年前初涉集体谈判的青涩形成鲜明对比，本次谈判过程高潮迭起，时不时会“爆”出一些亮点，观众也报以热烈的掌声。再加上来自各个机构的专业评委的精彩点评，应该可以称作劳动关系专业学生们的一次空前盛会。

高校集体谈判教学的巨大发展仅仅是中国劳动关系领域甚至中国社会发展的一个小小的侧影。那么，这 11 年里我国社会和劳动关系领域发生了什么？

2001 年到 2003 年，正是国有企业转制的高峰时期，不断地有学生告诉我，家里人或周围人对自身下岗及补偿的质疑，以及对工作岗位和企业内部制度环境剧烈变动的不理解和不适应，他们感到盲目、被动、不安；也有已经毕业分配到某大型国企的人力资源管理专业学生给我打来电话，说老板要她大量裁人，希望我能传授她能够合法有效且低成本地完成任务的“技术技巧”。劳动关系市场化就这样快速铺开，传统的“体制内”在缩小，强势雇主的市场体制在扩张。

“民工荒”是另一事件。漫步北京街头，餐馆、小区物业、家政服务公司到处贴满了招聘的广告。有小老板诉苦道，现在以 2000 元钱工资想招一个干活得力的无残障、工作稳定、不朝三暮四的员工真的太难了，而好不容易培养的员工却在朝夕之间投入竞争对手的怀抱。在劳动力市场的天平悄悄地发生变化的时候，我们一贯视为行之有效的工资定价制度和人力资源管理制度开始表现出更多的问题。不绝于耳的各种劳资冲突事件，劳动争议案件，以及由劳资矛盾引发的群众性集体性事件正在向我们昭示这个问题的严重性和迫切性。

劳资纠纷引发的暴力事件不断地见诸报端。企业员工停工、怠工事件不断。2010 年发生的停工潮具有更为经典的意义：劳动者开始有组织有纪律地通过合法途径寻求集体利益，同时很多企业也开始积极地寻找与员工对话的渠道。

二

11 年的集体谈判模拟教学之路是如何走下来的？开始的摸索阶段现在回想起来仍是很有趣味。

我们曾经将模拟集体谈判谈成了“大学生辩论赛”，没有角色分工，没有确切谈判目标，没有妥协和让步的策略，觉得自己是“正义的化身”，一切行为都是为了“辩倒”对方。更有甚者甚至开始出言辱骂对方，进行人身攻击，以泄一时之快。可是结果怎么样呢？其所代表的利益主体的利益有没有通过谈判得到改进呢？答案是否定的，这些做法只能激起对方的抵抗和反对。我们没有靠这些“辩论”得到任何双方一致通过的结果，而只有结果才是谈判最为重要的！

当“剥削者”、“黑心资本家”、“煽动闹事”、“刁民”等这些意识形态色彩很强的词汇淡出之后，另一些问题又开始涌现了。大家应用了天才的表演才能来扮演角色。2002年，在一个农民工们要求补发拖欠工资的案例里，学生们从表情、神态和动作上都进行了惟妙惟肖的模仿，而且还使用了方言。模拟谈判的课堂上充满了联欢会中小品节目才会有的笑声。老板谈判缺席不来、人事经理乱用规章……这些社会阴暗却有一定真实性的现象都被学生们搬上了“舞台”。

我反对将阴暗面藏起来假装它们并不存在（在现在这样一个信息高度发达的社会藏起来不承认是多么笨拙的做法啊），恰恰相反，我认为只有直面现实才是有可能让学生们获得改造世界勇气的前提。但是，仅仅停留于模仿类的扮演是不够的，而是要参与博弈！如果仅仅模仿表演，往往失去了细致体察事物潜在运行规律的机会，也失去了以发展的视角看问题的能力，进而将眼光仅仅停留在对现实事物的批判和无奈的负面情绪之中，这才是最可怕的。因而，谈判规则要求，判定谈判成败的唯一依据是：在设定的谈判环境中全力得到谈判目标，而不是其他。如果你是一个员工代表，那么就全力做一个明智的员工代表而不是去“扮演”一个怒其不争、哀其不幸的角色；如果你是一个老板，你可以采用包括故意迟到在内的策略来表现自己对对方的轻视，但是，评判的结果是你是否取得了谈判目标，因为你虽然可以使用各种管理手段来约束甚至惩罚不合作的工人，但是他们可能也会让你因此而破产！总之，扮演得“像不像”不是重点，重点是你是否说服对方达成了于己方有利的协议并作为下一步合作的基础。因为当参与者发现，对社会上的一些陈规陋习的模仿不能提高自身的谈判能力之后，这些模仿就自然不再进行下去了。

在进一步明确了谈判目标之后，谈判的各种技术技巧在实践层面上就得到了充分的演练，同时谈判的技术层面的问题也就暴露出来了。参与谈判的人感受到了压力和不确定性，因为当目标制定得越高、对对方配合的程度越乐观，这种压力在谈判的过程中就会越大。谁先让步，谁就容易吃亏，因而拉锯战、久拖不决成了这种类型谈判的一个必然标志。谈判从前一阶段的“没得谈”，变成了“谈不完”。这种情况下，谈判时间的限定就很重要了。我们规定：严格限定谈判时间，谈判时间内没有达成协议视为谈判失败。时间的限定提升了谈判的效率，一些谈判者还因此在有多项谈判议题的情况下，为每项议题设定谈判最长时间，一旦双方分歧过大而时间已过，就赶快转入下一个议题，这样可以在谈判时间内尽量多地达成协议。时间严格限定的另一个好处是：虽然在谈判之初双方可以虚张声势、可以通过多个回合来试探对方底线，但是在谈判接近结束却还没有达成协议的时候，才是双方比拼耐性，拿出撒手锏博弈的黄金时间，“好戏在后头”，谈判的精彩被浓缩，最后一分钟见真功，模拟集体谈判的观赏性也提升了很多。

接下来是一个更为重要的问题，即案例的真实性和全面性的问题。我们试图将案例设计得全面细致，从企业的财务报表到员工的各种需求的汇总。但是，即使这样还是有一些谈判者需要的信息不能涵盖。例如，我们所一直着力推崇的整合模式中往往需要一些创新，这些创新是否可行，需要结合企业和员工的实际情况以及市场环境来看，因而虽然我们每次都把案例细节尽量做得全面些，但仍不能穷尽此类要求。因此，根据案例和常识以及现实环境展开有根据的想象，因而“添油加醋”地添加资料是被允许的，而对方不得以这些内容案例里没有为由而不承认，也不得以自己杜撰的内容来否定对方。这种“先到先得”规则的好处是对谈判背景有更多了解的一方能够因势利导地把握先机，从而锻炼了基于现实的想象力和创新能力。例如，在一个高科技成长性很好的公司进行工资集体协商的案例里，劳资双方纠结于工资增长的一个百分点而难分难解，劳方强调公司激励人才而资方强调资金链紧张，双方相持不下，这时，工会主席适时地提出依据某高科技公司的成功经验（此高科技公司的情况不是案例中给出的），实施员工持股（ESOP）计划，要求全员持股，按期分红。这样一个能够解决暂时矛盾的方法，资方是无法拒绝的。

同时，我们还设计了封闭式和开放式的两类案例来解决该问题。前者一般对每一项议题的各种可能的结果给出确切的分值，谈判破裂或在规定的时间内没有完成的记零分，各项谈判取得分值的累加就是各组谈判的最终结果（成绩）。这样不同的组在相同的环境和相同的客观评分标准下，结果可以相对公平些。开放式案例不设分值，需要各组根据自身案例来自行确定权重，因而对谈判者的能力要求更全面些，同时评分的主观成分较高，因而对评分者的素养和要求就更高。在教学活动中，为了提升参与者的各方面能力，我们设计了不同种类的案例和评分标准。

三

我们也尤其关注了学术界参与的比较著名的集体谈判事件。例如南海本田 、南沙电工等案例都给我们很大启示。劳资矛盾的焦点从 2000 年初期的劳动者是否有权利要求采取集体行动要求最低工资以上的工资福利待遇，变为劳资双方到底在什么位置上可以达成一致；从双方完全不合作，甚至使用暴力，到双方都能够依据法律冷静处理；从政府、地方工会的紧张压制，到逐渐摆正了角色——政府处于第三方的地位，代表公众利益，地方工会为谈判提供信息、技术支持。劳动者在谈判中也更加成熟理性了。

现实的情形比案例更加精彩和复杂，但是遗憾的是，谈判的过程因为涉及企业商业机密，所以很少有企业愿意让外部人进行观摩学习，更少有企业愿意将自己集体协商过程的案例真实地登载到出版物上。这对我们研习集体协商的实战操作的技术技巧带来了很多困难。因此，源于现实且经过加工的案例就有其独有的意义了。

四

关于写作的目的，本书作为技术指导用书，一方面可以指导模拟集体谈判的参与者更好地明确任务，提升技能；另一方面，也可以给准备谈判的实践者提供一些感性认知。如果需要理论知识和制度层面的了解则不是本书的介绍范围，可以参看《集体谈判》一书（《集体谈判》，宋湛主编，经济科学出版社，2013 年）。

本书共分成八章，第一章是所有集体谈判的策略、技术技巧的理论层面上的总概括。第二章到第七章针对谈判中的不同情形和策略给出了五个案例，并且各有侧重。我们首先提供了一个导读来介绍这一章的重点，然后是案例介绍和知识补充，在谈判过程复述中采用了即时评价的方式，不习惯理论阅读的读者可以直接从第二章到第六章的案例介绍开始读起，然后再尝试总结和反思的基础上再来读第一章，可能效果会好些。前六个案例均来自2012年第一届全国高校模拟集体谈判大赛，第八章是我们通过现实中的案例改编以期读者能够了解真实谈判的现状作为知识的补充，这就是第八章成文的目的。除此以外，我们还把专家点评的内容进行了浓缩，精练成了语录的形式作为附录。附录中还有一些谈判技巧方面的小贴士，供读者参考。

作为国内高校第一本专门介绍集体谈判技术的书籍，我们期待您的意见反馈，也欢迎您把亲身经历的真实的集体谈判故事和我们分享，欢迎发送邮件至 ssongzhan@ sina. com。

编　者

2013 年 10 月

目 录

CONTENTS

索 引

第一章

共赢中的对抗

——集体谈判策略及技巧概述

第一节　集体谈判策略

【游戏】红旗还是蓝旗?

在游戏中，两个人为一组比赛，有红色和蓝色两种旗，双方同时出一面旗，如果双方都出红色的旗则各得1分，如果双方都出蓝色的旗则双方都失1分，如果双方一方出蓝色一方出红色的则红方失1分，蓝方得1分。游戏共10轮比赛，最后将每位参赛者的得分汇总排名。

以上是一个典型的合作类博弈游戏，如果是一轮的博弈就很类似于“囚徒的困境”，但是由于它是多轮的博弈，所以很显然，这个游戏的最优结果是双方都出红旗（都选择合作），或者在最后一轮选择出蓝旗（因为最后一轮的策略类似一次性博弈）。由于理性的参赛者在上轮对方不合作（蓝旗）之后，就不再坚持选择合作（红旗），所以有良好沟通的理性参赛者从一开始会选择合作。

集体谈判类似这种多期的合作博弈，需要的是双方建立诚实和信任，才能实现劳资合作。

但是与集体谈判不同的是，在游戏中双方的价值观或规则已经事先给出，而谈判则没有。因此集体谈判比游戏要更加复杂，需要双方注入更多对谈判的理解和建构。但是同时，与合作博弈相似的是，谈判也是一种合作和让步的艺术，没有一方会独自全赢或全输。正确的谈判策略可以使自己在谈判中能够取得更多的利益。

在集体谈判中，我们要制定有利于自身的谈判策略，就要先了解我们要面临的谈判属于哪个类型或侧重于哪个类型。

一、四种主要的谈判类型介绍

沃尔顿（Walton）和麦克西（Mckersie）认为集体谈判有四种类型：

（1）分配式谈判（Distributive Bargaining）

在分配式谈判中，谈判是一种利益分配，结果是其中一方受益，另外一方相应地承担损失。比如工会获得20%的加薪，则企业承担相应数额的支出。这种理论简单地认为某种资源是固定的，一方受益则另一方需承担相应的损失。这种理论强调的重点是通过讨价还价对资源进行分配，双方从特定的立场出发提供对立的信息，未来的行为取向也立足于自己的立场，很难相互协商达成折中。

【小资料】2005年纽约地铁公交工人大罢工

2005年12月20日，纽约地铁公交系统全部停运，纽约运输工人工会组织了全城罢工，要求增加工资，改善福利待遇。一方面，罢工让纽约市政府每日损失4亿美元；另一方面，纽约市法院宣布罢工非法，裁决每罢工一天，工会须缴纳100万美金罚款。在双方都面临巨大损失的情况下，谈判很快和解，纽约交通恢复。

在本案例中，谈判的焦点问题是工资问题，它源于政府财政支出，因此工人方所得即纽约政府方所失，是典型的分配式谈判。那么双方会不会寸步不让以减少让步的损失？不会的，正如案例所显示的那样，在谈判失败的结果导致双方损失更大的情况下，分配式谈判的结果很可能是双方做出让步，达成一致。

（2）整合式谈判（Integrative Bargaining）

整合式谈判也称双赢式谈判（Mutual Gain Bargaining），指劳资双方针对共同面临的问题，通过相互协商一起解决问题的谈判类型。此类谈判多发生在劳资双方能够无条件地、宽容地认可对方的需要或双方同时能够获得利益时，往往当雇主提供了较高的灵活性或工会希望更多的工作安全保障时容易达成。

【小资料】让双方都满意的员工持股计划

A公司是一家成长性很好的小型公司，近年来业绩翻番，但员工收入没有明显增加。员工怨气越来越大，一些业务骨干代表大家向领导“讨说法”，财务经理于某介绍说虽然公司业绩好，但是近来公司正处在投资阶段，没有钱涨工资。业务骨干们不能接受，表示如果不涨工资，就要跳槽。这时人力资源经理向总经理建议施行员工持股计划，进行长期激励。这一计划得到双方的一致赞同。

在案例2中，化解双方矛盾的是一个将双方利益一致起来的解决方案，这也是合作博弈的特色。在一个企业里，劳资双方是有共同利益的，整合式谈判就是用这些共同利益去化解利益差异。很显然整合式谈判比分配式谈判更容易被谈判双方所接受，因为在谈判中双方没有那么多的利益对立。在案例2中，企业未来的收益是劳资双方共同的利益所在，那么采用长期激励的方法，不仅可以缓解短期资金紧张的问题，也可以激励员工努力工作，提高员工对企业的忠诚度。

（3）态度结构（Attitudinal Structuring）

谈判双方的活动会产生合作、信任、对立、敌意等氛围，这种氛围最终对双方行为产生影响，也决定了最后的谈判结果趋势。如合作会使得双方易于将对方的利益认为是合理的，更加容易达成有利于双方的协议；而冲突会引发双方相互诋毁，不承认对方利益的合理性，甚至认为对方的存在妨碍了自己的利益。

【小资料】公平的感受很重要

小伟在B公司已经工作5年了，他觉得自己工作努力勤奋，业绩也不错。当他听说公司正在选择一批有潜力的普通员工进行培训并将在培训后提拔或委以重任之后，就觉得很可能会有自己。结果他的希望落空了。他敲开了人力资源经理的大门，希望再为自己争取一下机会。

其实确定培训者名单已经经过了人力资源经理的慎重考虑：虽然小伟业绩出色，但是人际关系一般，团队合作能力差。所以人力资源经理已经做了决定。该经理将如何面对小伟提出的要求呢？

在案例3中，问题的焦点其实并不是一个培训的名额或晋升的计划，而是双方对对方信任的感受程度。如果人力资源经理以委婉的方式让小伟明白自己的问题所在，并且获得小伟的信任的话，那么小伟没有得到培训名额也会释然。

在前面的红旗蓝旗游戏当中，当游戏双方建立了一种相互信任、理解的关系之后，双方的互利合作就非常容易展开，甚至没有讨价还价的必要。但是如果双方在一开始就有至少一方不信任的结果出现，那么双方很难建立相互信任合作的局面。

所以说，良好的合作一半掌握在自己手里，另一半掌握在对方手里。在谈判初期与对方沟通的合作态度以及努力建立一种相互信任的氛围在一些多期谈判的案例中会比暂时达成某一目标显得更为重要。

（4）组织内谈判（Intraorganizational Bargaining）

组织内谈判指谈判实际是发生在组织内部，参与谈判的代表（如工会）存在向自己（工会）的成员“销售”谈判结果，同时谈判代表也受到自己所代表的团体的影响。对于劳资谈判而言，存在着前台和听众的概念，即首席谈判代表的听众是谈判组成员，谈判组成员的听众是委托人（见图1－1谈判代表的结构*），他们之间相互影响，最终影响谈判活动和谈判结果。

谈判人员要了解本方需求并且进行归纳筛选，剔除那些不切实际和指向不明的要求，并且对提出这些要求的委托人（工会方的劳动者）给予详细的解释和说服。避免出现工人不认可谈判结果的局面。同时，谈判组内部也需要有效的沟通协调和配合，以达到意见的一致和思想的统一。

---

* John A Fossum. Labor Relations：Development，Structure，Process. Irwin McGraw－Hill Publishing，1999，p338.

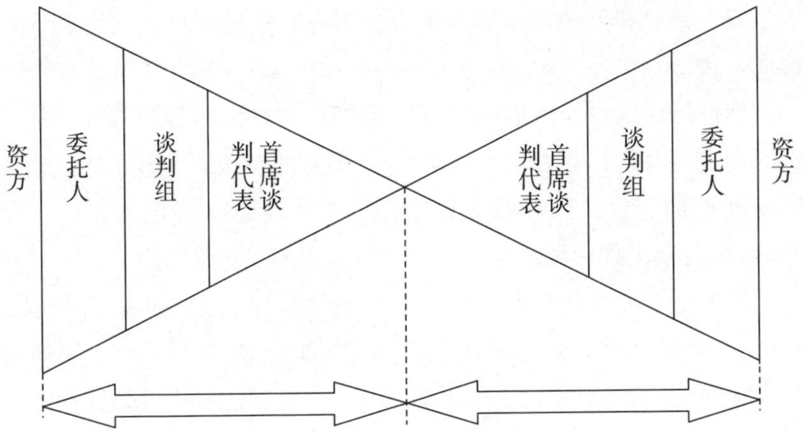

图 1－1　谈判代表的结构

二、针对不同谈判类型的谈判策略

由于实际进行的集体谈判往往主要属于某种类型或是几种类型的综合，因此，针对不同类型的谈判策略应该是不同的，而在实际谈判中应该首先分析面临的具体谈判类型，然后根据谈判类型的不同采取一种或多种谈判策略，从而争取取得谈判的成功。

（一）分配式谈判的谈判策略

对于分配式谈判而言，由于这种谈判类型是一种固定利益的分配，结果是其中一方受益，另外一方相应地承担损失。这在实际中往往表现为劳资双方在某个时点上注重自身的短期利益，对于固定的某种资源进行“你多我少”的分配。在原则性问题上或双方都不指望获得所谓“长远利益”时，这种局面容易出现。面对这种谈判类型，谈判策略强调的重点是通过讨价还价对资源进行分割，双方要严守自己的利益界限，据理力争，不能轻易地放弃或退让，甚至不惜无法达成协议或对薄公堂。

分配式谈判如何谈呢？

沃尔顿和麦克西模型（The Walton & Mckersie Model）提出谈判区（Contract Zone）的概念。即谈判各方都有谈判的底线，如果双方的谈判底线有交叠的部分，则存在正谈判区，双方可能在该正谈判区达成一致；如果谈判底线不重合，则存在负谈判区，双方就无法达成一致。

把握好底线对于达成谈判具有重要意义。比如劳资双方拟就工资问题进行谈判，劳方希望增加 5 元/小时的工资，资方希望只增加 3 元/小时的工资。这样双方就存在一个讨价还价的空间（3 元，5 元）。这时会出现两种情况：

（1）劳方底线是 4 元/小时，而资方底线是 4.5 元/小时。这样双方存在一个正契约区（4，4.5），可以通过谈判确定一个处于 4 元/小时— 4.5元/小时之间的协议工资，并能够达到双方满意的目标。

（2）劳方底线是 4 元/小时，而资方底线是 3.5 元/小时。这样双方存在一个负契约区（4，3.5），双方就无法通过谈判确定一个彼此都满意的工资水平，无法达成协议。以上情况如图 1 –2 所示：

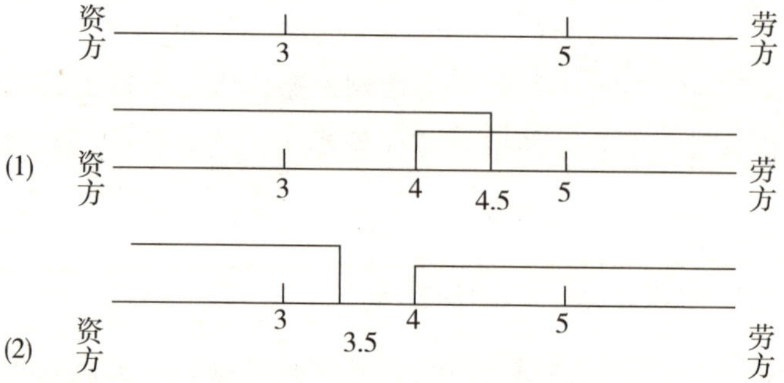

图 1 –2　谈判接触点模型

从这个模型看，了解并掌握对方的谈判底线对于在谈判中取得主动具有十分重要的作用。掌握底线的策略一般是：根据掌握的各种信息和资源，估计对方的底线，并通过在谈判中试探等手段，更加准确地确定对方底线的大致位置，从而使得自己通过谈判获得的利益最大化。

当然，有时可以在电影等文艺作品或新闻中看到资方通过利益诱惑劳方工会领导人或谈判代表等手段，套取工会谈判底线的情形，这种做法无疑是违法行为。但是，通过正当的途径，获得关于较准确底线位置的做法，对于在谈判中取得胜利是必要的。

所以面对这样的谈判，一般的策略是：

（1）开始时夸大对方对己方的需求。

（2）隐藏自身的需求、信息和偏好以及不利信息。

（3）尽量多了解对方的需求、信息和偏好及对对方不利的信息。

（4）尽量在对方底线位置要价，或者让步后达到对方底线位置。

（5）寻找更多的可替代的方案来提高自身的底线，让自己处于更有力的位置。

（6）强硬风格的谈判。

【小练习】下面哪些信息是分配式谈判中不能跟对方谈的?

下面是一个一次性裁员补偿的谈判，你掌握的资料如下：

（1）你代表的被裁员工大多数已经再就业，如果让他们采取行动，需要损失日工资。

（2）你代表的被裁员工都比较年轻。

（3）你代表的被裁员工中有人掌握企业的一些商业机密。

（4）裁员企业曾经为品牌高额投资。

（5）裁员企业资金雄厚，号称福利待遇一流。

（6）裁员企业有精细的绩效考核体系，被裁员工都是在绩效考核中表现不佳的员工。

（二）整合式谈判的谈判策略

整合式谈判经常是在双方对于长期合作具有较好的期望，对于未来利益的增长比较有信心的情况下出现的。在这种谈判中，双方要全面梳理大家的共同利益和长远利益所在，设身处地地从对方的角度考虑，从长期而言双方双赢的角度去处理短期利益和自身利益，甚至可能暂时牺牲自身的短期利益。

整合式谈判的策略如下：

（1）要将自身的利益、价值、偏好等信息告诉对方。

（2）不急于抛出己方的目标和立场。

（3）要尽量了解对方的利益、价值和偏好。

（4）通过帮助对方达到双赢的目的。

（5）创造性地思考。

（6）牺牲自己不太重要的利益换取对方在为己方重要利益上的让步。

库恩模型是基于交易和力量基础上对于谈判过程的描述。如果工会和管理方有一些事项可以进行交换，则在满足一定条件时，双方可以达成协议。譬如对于工会 A 而言拥有 X，而管理方 B 拥有 Y，若 Y 对于 A 的价值大于 X 对于 A 的价值，同时 X 对于 B 的价值大于 Y 对于 B 的价值，则双方可以达成协议。在谈判力量方面，管理方通过防止或减少工会的存在等办法，工会通过停工等办法，可以改变自己在谈判中的力量，以期取得更多的利益。

比如劳方 X 觉得职业安全感 S 对自己更加重要，而资方 Y 觉得工资成本 C 对于自己更加重要，原先的劳资均衡曲线是：

$$XS + YC = A$$

如果劳方 X 在工资 C 方面做让步，而资方 Y 在职业安全 S 上做让步，则劳资曲线为：

$$(X - \Delta X)S + (Y - \Delta Y)C = A - \Delta A$$

这样双方就以较少的工资、较固定的雇佣关系等成本，达到了双方满意的平衡点。如图 1－3：

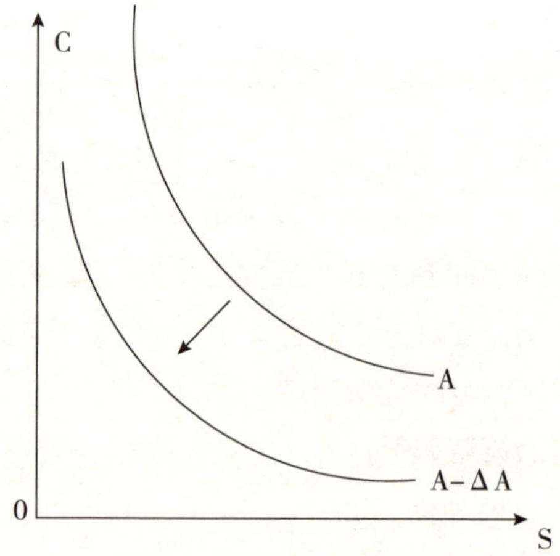

图 1－3　谈判均衡点模型

从这个模型看，了解掌握谈判中双方讨价还价将涉及的各种社会资源或经济资源对于对方的实际效用，而不是一般意义的市场价格，是非常重要的。双方往往都可以挖掘出高于一般市场价格的对对方有价值的效用，用这部分效用和对方进行交换，取得自己需要的东西，不仅可以使自身的利益增加，而且可能实现双赢的效果。库恩模型很好地从经济学方法上对整合谈判进行了解释。

（三）从分配式谈判向整合式谈判过渡

很显然，分配式谈判和整合式谈判的策略迥异，同时因为利益的一致性，分配式谈判比整合式谈判更容易达成协议。那么，怎样把以分配式为主的谈判向以整合式为主的谈判转化呢?

（1）强调双方的共同利益。例如，强调合作的长期性，双方合作带来的巨大好处等。在集体谈判中，劳方可以用具体事例指出激励工人会带来员工对企业忠诚度的提高、生产率的提高和废品率的减少等。

（2）转化双方的利益冲突。例如，在一个区域集体谈判的案例中，劳方关心的是工作的稳定性，而资方关心的是旺季用工的可获得性。浙江省温岭市的集体谈判就是靠一套制度设置让看似冲突的利益一致化了。

（3）不要一厢情愿。理想的谈判结果不是单方努力就能达成的。不顾对方反应就将自己的底牌亮出的结果可能是对方并不领情。所以，从分配式谈判转化成整合式谈判的过程中，要循序渐进，根据对方的反馈调整方案。

（四）态度结构

失败的态度结构容易使谈判陷入极端情绪。因为在谈判通常使用的策略中含有隐瞒事实或对己方不利信息、夸大事实、夸张情绪等方面的情况，因而不容易建立友善的谈判关系。能够和对手建立信任关系是谈判的上上策。因而态度建构既重要又困难。

由于双方会过于重视自己的态度感受而忽视自身的利益所在，用代表个人的心理感受取代所代表的团队利益，因而往往难以达到双方理想的谈判目标。在这种情况下，双方要通过邀请专家参与谈判、延长谈判时间、与所代表的团体成员就谈判进程中的进展进行交流等各种手段，使得大家尽可能地回到比较理智的状态。认真审查所代表的团体的真正利益而不是代表自身的个人感受，以求达成比较合理的协议。

【小资料】哪些态度不可取？

（1）激怒对方——想想你谈判的目的。

（2）针对某个个体的人身攻击——如果达到分裂对方阵营目的的话，也许是值得的，否则的话……

（3）态度傲慢，藐视对方——对同样傲慢的对方，可以试试。

（4）过于谦卑，讨好对方——你是在谈判，不是在乞讨。

（5）情绪失控——让对方觉得你是不可托付合作的。

（五）组织内部谈判策略

组织内谈判中，会出现谈判代表和所代表的团体的利益差异，为了达到更加有利于自身利益的谈判结果，可通过影响内部委托人的方式达到目的，也可以通过影响内部委托人所代表的组织内部团体，从而影响对方谈判代表的方式达到自身的谈判目标。在采取谈判策略的时候，把代理人和委托人的个人利益和动机进行细致的分析，采取相应的谈判对策，往往可以取得超出预期目标的收获。

因而在谈判的准备阶段，谈判小组内部除了要确认谈判的策略和准备几种谈判方案之外，还要进行明确的分工。

（六）策略小结

综上所述，在集体谈判中的可采取策略主要是：

（1）了解掌握谈判中双方讨价还价将涉及的各种社会资源或经济资源对于对方的实际效用。

（2）了解并掌握对方的谈判底线至关重要。

（3）在采取谈判策略的时候，把代理人和委托人的个人利益和动机进行细致的分析，采取相应的谈判对策，往往可以取得超出预期目标的收获。

（4）在态度情绪主导谈判的情况下，要通过邀请专家参与谈判、延长谈判时间、与所代表的团体成员就谈判进程中的进展进行交流等各种手段，使得大家尽可能地回到比较理智的状态。

（5）要通过综合衡量谈判的类型，进而采取不同的谈判策略。比如：分配式谈判中采取的策略重点是通过讨价还价对资源进行分割，严守自己的利益界限，不能轻易地放弃或退让。整合式谈判中，要全面梳理大家的共同利益和长远利益，从长期双方双赢的角度去处理短期利益和自身利益，甚至可牺牲自身的短期利益。

第二节　集体谈判技巧

技巧是具体实施运作中采取的技术和方法。技巧和策略的区别是：策略是宏观战略层面的东西，指导谈判的整个过程；而技巧往往是战术层面的东西，在局部或暂时的范围内产生影响。

一、通过采取规范的谈判程序提高谈判质量

集体谈判是舶来品，在国内没有成熟的经验，必须借鉴国外的经验。一些实际谈判情况是，有的企业在第一次还基本上走一下比较完整的程序，后来就越来越简化，直接找个别人签字了事。为了提高集体谈判的质量，在谈判过程方面，特别需要通过形式的规范与完整来促进机制的形成，以此提高集体谈判的适用性。

比较规范的谈判过程一般包括以下内容：

（一）谈判的流程框架

谈判通常由工会方和管理方参加，下面的图 1－4 集体谈判流程图*显示了谈判的前期准备阶段、谈判阶段和谈判结果等集体谈判的主要流程。

---

* John A Fossum. Labor Relations：Development，Structure，Process. Irwin McGraw－Hill Publishing，1999，p313.

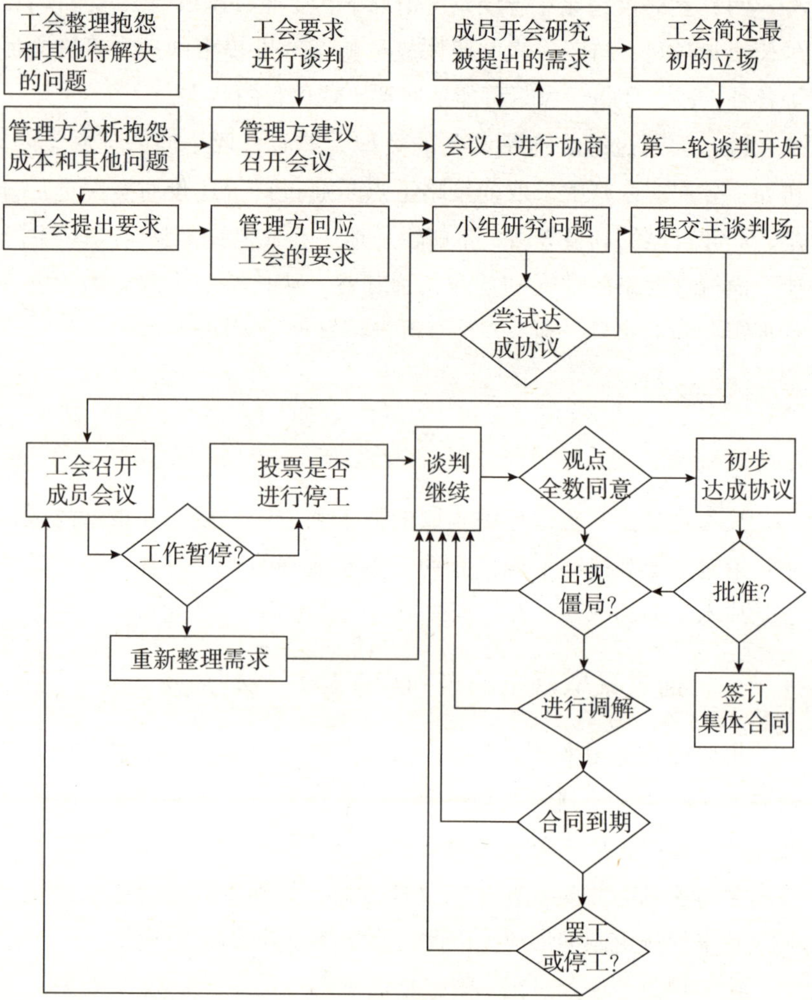

图 1－4 集体谈判的流程框架图

（二）双方应该做好谈判前的准备工作

1. 管理方的准备

为了搞好谈判，管理方一般需要从安排参加谈判的人员、相关材料准备和回顾已往集体合同等方面进行准备。

（1）安排参加谈判的人员。管理方对于集体谈判，通常比较重视，公司总经理或总裁会认真安排参加谈判的人员，负责公司日常人力资源工作的人力资源总监会参加谈判，另外负责财务部门的人员和法律部门的人员会参加谈判。如果条件许可，结合公司需要，还会聘请一些人事劳资、财务或法律方面的专家参加谈判。

《集体合同规定》中规定双方代表人数应当对等，每方至少3人，并确定1名首席代表。集体协商双方首席代表可以书面委托本单位以外的专业人员作为本方协商代表。委托人数不得超过本方代表的1/3。且首席代表不得由非本单位人员代理。

（2）准备相关材料。管理方需要大量的数据支持谈判，因为签订新的集体合同往往意味着一定的成本支出，需要必要的数据来决定谈判的底线和谈判的目标。通常数据包括员工基本情况数据，人工成本数据和本行业、本地区的同类数据等。

对工资福利而言比较重要的数据包括：与当地劳动力市场的比较，产品市场要素，企业支付工资的能力，企业内部的公平性等。

（3）回顾已往集体合同。考察已往签订的集体合同，分析合同内容、条款和到期期限等情况，对于估量未来的集体谈判结果，设定希望达成的结果具有一定的作用。

【小资料】某企业对集体谈判的准备工作

首先，该企业的劳动关系专员和员工进行普遍的接触，了解当前集体合同中存在的问题，并列出一份清单，包括对当前条款的建议。并且搜集了当地、同行业劳动力市场上尤其是和该公司情况相近的公司的工资、福利状况等，以及行业、地区的最低工资、工资指导线等。并由人力资源部门对清单内容进行筛选，保留适合集体谈判的项目。

之后，召开企业管理层会议讨论估算这些保留后的项目带来的成本和收益。根据各种信息制定公司的目标，包括可行区域、底线等。了解工会方的各种信息，为谈判做准备。

2. 工会方的准备

进行谈判，对于工会而言也是个提高成员待遇的机会，同管理方一样也需要从安排参加谈判的人员、准备相关材料和回顾已往集体合同等方面进行准备。

(1) 安排参加谈判的人员。工会通常从自己成员中选择有谈判经验的人或工会骨干参加谈判，工会领袖当然也是谈判人员的主要人选。《集体合同规定》要求“职工一方的首席代表由本单位工会主席担任”。如果条件许可，工会还会聘请熟悉劳资问题的律师或谈判专家来参加谈判。上级工会应参加谈判工会的活动，也可派遣人员参加谈判。

(2) 准备相关材料。工会需要准备材料在谈判中支持自己的主张，如征集成员的意见，取得当地或行业的薪酬数据，取得本企业、行业的一些运营数据。熟悉各类法律法规和政策也很重要。

由于很多企业的数据和信息会涉及商业机密，因而在企业管理方履行诚实谈判的义务，将这些信息提供给工会方的同时，工会方也应履行保密的义务。随着社会经济的发展，工会方只有同企业的管理方一样，掌握企业经营管理的知识和能力，了解企业生产经营的充分信息，才能在和企业的谈判中作为平等的合作伙伴，得到企业的尊重。另一方面，工会方也要熟悉我国的各项法律法规，尤其是与劳动法律相关的部分，这是维护劳动者的权益的基础。此外，谈判者在谈判团队中的定位、谈判中的分工、谈判风格的相互匹配等问题也很重要。

(3) 回顾已往集体合同。考察已往与管理方签订的合同，分析管理方过去的谈判行为，估计在未来谈判中管理方可能的让步空间，对于达到预定的谈判目标也是很有帮助的。

【小资料】行动型劳资谈判模式的特征（以广东省为例）*

(1) 集体行动是启动谈判的必要前提。启动谈判的不是要约，而是不同形式的集体行动。

(2) 双方谈判的事项是具体的权利事项。很显然，工人们是有备而来，要求具体明确。

* 段毅，何远程:《行政型劳资协商与行动型劳资谈判》，载于《聚焦当代中国社会劳动热点问题（2012—2013）》，冯同庆主编，中国工人出版社，2013，第206页。有删节。

(3) 谈判过程是讨价还价的过程。有工人群体作为后盾，谈判代表才敢于谈判，增加谈判自信。

(三) 谈判中各个阶段的特点和相应技巧

1. 提出议题

谈判开始时劳资双方都会将自己想说的问题进行阐述。工会方会提出自己多方面的要求，涉及范围比较广泛，而且提出的要求也许让资方难以接受。提出这种“不现实”的要求，一方面是为以后的谈判开创一个让步的空间，可以有余地权衡对手的情况做出让步；另外工会作为其成员的代表也需要在谈判初期提出较高的要求，以体现自己的代表责任或决心意愿，让成员认为自己的利益没有被忘掉。在这个阶段，工会也常常将成员以往的抱怨和不满提供给资方。

资方不一定就劳方的问题逐一进行回复，往往会就自己愿意解答或有准备的问题予以答复。如果他们坚持或改变原有的立场，他们往往需要提供相关资料支持自己的立场。

2. 就专项问题进行谈判

如果谈判内容比较多或公司比较大时，谈判内容可被分解为多个部分，由相应的谈判小组分头进行谈判。这些谈判小组就自己负责的内容进行谈判后，他们往往不能形成最终的决议，需要将草案提交主谈判机构最后确定。而主谈判机构也不会简单地把各小组谈判的结果进行叠加形成最后的谈判结果，通常会再进行通盘考虑，形成一个全面的协议。

这时非工资福利的内容，如职业安全、工作纪律等内容往往会相对较早地确定下来，而涉及工资、福利等的内容常常会在谈判快结束前最后确定，这是因为资方在工资福利方面会更加谨慎一些，工资福利问题和成本的联系相对其他问题而言更加直接。

3. 明确立场

明确自己的立场是一种有效的谈判策略。如果明确了自己的立场，使得对方清楚地得知自己的立场，知道不可能存在较大的调整，这时对方将不得不认真探讨在现有的谈判空间中达成协议的可能性。

明确立场的办法主要有：（1）提出最后时限。提出采取行动的最后时限，要求对方尽早同意自己的意见。（2）详细准确地说明自己的立场或条件，使得对方没有另行选择的余地。（3）明确后果。说明如果条件没有实现，将会出现的严重后果，让对方认识到问题的严重性。

明确立场对于促使对方在自己的框架下达成协议有一定的积极作用，但是如果双方的利益分歧很大，自己的谈判框架和对方的底线差距甚远，也会形成双方僵持的局面。

4. 清算和修正

当谈判双方对合同文本达成一致后，双方就有履行签订合同的义务。为了防止极端的行动，在合同中可以增加“和平条款”或“和解协议”。但是仍然可能存在两个障碍阻止工会履行合同。一是当全国级工会批准该集体合同后，一些下属工会（如地方工会）不批准合同。二是谈判签订合同后，可能需要工会成员投票批准该合同。因此，工会谈判组成员应该组织自己代表的工会成员通过开会等交流方式来解释合同的内容，由成员表决赞成或反对合同。其实对于参与谈判的双方代表而言，如果没有和所在团体内部达成一致，就都存在向自己的委托人兜售谈判结果的问题，否则可能会发生失去代表资格、失去工作的境况。

虽然工会谈判组建议批准集体合同，但是工会成员可能要求对于合同进行修订。因此管理方往往对于工会方的谈判组能否代表劳方的实际意愿产生怀疑，甚至会质询劳方谈判组是否可以代表其所宣称代表的工会成员。这时工会谈判组就应该及时对工会成员进行宣传解释工作，使管理方确信己方的代表性。

5. 协议未达成

一般越到接近最后谈判时限或上个合同到期日限，谈判活动会加快进展，谈判双方交流会更加密切，往往能够在预定期限内达成协议，甚至会在签订协议后进行庆祝。但是有时谈判双方无法如期就相关问题达成协议，这样就可能出现其他一些后果，如仲裁、停工、闭厂、人员置换、管理方收回原先的承诺等。

在这个阶段，双方应该注意事情的微小变化，特别注意要防止敏感性事件的发生，如果出现了意外的事情，如不涉及自身的主要利益，应该从谈判基本确定的大局出发及早予以处理。

二、根据实际需要合理地确定谈判内容

根据《劳动法》第三十三条规定：企业职工一方可以就劳动报酬、工作时间、休息休假、劳动安全、保险福利等事项，签订集体合同。国际劳工组织第154号公约，即《促进集体谈判公约》第二条指出集体谈判的内容包括：（1）确定劳动和就业条件；（2）调整雇主与工人之间的关系；（3）调整雇主组织与工人组织之间的关系。集体合同的内容可以包括劳动报酬、工作时间、休息休假、劳动安全、保险福利乃至劳资关系等诸多内容。根据2001年中国企业家联合会做的《当前我国企业劳动关系状况的调查报告》，各类企业实际签订的集体合同的内容如下表：

表1－1 集体合同的内容调查

集体合同涉及的内容	选择人数占总人数的百分比
工资	71%
奖金	29%
雇佣程序	31%
解雇程序	25%
处分程序	16%
工作评估程序	6%
职业安全与卫生	26%
工时、休息日、假期	26%
全部	11%

（1）工资问题是集体合同的主要内容。西方市场经济国家的集体谈判大多都有工资问题。日本工会每年“春斗”的主要内容就是工资问题。工资问题包括：工资水平与增幅、工资结构、最低工资、加班工资、工资支付等。工资方面的协议往往是双方权衡的结果，

因此工会可利用对于企业经营、劳动生产率、通货膨胀率、行业（地区）工资水平等数据进行综合分析后提出自己的要求。

（2）工作时间问题。工作时间的缩短是工会长期奋斗的结果，国际劳工组织第 47 号公约也要求各国实现每周 40 小时工作时间的要求。根据国务院的规定，从 1995 年 5 月 1 日起，我国已实行每日 8 小时每周 40 小时工作制。但是一些企业在谋取利益时采取侵占劳动者正常休息时间的方式。工会可在集体合同中对于工作时间问题进行规定。

（3）休息休假问题。劳动者享有不进行劳动或工作的休息时间和法定节假日的合法权益。通过休息，劳动者可以充分恢复体力和精力，提高工作效率。在集体合同中可根据企业的实际情况，确定不少于国家规定的休息休假时间，并对于加班员工做出补偿安排。

（4）劳动安全卫生问题。保护劳动者的人身安全，本着“安全第一，预防为主”的原则，改进劳动条件和安全水平是工会的重要任务，也是在集体合同中需要考虑的条款。在集体合同中可根据实际生产运营情况，要求雇主提高劳动保护水平，防范职业病，并就安全生产和劳动卫生问题进行培训。

（5）保险福利问题。保险涉及劳动者的“未来收入”，福利是普遍性、集体性地帮助职工改善生活水平和质量的物质帮助。在企业可承受的范围内，双方在集体合同中可就此方面做出规定。同工资一样，保险福利问题作为能够提高工作效率、企业效益的相关内容往往容易得到双方认同。

另外，教育培训问题、职业安全、女职工及未成年工特别保护和民主管理问题也可以作为集体合同的内容。特别是在科技不断发展的今天，员工知识技能方面的教育培训对于职工未来利益具有越来越重要的影响，教育培训问题在集体合同中的地位也更加重要。

集体合同需要在承认双方存在利益差别可能性的前提下，通过发展技巧和新的思维模式来解决利益分歧，达成和解。因此为了达成具有实效性的集体合同，在确定集体合同内容时，应该从劳动者的需要（利益）和管理方的接受限度两方面考虑，形成解决利益差异问题的办法，通过迎合双方的要求来确定集体合同的内容，才有可能达成具有实效性的集体合同。

从劳动者的需要出发，确定集体合同内容的基本原则是通过这些内容保持、增加对于劳动者有利的内容，减少对劳动者不利的内容。

遵循此原则，工会确定集体合同的内容应包括在法律框架下需要增加的内容、禁止的内容、明确澄清的内容和修订的内容。

（1）需要增加的内容。主要指目前法律和现有劳动合同以外，需要明确的劳动者合法权益，并在集体合同中进行确认。譬如如果本企业在工人解雇方面一直没有清晰的程序和明确的理由且出现了一些纠纷，在确定集体合同时，就应该就相关问题进行协商谈判，在集体合同中增加相关内容。

（2）需要禁止的内容。主要根据目前法律和劳动合同的规定，为了保护劳动者的合法权益，在集体合同中对于需要制止的行为进行确认，即在劳动和就业条件、劳资关系等诸多方面结合企业情况对于有损劳动者合理利益的行为、规定等予以禁止。譬如本企业在生产旺季，工人经常加班加点疲劳操作容易发生危害工人人身的事故，在确定集体合同时，就应该限定加班时间、频率或就加班组织等问题进行谈判，从而禁止过度加班的行为。

（3）需要明确澄清的内容。主要根据目前法律和劳动合同的规定，为了有效保护劳动者的合法权益，在集体合同中对于在实际运行中发现或可预见的应该需要澄清说明的问题进行明确。譬如本企业虽然在工资问题上有根据企业业绩增加工资的原则性规定，但是在企业效益逐年增长的情况下，工人工资却没有增加，那么在确定集体合同时，就应该对于如何实现工资与企业业绩增长挂钩的办法、比例和兑现时间等内容，需要对根据企业业绩增加工资这一原则性规定进行明确澄清，以切实维护工人的合理权益。

（4）需要修订的内容。主要根据目前法律和劳动合同的规定，由于外部环境或内部情况发生变化，为了保护劳动者的合法权益，在集体合同中对于需要修订的问题进行明确。譬如本企业虽然在集体合同中就劳动保护问题上有一些规定，但是由于业务变化，工人的视力保护问题非常突出，在确定集体合同时，就应该修订原先关于劳动保护的条款，就如何保护工人视力或进行相关补偿事项进行修订。

从管理方的接受限度考虑，确定集体合同的内容时，应该在维护劳动者基本权益的情况下，考虑管理方能够接受的程度。

在达成集体合同时，管理方易于接受以下两种情况：一是在管理方目前掌握的谈判底线以内的内容；二是在雇佣双方共同努力形成的利益增量的一定范围内的内容。

对于前者，工会通过较全面地掌握企业经营情况、注意谈判技巧等方法可以实现目的。譬如在确定工资增量问题时，如果工会清楚企业实际的可分配利润，在谈判中较好地应用谈判技巧，就可能在集体合同中就确定工资增加幅度方面取得较大利益。对于后者，则需要工会提出具有建设性的建议，通过雇佣双方的合作，提高企业可分配的利益，并从中取得自己的利益。譬如工会提出参与管理的策略并在企业以后的运作中产生了实际收益，管理方就易于接受在收益增量范围内提出要求的内容被写入集体合同。

在集体合同中可设定程序性内容，即规定集体合同自身运行规则的内容，包括集体合同的订立、履行、变更、解除、终止、续订以及集体合同争议处理等。

这是促使集体合同履行和保护双方合法权益的程序保障。特别是在集体合同中应制订承担违反集体合同责任的约束性条款。一个完整的机制应该有正反两方面的规定，在集体合同的内容中也应该有约束性条款。譬如在确定工资与企业业绩挂钩条款时，应该明确如果企业没有及时履行相关规定的约束性办法，如规定补偿比例、补发相应工资的时间期限，谈判机制等内容。如果集体合同中缺少这些内容，就形不成制约机制，使合同流于形式。根据调查得到的情况，对于工资报酬能够做出量化规定的集体合同仅占工会建制企业的50%左右。这也就是说这种情况下管理方可以就工资报酬进行有利于自己的定性解释，劳动者的工资报酬方面的要求难以保证，这也是造成有的职工对集体合同漠不关心的重要原因之一。

虽然可列入集体合同的内容很多，但是在具体签定集体合同时不应该一味求大求全。集体合同既可以是综合全面的合同，也可以是就单项问题订立的合同，例如仅就工人最关注的职业安全、解雇安排或弹性工作时间签订集体合同。虽然一个全面完整的集体合同能够系统指导雇佣双方的行为，但是任何新生事物都是在前进中不断完善的，集体合同也是如此，需要根据市场经济制度和劳动法规的发展以及工会维权作用的充分发挥而逐步完善。因此在集体谈判时，应该就企业职工特别重视和关心的问题进行认真谈判，并在集体合同中重点体现。否则仅仅求大求全，对于职工关注的问题却没有体现，合同虽然有了，职工切身利益却仍然得不到保护，重形式轻内容的问题必然就会出现。所以为了切实维护职工的权益，提高集体合同的实效性，让职工关心和支持集体协商、集体合同制度，工会应该在协商确定集体合同时认真就职工关心的问题进行协商谈判并把协议结果写进集体合同。

为了更加准确地、合理地确定集体谈判的内容，工会代表在确定谈判内容时，特别需要深刻理解工作机会对于工人的特殊含义。正如帕尔曼所发现的对工人意识影响最大的是工作机会的短缺，他指出，“（稀缺群体）经常作为群体努力‘占有’有限的机会。这样，如果存在机会，他们就无法摆脱‘占有’的欲望而紧紧抓住这些机会。仅仅把劳资间的斗争归结为一些特殊的需要，如工资、工时、歧视性解雇等，都是不对的，不能不考虑稀缺群体想控制工作机会甚至把‘它们’作为‘所有权’的渴望……在每一次罢工的背后总是隐藏着为控制工作机会而进行的斗争”。* 只有深刻理解工作机会对于工人的特殊含义，在确定集体谈判内容时才可能准确把握工人的需要，提出真正代表工人利益且不会损害工人利益的谈判内容和谈判要求。

另外，采取谈判项目调查表等方式对于工会所代表成员的谈判要求进行客观量化处理也是确定谈判内容的有效方法。

---

* ［美］保罗·J·麦克纳尔蒂，《劳动经济学的起源与发展》，中国劳动出版社，1993 年，第 205 页。

三、工资集体协商常用策略与技巧*

熟练运用工资集体协商的策略和技巧是成功进行工资集体协商的关键，因此，工资集体协商的策略和技巧是各级工资协商指导员、工会干部，尤其是进行工资集体协商具体操作中必须掌握的基本功。

（一）首次工资集体协商时机的选择

开展工资集体协商，建立工资协商制度，必须把握好第一次谈判的时机。选择最佳时机向资方提出工资集体协商要约，是成功开展首次工资集体协商的关键所在。

（二）工资协商前的准备工作

（1）做好舆论宣传。兼顾双方利益的宣传可以为工资集体协商创造良好的氛围。

（2）推选协商代表，组织好协商班子。

（3）做好资料搜集工作。资料准备是否充分，直接关系到协商谈判工作成功与否。资料搜集要有针对性，越详细越好。

外部资料主要包括：①当地工资指导线；②当地市场劳动力指导价位；③当地城镇居民消费品价格指数；④国内同一投资主体的企业职工年平均工资水平；⑤本地区或其他地区同行业企业工资水平及工资集体协商的有关情况；⑥本市（或国内）国有、集体、外商投资企业以及私营企业中相同行业的职工年平均工资水平和增（减）比例等。

内部资料主要包括：①产品品种和年生产总值；②年销售总额；③年度总成本及制造费用（包括主要原材料成本，管理费用成本，人工成本等）；④职工工资总额及人均（年或月）工资水平；⑤职工（年或月）平均人数；⑥职工年龄结构、文化结构、职务结构；⑦当年新聘用职工、临时工、借调人员、退休返聘人员的比例及其工资总额；⑧职工加班（点）工资总额和病、事、产、探亲假的扣

---

* 本部分摘自中工网，有删节。

减工资额；⑨合理产品比例汇兑损益；⑩利税总额及其增长情况等。

资料搜集完毕，注意做好资料的分析和整理工作，去伪存真，去粗取精，做一些图表和计算，以保证协商资料准确无误。

（4）了解职工对工资调整的要求。工资集体协商是工会代表职工而不是代替职工同经营者进行协商，因此，必须了解职工的意愿和要求。工会可通过召开座谈会、单独交谈等方式了解职工的意见和要求，同时，也要向职工介绍有关政策和企业生产经营情况，使职工对工资调整的要求趋向合理。

（5）拟订工资集体协商方案。根据搜集的资料和职工的要求，拟订出工资集体协商方案，包括对企业管理方的反应做出预测，并拟定应对措施等。

在拟订企业工资集体协商计划或方案时，制定目标非常重要，一般制定目标，要分为三个层次：①希望达到的目标，是谈判者想获得的最高利益；②必须达成的目标，也就是协商的底线；③灵活机动的目标，在必要时可以放弃。把目标分为主次，使目标有了弹性，增加协商的回旋余地。

（6）先期交流，沟通情况。正式协商前，工会应就协商中的重要问题先期交流，沟通情况，了解管理方的想法和打算，做好说服工作，同时提出职工方的基本要求。在先期交流沟通中，要注意留有余地，不要全部交底。

（三）工会在工资集体协商过程中应把握的原则

（1）控制原则。在集体协商过程中，工会或职工代表要始终把目的放在自己要达到的目标上，想方设法使协商谈判逐渐靠近自己的目标。

（2）协调原则。在集体协商过程中，工会或职工协商代表必须明确每名代表应该做什么，以及选择何种适当时机发表看法。

（3）听取原则。在集体协商过程中，工会和职工代表必须聆听和理解对方观点的内容和实质，以便捕捉所需的信息。如果企业行政方的允诺符合自己的要求，就应该确定下来。

（4）休会原则。在集体协商过程中，若双方协商陷入僵局时，应及时建议休会，以便各自做出对策选择。

（四）工会在工资集体协商过程中可运用的策略

（1）双赢策略。在集体协商过程中，既要考虑职工的利益，也要兼顾企业方面的利益，使双方共同受益。

（2）重点切入策略。工会在工资协商中应抓住重点，慎重地选择协商的切入点。工会在工资协商中，可以从不同角度对工资的增长幅度进行测算，并在此基础上准备几种方案。从中选择理由最充分、最有说服力、对谈判最有利的方案作为工资协商的切入点，争取满意的结果。

（3）让步策略。工资集体协商实践中，让步是使协商能够继续进行并取得协商成功的常用策略。让步涉及众多因素，包括采用什么方式让步，什么时候让步，如何让步等。让步的原则和策略主要有：①一次让步的幅度不易过大，让步的节奏也不宜太快，最好是“步步为营”；②不要作无谓的让步；③让步要让在“刀口”上；④让步的时间选择要恰当；⑤提供充分理由帮助对方做出让步；⑥双方的让步要同步进行。

有人说劳方在企业是弱者，协商中只有让步没有进步，其实不完全是这样，要掌握好进退的尺度。一般认为，涉及全体员工整体利益的问题必须坚持，涉及少数人利益的问题可以暂时让步，涉及到员工工资收入增长幅度的问题要全力争取，涉及员工一般性福利待遇的问题可暂时放弃。

（4）迂回策略。协商实际就是一种谈判，既然是谈判就不可能每个问题的看法都一致，往往会出现双方目标差距较大、争执不下、谁都不肯让步使协商难以继续的局面，也就是所谓的“僵局”。为避免出现僵局，要及时启动替代方案，来达到相同的目的，这就是迂回策略。

（5）借用第三方策略。将有的问题请示政府劳动部门或上级工会，让劳动部门和上级工会协调，促成问题的解决。

（6）留有余地策略。留有余地策略实际是给谈判双方都留下回旋余地。对工会方来说，留有余地一是体现在工会方的增资建议书里，二是体现在整个协商过程中。如果是工会方提出年度工资增长建议，建议中的增资比例一定要留有余地，给协商留有一定的空间。

（五）工会在协商过程中应注意的问题

（1）要避免两种倾向。一是应警惕对方代表采用温和态度的心理战术并避免其消极影响；二是要防止因对己代表持强硬态度，对己方代表施加压力而降低协商要求的现象。

（2）要及时同职工或职工代表沟通。发布协商谈判的进展情况，取得职工群众的支持和理解。

（3）要整理好协商结果。每次协商会议结束后，协商记录都要双方参加协商的代表或首席代表签字，然后委派一个人整理协商结果，这个人可以是工会方的也可以是管理方的。协商结果的整理力求条款式，语言要简明，协商结果整理完后，双方所有的协商代表，无论是否参加协商的代表都要在协商结果上签字，认同和接受协商结果。经双方协商代表签字的协商结果具有法律效力，管理方和工会方都应该遵守。一个信誉良好的企业会较好地履行协商结果，但有时也会遇到不履行协商结果的企业，所以，作为工会要履行监督协商结果的责任。

（4）拓宽谈判思路。谈判工资增加的思路很多，我们不要仅仅局限在“职工工资随着企业经济效益增长而增长”的一个框框里，物价指数的升高、同类企业的工资对比等都可以作为要求增加工资的理由。

（5）争取上级工会和政府部门的支持和帮助。基层工会进行工资集体协商前后，要主动向上级工会汇报有关情况，争取上级工会和政府部门的指导和帮助。

（6）重视机制建设。工会要通过开展工资集体协商，建立起企业工资集体协商制度，使之制度化、经常化、规范化，避免因工会主席换人导致工资集体协商工作停滞不前的现象。

（六）工资增幅测算的基本方法

由于影响工资集体协商的因素较多，而且经常处于变动之中，工会在每年进行工资集体协商前，必须根据本企业实际生产情况，选择不同的角度，根据现有的资料，采取多种形式的工资测算方法，对工资集体谈判的内容进行测算、比较。从不同的角度选择谈判依据，确定谈判目标，制订详细的工资集体谈判计划，确保集体谈判工作的顺利进行。下面介绍常用的10种工资增幅的测算方法，我们可根据企业的实际情况，灵活运用，甚至联合使用，以期达到最佳效果。

1. 劳动分配率法

劳动分配率是指在一定时期内企业人工成本总额占同期工业增加值总额的比率。对于一个企业来讲，在生产经营比较稳定的情况下，其劳动分配率应相对稳定，职工工资总额与人工成本总额之比也基本稳定。为了简化计算，一般把上年或企业生产经营比较稳定的年份作为基期，按照企业新增工业增加值的多少和基期劳动分配率指标，确定当期工资集体谈判增资目标。

这种工资测算方式适用于企业利润增幅不大但产品产量、销售收入等有所增长的企业。

2. 劳动效率法

企业劳动生产率的提高，部分原因是由于职工劳动效率的提高，劳动效率法就是用一定的系数测算职工劳动效率的提高，从而测算职工工资合理增长幅度的方法。我们可以综合分析职工通过劳动对劳动生产率提高所做的贡献，来谈判确定职工工资水平（工资总额）增长的幅度。

有些两头在外的外商投资企业和部分私营企业，工会不容易掌握企业的真实产值、销售和利润数据，就可以采用这种办法对工资集体谈判目标进行测算。

3. 减亏增资法

在一些生产经营比较困难的企业，企业职工的工资长期不进行调整，严重影响职工的劳动积极性。为了调动大家的积极性，共同努力促进企业解困，必须在职工工资收入方面得以体现。即职工的工资随着企业实现减亏扭亏而增加。

这种方法主要适用于生产经营比较困难，但企业领导班子民主意识较强，能够与职工共渡难关、有望经过共同努力扭亏的单位。

4. 风险分担法

职工工资的增长来源于企业经济效益的提高，但由于市场因素变化较快，经营决策上存在一定的风险，可能会出现企业经营收入与增加值不同步（比如职工生产出来的产品由于市场变化滞销，工人创造的增加值在市场中得不到回报，企业收益下滑，利润下降等）的情况，为降低风险，在进行工资集体谈判时要综合考虑企业人均销售收入增长率和人均工业增加值增长率等因素，合理确定工资调整额。

这种方法主要适用于市场变化较快、企业经营风险较大的单位。

5. 物价指数法

根据政府发布的城镇居民消费品价格指数进行工资调整，一般情况下，职工工资增长数必须高于城镇居民消费品价格指数。

这种方法主要适用于居民生活费用价格指数变化较大的年份，在企业生产经营比较稳定、具有调整支付职工工资能力的单位。

6. 工资指导线法

根据企业年度生产经营状况，参照政府当年发布的工资指导线的预警线、基准线、下限标准，提出本企业工资水平的调整目标。

7. 工资加劳动分红法

在股份制企业中，按劳分配与按生产要素分配已成为股份制企业工资集体谈判的重要内容，一些企业经营者占大股，因而有意压低职工工资或降低人工成本中其他工资性支出，以扩大按资分配比例，损害职工利益。在股份制企业，新乡市总工会在工资集体协商中提出工资加劳动分红的分配办法：职工的工资坚持以按劳分配为主体，根据职工劳动生产率的提高不断提高职工基本工资水平；另外在企业税后利润分配中，根据各生产要素对企业利润贡献的大小，共同参与企业利润分配，专门拿出一定比例的利润（税后利润的5%—20%）用于劳动要素分红。

8. 工资水平比较法

将本企业平均工资水平与本地区、本行业工资水平进行比较来确定工资的增幅。对照的方法可以是本地区职工平均工资，也可以是本地区外商投资企业职工平均工资，条件相近某几个企业职工的平均工资，还可以是本地区（或全国）同行业（或同类企业）的平均工资。

9. 劳动力市场价位比较法

根据政府行政部门每年发布的企业、行业、工种等劳动力市场工资指导价位数据，与本企业经营状况和职工工资水平相比较来确定职工工资协商目标。

10. 人工成本比较法

以本企业人工成本数据与政府部门每年发布的地方、行业人工成本数据进行比较，合理确定工资水平。

四、积极借鉴国外先进的谈判技术

借鉴国外在集体谈判方面采取的一些先进技术和做法，无疑可以提高国内谈判的质量和效率。

（一）专业性协调劳资谈判公司介入集体谈判

澳大利亚的集体谈判中常常有第三方——协调劳资关系公司参加。这类公司在1991年澳大利亚实行企业集体谈判制度后建立，其主要业务是：到受委托的企业进行调查摸底，弄清劳资双方的要求，征求劳资双方的意见形成协议草案，在正式谈判之际，劳资双方围绕该协议草本逐条讨论，或认可或修改，最后达成协议。据悉，因为有了这种专业公司的协助，劳资集体谈判节省了很多时间，而且集体合同的制定也非常规范，有利于劳资关系的确立和调整*。在国内此类中介机构不健全的情况下，可以借助律师事务所、大学院校老师和研究机构研究人员的力量，在一些专业方面给予指导和支持，争取产生一定的积极效果。

（二）采取计算机技术提高集体谈判的效率

计算机在集体谈判中的应用也对于谈判活动产生了重要的影响，

---

* 袁铁铮，澳大利亚劳动关系调整机制研究，《工会理论与实践》，2002年第3期。

对于提高谈判效率发挥了积极的作用。计算机在集体谈判中的应用主要是：进行文字处理、计算相关条款的成本、使用电子会议系统、提供决策的信息支持和专家系统*。

（1）使用计算机进行文字处理，如撰写合同文本、会议记录等，可以大幅提高谈判中的文字工作效率，加快谈判进程，对在集中时间进行实质性内容的谈判创造了较好的条件。

（2）集体谈判中涉及工资福利等项目的协商问题，计算这些项目变动增减的成本十分重要，对于管理方尤其如此，通过计算机计算相关条款的成本，可以提高谈判的效率。计算机不仅可以利用内部和外部数据形成完整的数据库，而且可以利用这些地理人口学、财务会计数据比较准确快速地计算成本，为谈判参与者提供成本数据。

（3）使用电子会议系统，可以帮助谈判者充分表达自己的意见，减少语言不准确导致的误会和不信任，减少记录的笔误和遗漏，提供了谈判中双方发言的准确编辑整理手段，有助于谈判双方实现充分沟通，节约了谈判时间，提高了谈判准确性从而提高了谈判效率。

（4）计算机给予谈判双方更大的帮助可能是提供在谈判中进行决策的信息支持和专家系统，通过利用计算机数据进行深度研究，可以提供各种备选的谈判方案，加快发现双方满意的均衡点，对于尽快形成双方满意的最终协议具有重要作用。

五、本节小结

综上所述，集体谈判中可酌情采取的技巧主要是：

（1）采取规范的集体谈判程序，做好谈判前的准备，在各个谈判阶段采取相应的应对措施。

（2）根据所代表群体的实际需要，确定合理的合同条款供谈判时使用。

（3）按照自己的具体情况，尽量争取在合适的谈判结构中进行谈判。

---

* E Edward Herman. Collective Bargaining and Labour Relations. A Simon & Schuster Company, 1998, p271.

（4）借鉴和采用国外先进的谈判技术，如引入专业性协调劳资谈判公司，在谈判中采取计算机技术等。

第三节　模拟集体谈判的策略与技巧

一、模拟集体谈判的评价标准

用于教学的模拟集体谈判与现实中发生的集体谈判或者集体协商存在着很大的差别。我国集体协商制度建立和推广的覆盖面从数字上来看很快。但是根据实际访谈的结果，我们发现，有的实行集体谈判的企业在实行集体谈判几年来，虽然几乎都是每年进行一次集体谈判，但是只有第一次能够完全按照规定的程序和要求来进行，以后基本上就是走形式。原因主要有以下三个：第一，企业过分关注赢利状况。对国有企业来说，企业每年都有经济任务，只有完成了主要考核指标后工资增长率才有保证，因此，对企业来说工资增长率主要是看企业的赢利状况。在企业赢利出现问题的情况下，实行集体谈判只能流于形式。第二，工会不可能完全站在企业管理方的对立面来进行谈判，而是从中协调平衡，尤其在国有企业当中更是如此。第三，由于集体谈判推行情况不够理想，导致有的职工对企业是否实行集体谈判以及实行得怎么样缺乏热情。因此我们不是完全地依据现实状况来评价模拟集体谈判的成败，而是在依据现实状况的基础上，更关注集体谈判制度在中国未来的发展以及所需要的相关人才应该具有的素质和能力。

表 1－2　模拟集体谈判需要的能力和技术

所需能力	所需技术
语言表达能力尤其是说服能力	态度构建技术
组织和协调能力	分工和角色扮演技术
快速反应能力	僵局应对技术
搜集与使用信息和数据的能力	要价和让步技术
对情境的把握和理解能力 ……	先易后难或一揽子解决技术 ……

下面我们分析如何在谈判中运用相关的策略和技巧。

二、模拟集体谈判的策略与技巧：准备篇

模拟集体谈判演练，将集体谈判放入模拟案例的环境中，一方面是抽象掉很多复杂的环境因素，使谈判的环境变得简单；另一方面案例中给出了双方的目标，从而简化了提取双方需求的这个过程。经过这样的变化，集体谈判的过程和结果就变得比较容易直接评估。因而案例演练有利于提升参与者的集体谈判策略和技巧应用能力。

第 32 页的图就是一个模拟集体谈判的范本。该图仅限于模拟集体谈判演练的初级学者在不了解如何准备和开展谈判或缺乏思路的情况下使用。

（一）透彻分析了解案例的情境

当拿到一个案例时要考虑的是对案例进行细致的学习，并尝试回答下列问题：

（1）案例的背景环境。如案例产生的时间、地点、市场状况（产品市场、原材料市场以及劳动力市场）、市场发展前景等。

（2）企业特征以及生产经营情况。如企业所有制性质、企业规模、企业所在行业、员工素质结构、劳动合同结构、企业生产成本、营业收入、利润等指标。

（3）劳动者的福利待遇和工作生活状况。如工资、工资增长状况、工资结构、福利状况、工时、休息休假、劳动安全健康、加班费、奖惩制度及相关的法律法规等。

（4）企业的目标与劳动者的目标，以及各目标之间的关系。

为什么要了解这些内容呢？因为我们的模拟谈判是模拟真实的谈判，而不是将所有的案例都千篇一律地谈成同一个模式。例如国有企业里的集体谈判和私营企业中的集体谈判，双方谈判氛围应该是有比较大的区别的。在一家以一线生产工人为主的企业，劳方谈判时不会只强调技术人员的利益而忽视一线生产工人的利益。因此，“进入情境”是判断谈判是否成功的一个重要内容。

集体协商实战指南

谈判策略综述

谈判前的准备

1. 协商目的的确定
   - 协商目的的分析表
2. 谈判人员的组织
   - 协商代表的调配
3. 谈判资料的准备
   - 内部资料
   - 外部资料

谈判中的策略

- 开局：开场白的要点、真诚表示感谢、强调共同目标、明确协商议题；开场策略、强调双赢、从易到难
- 中局：观点的阐释、分类阐释法、分工阐释法、分层阐释法；论据的分析、物价指数、产品销售价格、扩大再生产、年度预算成本
- 僵局：间接处理技巧、四大方针、间接处理技巧、三大策略

谈判前的准备

1 协商目的的确定

在协商前，一定要清楚这次谈判的目的是什么？分清楚适用于所有情况的目标和只适用于个别协商的目标的区别，就其中一个目的来讲，它的目标可分为三个层次：最理想目标、争取达到的目标、必须坚持的目标。

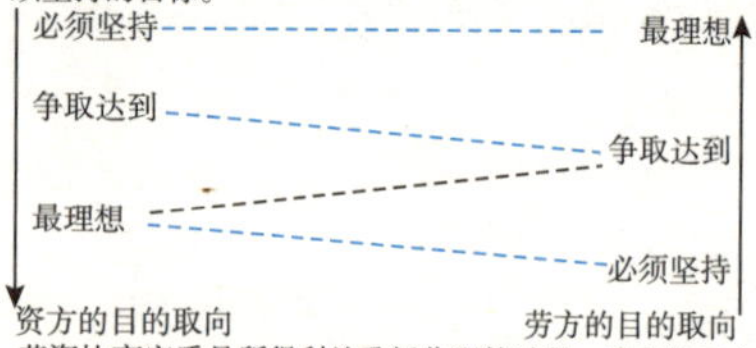

劳资协商实质是所得利益重新分配的过程。双方的三个目标是相互补充，比较接近的。当然，也有例外的情况，比如，资方的最理想的目标可能与劳方的争取达到的目标更接近，导致这种情况发生的原因，就是信息收集不全面或不细致。总之，作为劳资双方协商的一方，应尽可能地把协商结果推向协商的对方必须坚持的目标附近，尽可能地把结果拉到自己最理想的目标附近。

劳资协商目的分析表（样本）

目的		目标标准	支持依据	备注
目标一	最理想			
	争取达到			
	必须坚持			
可交换条件				
条件一	最理想			
	争取达到			
	必须坚持			
补充条件				
补充条件	最理想			
	争取达到			
	必须坚持			
目的和条件分析				

2 谈判人员的组织

分工		职务	注意事项
熟悉过国家及本市有关劳动报酬的法律法规，熟知企业经济效益状况、成本构成、工资分配制度等企业内部信息及有关劳动报酬的企业外部信息。	薪酬	集体协商代表：首席代表	1 高明的首席代表能够充分调动其他协商代表的积极性、主动性、创造性，使艰难的集体协商能够绝路逢生。 2 水平低的首席代表会压抑其他协商代表的积极性、主动性的发挥，使集体协商功亏一篑。
熟悉过国家及本市有关工作时间、休息休假法律法规政策，熟知企业工时制度、休息休假规定，了解职工生产劳动强度和生产流程及节拍等情况。	工时	集体协商代表：协商团队	1 当本方代表介绍协商意图时，其他协商代表为发言者提供资料、数据等。 2 本方代表发言时，本方其他代表如果东张西望，心不在焉，或者坐立不安，交头接耳，这样做不仅会削弱本方代表在对方心目中的地位，而且也干扰对方的理解。 3 如果在本方代表讲话时，本方其他协商代表都能够聚精会神倾听，不时表现赞同地点点头，做些必要的补充，就会给对方代表留下良好的心理印象，增强所阐述问题的分量。
熟悉过国家及本市有关企业年金、补充医疗保险、补充住房公积金和职工福利的法律法规政策，熟知企业经济效益状况、成本构成和企业、职工缴纳社会保险费情况，熟知企业福利费提取和使用情况，掌握职工连续工龄和本企业工龄结构分析情况。	福利		
熟悉过国家及本市有关劳动安全卫生的法律法规及标准，熟知企业生产环节状况、成本构成和职工劳动卫生及劳动保护状况，掌握近几年工伤事故和安全事故及职业病的发生率等情况。	安全		
熟悉企业培训规划，了解职工接受职业培训情况，掌握职工文化程度、职业能力状况分析情况，熟悉培训工作。	培训		

3 谈判材料准备

内部资料

企业经济效益
- ⊙衡量企业经济效益的标准是企业利税的多少。
- ⊙企业上缴税收后利润留存部分是劳动状况得以改善的前提。

企业人工成本
- ⊙人工成本是一个企业为劳动者花费的全部费用。
- ⊙工资不是人工成本的全部，集体协商时要从工资、福利、培训等多方面统筹考虑。

劳动生产率
- ⊙生产成果与其付出的劳动消耗量的比率，是反映劳动生产率的指标。
- ⊙劳资协商的重点是企业由于提高劳动生产率而增加的收入中有多大份额用于提高工资增长等指标。

企业文化
- ⊙企业文化对集体协商影响深远。
- ⊙在跨国公司中，欧美、日韩企业都有他们长期形成的文化传统和做法，这是展开集体协商的重要参考因素。

工资总额和平均工资
- ⊙工资协商的主要参考依据。
- ⊙有研究城镇居民消费价格指数、同行业同类企业工资水平等之间的关系，合理确定企业工资水平。

外部资料

工资指导线
⊙企业确定合理的工资水平、工资增长率的重要依据。
⊙工资指导线分上、中、下线，企业工资一般最低不低于下线，最高不得高于人工成本预警线。

同行业平均工资
⊙确定工资水平需要参照的重要系数。
⊙劳资双方在确定工资时，特别需要考虑最具可比性的同类企业的工资水平。

工资指导价位
⊙用于指导企业合理确定不同行业和不同岗位的工资标准。
⊙反映了劳动力市场供求关系和劳动力供求状况，是确定合理的工资水平、工资增长率的重要因素。

消费价格指数
⊙是集体协商中的基本依据。
⊙一般采用将工资增长与物价指数挂钩的方法，保证职工的实际工资收入得到补偿。

利率汇率变动
⊙利率水平的变化对企业的生产经营状况和职工的收入水平都有影响。
⊙外汇汇率的变动直接影响企业的对外贸易和利用外资，从而影响企业的生产经营和利润水平。

谈判中的策略

开局

开场白 → ⊙真诚表示感谢。⊙强调共同目标。⊙明确协商议题。 → **范本** →

各位协商代表大家好，非常感谢大家在百忙之中抽出时间参与集体协商，我首先代表本方协商代表表示感谢。开展集体协商是根据相关法律法规的规定和公司生产实际需要，根据职工对劳动报酬等事项的要求，在广泛听取职工意见和意愿调查的基础上，形成了本次工资集体协商的意向：要求提高工资水平，工资总额拟增长15%，请对方给予考虑。

策略

- **强调双赢** → 既要考虑己方利益，又要兼顾企业方的利益，使双方共同受益。 → 小技巧：谈判时应多用“我们”来陈述观点。
- **从易到难** → 劳资双方应从容易达成议题开始谈，避免一上来就陷入僵局。 → 涨工资的问题是双方最关心、最难谈的“敏感”话题，可放在后面来谈。

开局

观点的阐述

分类阐述法
- 含义：依据集体协商的内容和本次协商事项的重要程度进行分类排序的阐述方法。
- 核心：分类、分级
- 优势：条理清晰，容易让对方接受本方的观点。

范例

议题 → 分类 → 排序

工资增长 —— 属于劳动报酬类别 —— ⊙工资总额增长幅度要求 ⊙工龄工资补偿要求 ⊙加班加点工资基数调整
可作为单项集体协商内容

分工阐述法
- 含义：依据协商议题所涉及的不同内容和事项，结合协商代表从事的工作性质、业务知识及所表述的层面，进行协商代表的分工，分头准备议题的论点、论据及论证表述。
- 核心：分类、分级
- 优势：可以明确每一位协商代表的职责和任务，充分发挥协商团队的集体作用。

范例

- 困局：资方提出劳动生产率增长幅度较小，工资增长空间受到限制。
- 对策：员工讲述提高劳动生产率的实例来证明己方观点。
- 措施：生产一线代表讲述他们自发解决生产线短板问题，在没有增加支出的情况下提高生产效率。技术员工代表讲述在不影响完成生产任务的同时进行新产品生产新技术改造。

分层阐述法
- 含义：按照协商观点与论据的对应关系，将协商论据进行分层，依据论证过程的逐步深化分层阐述本方观点。
- 核心：深入、深化
- 优势：逐层剥离的论证方法，具有极强的说服力，是提高协商效率的好方法。

范例

- 议题：计件工资的协商。
- 困局：论证计件单价水平，用事实数据证明工资水平过低的问题。
- 对策：论证小时工资率核算方法，用计时工资与计件工资的对应关系，揭示不同工种与不同岗位的小时工资率的差别，进而证明压低小时工资率的后果。
- 措施：论证工时定额，用大量数据来证明企业压缩工时定额所导致的工资含量降低的问题。

论据的分析

	观点	分析	启示
物价指数	劳方：物价指数上升意味着居民日用消费品的价格上涨，增加了职工基本生活开支，无形中减少了实际收入。 资方：物价指数上升所导致企业原材料等上游产品的价格上涨，企业因原材料及人工成本的增加而负担加重。	原材料等上游产品的价格上涨，是对于任何一个企业都可能面临的风险，它可以通过降低间接成本的开支，提高劳动生产率等措施入手，减少原材料价格的上涨的压力。而职工实际工资水平的下降，不通过增加工资性收入是无法解决的。	当面临物价指数上涨时，企业需要直面市场竞争压力来增强企业抵御市场压力的能力。单纯靠降低人工成本，被动承受市场风险的做法不是企业经营者的明智选择。

产品销售价格	资方：产品销售价格下降，企业利润下滑，影响企业工资涨幅。	企业利润由市场中多种因素影响，只强调产品价格下降，不能说明全部问题。	出现产品下降对企业经营产生影响应从两个方面入手。一方面要从原材料采购方面按照相同比例下调原材料采购价格。另一方面，可以从管理费用和制造成本两部分按照相同比例进行压缩。
扩大再生产	资方：扩大再生产需要投入资金，因此企业工资涨幅受到影响。	企业扩大再生产的资金来源于投资人的资本注入，是经过可行性分析认为可以通过增加产品数量占领市场，是投资人扩大生产规模的投资行为，和目前的生产没有直接关系。因此，扩大再生产和职工增加工资，根本不是同一经营范围的问题。	企业扩大再生产包括内涵式扩大再生产和外延式扩大再生产。内涵式扩大再生产是指通过技术进步和改善管理提高生产要素的质量和使用效益来实现的扩大再生产。外延式扩大再生产是指通过增加生产要素投入的数量实现的扩大再生产。两者应该分类区别对待。
年度预算成本	资方：职工提出的工资涨幅超过企业预算，利润可能因此而减少，所以拒绝工资涨幅。	企业方的逻辑是，工资涨幅超过预算的直接结果就是减少实现利润，减少经营者业绩，可能直接减少经营者收入。因此，经营者不愿意突破预算为职工提高工资。	思考事情都应该从正反两面来看待。该涨工资却不涨工资，可能会引起职工中的优秀人才流失，可能会影响职工工作的积极性，合理的工资投入可能换来更大的产出。

僵局

间接处理技巧

间接处理僵局的方式，就是劳资双方代表运用迂回的方式，避开争议的焦点，用其他理由委婉地否定对方，进而达到化解僵局的目的。常见方法如下。

肯定在先，否定在后

在回答对方提出的意见时，先对意见或其中一部分略加承认，然后引入新的信息和理由给予否定。

范例

企业方：工资增幅25%的要求太高了！
职工方：是啊，25%的工资增幅听起来是很高，但是如果按照25%工资增幅计算工资水平，还是低于同行业的工资水平。

提问在先，否定在后

协商者不直接回答问题，而是提出问题，使对方来回答自己提出的反对意见，从而达到否定原来意见的目的。

范例

企业方：企业实行的是计件工资，最能体现按劳分配的原则，多干活，多挣钱，少干活，少挣钱，用平均工资不能说明问题。
职工方：请问企业近几年的劳动定额是提高了还是降低了？
企业方：提高了。
职工方：假如工资不变，劳动定额的提高，意味着计件单价是提高了还是降低了？
企业方：这是具体情况，需要具体分析。
职工方：好！那就让我举一个例子来算算…
企业方：是吗？我要亲自算一算。

注意

使用该技巧时，必须了解对方提出反对意见的真正原因和依据，然后层层深入地进行提问，才能取得预期的效果。

利用在先，转化在后

一方直接或间接利用对方的意见说服对方的方法。

范例

企业方：你说的加班加点问题企业无法避免，市场竞争这么激烈，客户订单的要货周期越来越短，只能靠加班加点来赶任务，不然我们只能丢失客户。
职工方：您提出的这个问题太实际了，正如您说的，客户订单周期短，我们只能靠加班加点来赶任务，这正说明职工的劳动强度是很大的，所以我们要求提高工资就是对职工的一种补偿。再说，光靠加班加点来赶任务是一种短期行为，从长远观点看，提升企业竞争力，不能靠拼人力，还需要增加资本的投入，实现劳动组合的最优化。

重复在先，虚弱在后

协商人员先用比较委婉的语气，把对方的反对意见复述一遍，再回答。复述的原意不能变，文字或顺序可颠倒。

范例

企业方：你们总是强调利润的增长，工资也在涨啊，你们为什么不说呢？
职工方：是的，我们是想说，工资增长应该与利润增长保持同步。

注意

这种技巧的主要功能是用于虚弱对方的意见，使用时要根据协商的具体情况灵活运用，尤其是注意依据对方的心理活动和接受能力来决定，切忌不分对象、场合、时间而千遍一律地使用。

直接处理技巧

直接处理僵局的方式，就是直接答复对方反对意见的一种处理技巧，一般可采用如下几种方法。

用数据说话

借助事实和有关的资料、文献等具有客观性和权威性的论据，在论证过程中有目的地扩充论据的价值成分，加强论据的说服力，以达到虚弱对方意见或改变对方初衷的目的。

范例

企业方：企业今年受原材料涨价的影响，利润大幅减少，几乎亏损，劳方提出涨工资的要求，真是强人所难。
职工方：根据我们的调查，公司今年所消耗的原材料大部分来自本公司的库存，大约占80%左右，如果按照实际成本计算，单台材料成本约为230元，与去年单台材料成本比较略增一些，据我方测算，公司今年利润不但没有比去年减少，还有较大幅度升幅，若考虑今年产品价格上调的因素，本公司的利润升幅还会增大。

用故事感化

借助一些公司内发生的真实事件来打动对方，促使僵局出现松动。

范例

一线职工代表：我们每天夜以继日地工作，无怨无悔地加班加点，就是为了顺利高质量地完成公司的生产目标。
技术工人代表：我们在公司没有增加人手地情况下，高质量的完成了难度极高的技术改造项目，很多工人主动放弃休息时间为公司发展献计献策。

用休会缓解

当劳资双方陷入僵局难以化解时，可以采用休会的方式使双方冷静下来，缓和气氛，调整策略，找到协商的共同点，努力化解僵局。

那么怎样能够透彻了解案例的情境呢？准备工作包括现场调查和二手资料两种。例如，搜集各类网络资源信息，了解不同类型行业的状况。在一组连锁超市集体谈判的案例中，小组成员为了做好准备，还特地到在连锁超市工作的亲戚处进行了走访了解和体验。进而在谈判中进入了超市的情境，言之有物，有理有据，得到了很高的评价。

（二）制定谈判策略

了解了充分的信息如同获得了建筑所用的砖头、水泥等材料，但是如何盖房子还是需要有设计师的图纸。制定谈判策略就如同盖房子的图纸，既要依据现有的材料，又要达到房屋居住的条件和要求。

那么，如何依据情境和谈判目标制定谈判策略呢？首先要考虑谈判的类型。因为是模拟谈判，因此组织内代表不同群体的分歧没有现实中那么明显，因而我们着重考虑前三种谈判类型：分配式谈判、整合式谈判以及态度结构。一般而言，工资增长、裁员等问题双方的利益比较对立，分配式谈判的可能性大；员工持股计划、企业利润分红、劳资长期合作等问题双方利益比较一致，整合式谈判的可能性大。在谈判开始、出现僵局以及由分配式谈判向整合式谈判转化时，态度结构的构建成为最重要的内容。其次，可以依据谈判策略制定多套方案，在谈判场上依据对方情形选择展开。在我国当前“强资本，弱劳工”现象仍很明显的情况下，资方的谈判策略往往对谈判中态度构建和谈判的类型起到更为关键的作用。那些认为自己经营管理与对方无关的雇主，那些拒绝从员工角度考虑的雇主，那些拿不出数据支持却不让步的雇主，作为劳方努力转化成整合式谈判的空间很小。

（三）确定目标体系、权重和时间控制

案例材料中可能已经给出了目标体系和重点，需要仔细阅读和寻找关键词汇。例如：“作为工会主席，你关心……更关心……”这句话里就能够明确看出目标有两个，后者的重要性要高于前者。但是这样的材料还需要进一步细化，变为具体的、可操作的内容。比如，

底线在哪里，开始的要价多少为宜，让步的策略，以及每一项要求的合理性在哪里（数据和资料支持）。我们根据这些目标的相互替代性计算权重，并且依据权重配置时间。因为在其他情况不变的情况下，双方达成一致的项目越多，谈判就越成功。模拟谈判有比较严格的时间限制，因此根据权重和难易来安排时间和顺序就非常重要。

例如，关于L（中国）公司裁员的案例（见第二章）中的劳方，经讨论得到的方案如下：

表1-3　L（中国）公司裁员案例劳方的策略与时间控制

项目	权重	策略	重要程度以及难度、有利的谈判顺序	时间（总长40分）时间控制负责人：工会主席
裁员人数	35%	（1）比较典型的分配式谈判 （2）要价——妥协策略	重要；先谈裁员计划，才能谈裁员补偿，所以只有先难后易，但是难度太大，很可能浪费了有效时间	15分以内
裁员补偿	35%	如果裁员的问题在预计时间内谈完，此项目可以增加让步；也可以和裁员的问题捆绑在一起	次重要；难度较低	15分以内
年休假补偿	20%	依据企业规章承诺和国家法规	次重要；难度较低	8分以内
企业公积金问题	15%	依据企业规章	再次重要，难度高	剩余时间

（四）确定具体的角色扮演和分工

法律规定集体协商双方要有首席代表和一般代表，他们之间的地位是有差异的。在现实中，管理方和工会方的代表也来自组织中的不同职位部门，因而他们的角色也是有差异和分工的。

双方的首席代表要负责谈判结果的达成、谈判项目的推进、时间控制以及大的让步决定，而其他代表则要根据自己的身份为团队的目标提供信息的、数据的甚至是情感和理念上的认同支撑。

角色分工一般包括但不仅限于如下角色：工会方——工会主席（首席）、工会副主席、生产工人代表、技术工人代表、销售代表、研发代表、法律顾问；管理方——总经理/总经理（首席）、副总经理、生产经理、人事经理、财务经理、销售经理、法律顾问。角色扮演者尽量依据角色身份来安排语言。如果出现某部门经理在谈判中反对总经理决定的情形，那么管理方当然会因此失分。

角色扮演和分工之后要形成互相的配合，由首席代表来组织安排发言的次序和各角色的功能。例如，在红脸/白脸谈判技巧中，一般代表要把自身的难处和不让步妥协的理由说充分（白脸），而把替对方考虑、克服自身困难并让步的话交给首席代表去说（红脸）。在对方提出的信息和数据有误或不能支持对方目标的时候，需要向首席代表和其他代表示意，然后予以反驳和说服。首席代表要根据本方每个代表掌握资料的情况安排一般代表发言。避免出现群龙无首、一窝蜂的混乱场面。

（五）针对对方可能出现的问题预先给出应对办法

谈判一般而言有一些基本的套路。例如，谈判工资时，工会方会强调物价上涨快、生活负担重、其他企业工资增长更多、企业盈利应该和员工分享等；管理方则会强调企业长期投资、资金链脆弱、生产销售预期下降、原材料价格上升、产品竞争激烈等。把自己能说的部分说好，只是谈判的第一步，而让对方觉得自己的理由比对方的理由更充实、更重要则是成功谈判的更高层次。因此，谈判需要有交锋和回合，而交锋和回合需要对对方可能的说法进行准备，并给出相应的对策。

（六）形成谈判风格

谈判到底是开门见山直奔主题，还是隐晦委婉；是稳健保守，还是大进大退直奔底线。谈判团队要通过相互配合最终形成自己的风格。谈判可以慷慨激昂也可以柔声规劝，可以演苦情戏也可以拍案而起震慑对方……总之，谈判是科学也是艺术，给每个人、每个团队发挥的空间很大，谈判双方可以根据情境和角色注入自己的理解。

三、模拟集体谈判演练的策略和技巧：过程篇

（一）寒暄

寒暄部分要了解对方谈判风格和基本的态度构建。寒暄部分应该包括自我介绍与对方的初步沟通。这种沟通可能和谈判的目标没有直接关系，只是起到化解双方陌生感的作用。根据集体谈判的规则，一般由工会方提出谈判的项目和顺序。

（二）谈判的磋商阶段

往往是双方意见分歧并不断妥协的漫长过程。其谈判的形式有交锋和回合，反映了劳资关系的本质即合作和冲突。磋商阶段不是辩论，而是说服，因此要善于倾听，而不是不耐烦地打断对方，完全从自己的角度出发来发言。谈判双方都要明确自己的目标，运用各种技巧，有理、有利、有节地实现既定目标。如果需要对既定目标进行调整，需要相互协商而不能一方代表单独做出低于既定底线的让步。

（三）僵局

双方的预期差距太大容易形成僵局，这一阶段切忌将本方说过的话再重复一遍，或者双方自说自话，这样既浪费了时间又于事无补。僵局的化解可以从以下几个思路入手：（1）转到其他容易谈的议题。（2）与其他容易谈的议题捆绑成一揽子解决方案。（3）暂时休会，团队内部讨论是否修改底线。（4）暂时休会，团队内部讨论是否有创新性的思路。（5）拒绝谈判直到对方答应己方的条件（在谈非常重要的条件且没有回旋余地的情况下）。

（四）协议达成和结束

本部分在模拟谈判过程中不那么重要，有时因为谈判超时所以没有进行，但这一阶段也不是可有可无的。在最后一分钟时，双方应该总结达成的协议并签署备忘录。

第二章

多项谈判事项中寻找重点

——L（中国）劳资谈判（上）

在多项谈判事项的案例中，把握谈判的重点是评价谈判成败的重要内容。在L（中国）公司的案例中，各组都对谈判的重点作了不同的解读，进而成为谈判过程控制的重要环节。

一、案例

L（中国）公司背景

L公司是一家美国IT企业，2012年8月，总部位于北京的分公司L（中国）公司宣布裁员，总经理伍斯特称在裁员的同时，公司正计划离开未能盈利的精简产品线市场，从而将业务重心从智能手机逐步转向更加具有创新性和盈利性的移动终端产品。L（中国）公司曾在2011年推出30款移动终端产品，但2012年伍斯特计划将把移动终端产品的数量严格控制在10款以内，他希望让公司的产品重树以往炫酷和高端的形象。不过截至目前市场上并没有看到任何好转的迹象。智能手机领域90%的利润被P公司和T公司拿走，而L（中国）公司只能与其他众多手机厂商瓜分剩下的10%的利润。

根据某著名咨询公司发布的2012年的利润第二季度中国智能手机市场报告，T公司仍以27%的市场份额牢固占据第一位，而L（中国)公司在中国智能手机市场的销量占比仅为5.3%。根据第二季度财报，L（中国）公司第二季度亏损2.53亿美元，其中，移动业务亏损2.02亿美元，机顶盒业务亏损5100万美元。

L（中国）公司在中国大陆共有员工3530人。在广东、北京、上海和成都设有软件园各一个。各类工作人员数量如下表格。

	研发人员	销售人员	流水线工人	管理人员	合计
广东	300	200	150	50	700
北京	350	240	160	250	1000
上海	470	260	170	180	1080
成都	310	200	170	70	750
合计	1430	900	650	550	3530

谈判事由

L（中国）公司本次裁员共计 1200 人，包括软件研发人员 500 人，销售人员 400 人，流水线工人 300 人。在发布裁员消息的第二天，人力资源部门下发了关于解除劳动合同协议的通知，通知称被裁员职工工资全部发到 2012 年 9 月 20 日，未到期的期权全部折现。如果在 24 小时之内签署解约协议，将获得 N＋2 倍月平均工资的薪资补偿，其中 N 为工作年限，而多出的两个月平均工资则参照员工在 L（中国）公司的工资水平；如果不在规定时间签署解约协议，只能根据法律规定获得 N 倍补偿。

L（中国）公司称，公司的裁员完全符合规定，并已经过公司工会同意。根据规定，需要裁减人员 20 人以上或者裁减不足 20 人，但占企业职工总数 10% 以上的，用人单位应提前 30 日向工会或者全体职工说明情况，听取工会或者职工意见，在裁减人员方案向劳动行政部门报告后，就可以裁减人员。

L（中国）公司的工会组织确认收到企业的裁员通知，但企业并没有将详细的裁员方案呈递给工会。除了强硬的裁员态度，令工会十分不满意的还有 L（中国）公司对于年假补偿和额外公积金的处理政策。按照公司规定，如果员工放弃强制性年休假，会获得日平均工资三倍的补偿，而此次裁员方案中对这部分未予补偿；另外，关于额外公积金福利问题等规定，L（中国）公司也一直未有提及。额外公积金是 L（中国）公司向员工提供的一项公司福利。依照相关规定，公司为员工缴纳的住房公积金为员工上一年度月平均工资额的 5%。此外，公司还承诺为员工提供企业公积金，其计算基数仍为员工上一年度月平均工资额，缴存比例依据员工在企业工作年限不等。

工作年限（Y）	缴纳比例（R）
Y≤1	0.5%
1 < Y≤5	1.5%
5 < Y < 10	3.0%
Y≥10	4.9%

劳方要求

公司内部有消息称，公司将关闭某处软件园，但是哪一处还不清楚。工作岗位对工会最为重要，强制性年休假补偿和额外公积金福利的重要性分别列在二、三位。最核心的问题是，工会在谈判即将开始之前还不能从公司的通知中获知全部的裁员计划！

资方要求

对于员工的抗议行为，L（中国）公司认为这些受影响的员工的举动可以理解，并愿意为这些离职员工提供了高于法律法规所要求的补偿标准。有一点确信无疑，即裁员是公司必须做出的战略选择，这个方向不可动摇。其中，L（中国）公司将关闭在广东的软件研发中心，在那里工作的各类员工共计 700 人，其中研发 300 人、销售 200 人、流水线工人 150 人和管理人员 50 人，此次裁员计划中不包括管理人员。其他地区软件园是否裁员，请资方代表自己定夺。此外，公司还将提供相应的裁员补偿金和再就业服务，如为员工开具推荐信、介绍猎头公司、举行相关招聘会等措施，以助他们找到新的工作。

请劳资双方结合上述背景信息各自拟定谈判方案，运用相关谈判技巧展开谈判。

二、本章相关基础知识

1 经济性裁员问题

企业常见裁员类型

优化性裁员

企业为保持人力资源的质量，根据绩效考核结果解聘那些业绩不佳的、不能满足企业发展需要的员工的行为。

结构性裁员

由于企业的业务方向、产品或服务发生变化而导致内部组织机构的重组、分立、撤消引起的集中裁员。

经济型裁员

用人单位由于自身经济状况发生重大变化，解除多个劳动者劳动合同的情形。

企业不得裁减的人员

“老、弱、病、残”的员工

- 老：在单位连续工作满15年，且距法定退休年龄不足五年的员工。
- 弱：在孕期、产期、哺乳期的女性员工。
- 病：在诊断或者医学观察期间的疑似职业病病人、患病或者非因工负伤但在规定的医疗期内的员工。
- 残：患职业病或者因公负伤并被确认丧失或者部分丧失劳动能力的员工。

裁员时应优先留用的员工

- ⊙与本单位订立较长期限固定期限劳动合同的员工。
- ⊙与本单位订立无固定期限劳动合同的员工。
- ⊙家庭无其他就业人员，有需要抚养的老人或者未成年人的员工。

经济性裁员的使用范围

企业只有在符合下列四项条件其中一项时，才可以进行经济性裁员。

1. 按照企业破产法规定进行重整的。
2. 生产经营发生严重困难的。
3. 企业转产、重大技术革新或者经营方式调整，经变更劳动合同后，仍需裁员的。
4. 其他因劳动合同订立时所依据的客观经济情况发生重大变化，致使劳动合同无法履行的。

何为严重困难

企业生产经营发生严重困难，应当达到当地政府规定的严重困难企业标准。

严重困难企业

⊙ 企业生产经营发生严重困难并已出现亏损，已采取“停止招工”、“停止加班加点”、“清退劳务性用工”、“降低工资”等全部措施满半年仍然亏损且生产经营状况无明显好转的。

⊙ 用人单位不能偷换概念，以“生产经营发生严重亏损”为由解除劳动合同。因为生产经营发生严重亏损并不必然导致“生产经营发生严重困难”。

经济性裁员的法定程序

Start

- 用人单位应当提前30天向工会或者全体职工说明情况。
- 用人单位在听取工会或者职工的意见后，确定裁员方案。
- 裁减人员方案必须向劳动行政部门报告。

End

特别注意

“全体员工”不能用“职工代表”代替，同时应当保留提前通知工会或者全体职工的书面证据，未提前通知或不能举证证明的均会导致违法裁员风险。

注意：法律并没有要求劳动行政部门批准后才可以裁员，只要履行报告程序就可以。用人单位应当保留劳动行政部门签收的相关证据。

其他注意事项

- 裁员人数：裁减人员需达到20人以上或裁减不足20人，但占企业职工总数10%以上才可以启动裁员程序。
- 优先录用：在6个月内重新招用人员的，应当通知被裁减的人员，并在同等条件下优先招用被裁减的人员。
- 裁员方案：裁员方案包括裁减人员名单、人数、裁减时间及实施步骤，符合法律法规和集体合同约定的被裁减人员经济补偿办法。

2 带薪年休假问题

带薪年休假

职工在企业连续工作1年以上的，依法享受带薪年休假。

12个月以上

“职工连续工作满12个月以上”既包括职工在同一用人单位连续工作满12个月以上的情形，也包括职工在不同用人单位连续工作满12个月以上的情形。

例外情况

国家法定休假日、休息日，职工依法享受的探亲假、婚丧假、产假等国家规定的假期以及因工伤停工留薪期间不计入年休假假期。

年休假申请制度

用人单位可以制定年休假申请制度，经劳动者申请可以以年休假折抵事假。

用人单位不能安排年休假的情况

对职工应休未休的年休假天数，单位应当按照该职工工资收入的300%支付年休假工资报酬。

未安排年休假的惩罚

在受到相关部门责令通知后仍不执行的企业，将受到600%的年休假工资和赔偿金处罚。

企业有效处理年休假问题的举措

1 制定有效的年休假制度

企业制定年休假具体制度时，应与职工代表大会或全体职工讨论。提出方案和意见，与工会或职工代表大会平等协商决定。

2 年休假制度的调整与改进

⊙对于1年以内工龄的员工，企业可以根据自身情况，自主决定是否给予其年休假。

⊙享受年休假待遇的员工，给予正常工作期间的工资，并非给予最低日工资或基本工资。

⊙年休假期间是否需要支付绩效工资部分，可以依据规章制度自行处理。

3 与工会协商灵活处理年休假

⊙对于劳动密集型、制造业等高体力劳动强度的企业，最好实行强制年休假制度，因为年休假工资的成本更高。

⊙对于知识密集型、高科技等高智力劳动强度的企业，可以通过工会协商机制，将年休假集中安排在春节前后等非繁忙工作时间，或是在员工同意的基础上补发年休假工资。

3 “N+2”倍补偿解析

N+2倍补偿

定义及解析

“N+2”属于用人单位向劳动者提出解除劳动合同，并给出解除劳动合同补偿方案，和劳动者协商一致解除劳动合同的一种补偿方式。

N的含义

N为劳动者在用人单位的连续工作年限。

2的含义

2为公司给予员工2个月过去一年月平均工资的补偿。

计算实例

一名员工在公司连续工作了15年，劳动合同被解除前12个月的月平均工资为3000元。如果用人单位采取“N+2”的方式与职工协商解除劳动合同，那么该职工能够获得的经济补偿是3000元×(15+2)=51000元。

计算方法

“N+2”就是用人单位按照被解除劳动合同的劳动者过去一年的每月平均收入的“N+2”倍的数额对劳动者进行的补偿。

注意事项

1. “N+2”是经济补偿金方式，不是用人单位单方解除劳动者劳动合同的法定事由。不要错误地认为，只要采取了“N+2”方式补偿职工就可以解除劳动合同。
2. 在劳动者没有任何法定情形能够被用人单位解除劳动合同的情况下，劳动者同意解除劳动合同是“N+2”合法的基本前提条件。
3. 用人单位强迫劳动者“协议离职”、将“强迫辞职”包装成“协议离职”的行为属于违法行为。

采取“N+2”方式强行和劳动者解除劳动合同的情况

1. 劳动者同意解除劳动合同。劳动者同意协商解除劳动合同，并且就解除劳动合同的相关问题达成一致意见，则用人单位可以采取“N+2”方式解除劳动合同。
2. 符合《劳动合同法》第40条情形之一的，用人单位提前30日以书面形式通知劳动者本人或额外支付劳动者2个月工资后，可以解除劳动合同，并向劳动者支付经济补偿金。
3. 经济性裁员可以采取“N+2”的经济补偿方式。

比较　经济补偿金VS赔偿金VS违约金

	法律性质	构成要件	责任主体	责任计算
经济补偿金	法定赔偿	法定情形出现	企业	月平均工资×连续工龄*
赔偿金	填补赔偿	违反法律规定，存在损失，存在过失，损失与过失之间存在因果关系	企业或员工	实际损失（违约解除或终止劳动合同的为2倍经济补偿）
违约金	约定赔偿	劳动合同有约定，约定合法	企业或员工	劳动合同约定

*说明：1.经济补偿的月工资按照劳动者应得工资计算，包括计时工资或者计件工资以及奖金、津贴和补贴等货币性收入。劳动者在劳动合同解除或者终止前12个月的平均工资低于当地最低工资标准的，按照当地最低工资标准计算。劳动者工作不满12个月的，按照实际工作的月数计算平均工资。

2.劳动者月工资高于用人单位所在直辖市、设区的市级人民政府公布的本地区上年度职工月平均工资3倍的，向其支付经济补偿的标准按职工月平均工资3倍的数额支付，向其支付经济补偿的年限最高不超过12年。

4 不定时工作制

不定时工作制

不定时工作制是针对因生产特点、工作特殊需求或职责范围的关系，无法按照标准工作时间衡量或需要机动作业的职工所采用的一种工时制度。

使用条件

1 工作性质符合法定条件

- 企业中高管等因工作无法按标准工作时间衡量的职工。
- 出租车司机等因工作性质特殊，需机动作业的职工。
- 其他因生产特点、工作特殊需要或职责范围的关系，适合实行不定时工作制的职工。

2 能够保证劳动者权益

在保障职工身体健康并充分听取职工意见的基础上，采取集中工作、集中休息、轮休调休、弹性工作时间等适当方式，确保职工的休息休假权利和生产、工作任务的完成。

3 必须报经批准

- 中央直属企业实行不定时工作制和休息办法的，经国务院行业主管部门审批，报国务院劳动行政部门批准。
- 地方企业实行不定时工作制工作和休息办法的审批办法，由各省、自治区、直辖市人民政府劳动行政部门制定，报国务院劳动行政部门备案。

工作时间上的特殊规定

- 一般没有加班的情况。
- 用人单位不需要保证劳动者每周至少休息1天，但用人单位应采用弹性工作时间等适当的工作和休息方式，确保职工的休息休假权利和生产、工作任务的完成。
- 对于实行不定时工作制的劳动者，如果符合享受带薪年休假条件，用人单位可安排其享受带薪年休假。

劳动报酬上的特殊规定

- 实行不定时工作制的工资由用人单位按照本单位的工资制度和工资分配方法，根据劳动者的实际工作时间和完成劳动定额情况计发。
- 实行不定时工作制一般不存在加班加点工资的情况。
- 除上海和深圳等地有特殊规定以外，劳动者在法定休假节日工作的，用人单位也不需要按照不低于劳动合同规定的劳动者本人日或小时工资标准的300%支付劳动者工资。

注意事项

- 用人单位应当对照法律法规的相关规定和自身特点，来确定是否有必要采用不定时工作制。
- 用人单位如果认为采用不定时工作制是必要的，就应当向法定劳动行政部门报请批准。在没有获得批准之前，用人单位不得采取这种特殊用工方式。

比较 标准工时制 VS 综合计算工时制 VS 不定时工作制

种类	标准工时制	综合计算工时工作制	不定时工作制
性质	依据工作时间确定工作量。	依据工作时间确定工作量。	用人单位应当根据标准工时制度合理确定劳动者的劳动定额。
工时标准	每天不超过8小时，平均每周不超过40小时。	一个综合计算工时周期内每天不超过8小时，平均每周不超过40小时。一个综合计算工时周期内无固定时间要求。	平均每天不超过8小时，每周不超过40小时。
审批	不需要审批。	需要劳动行政部门审批。	需要劳动行政部门审批。
加班	工作时间超过标准时间是加点，约定休息日、法定节假日工作是加班。	一个综合计算工时周期内超过总标准工作时间的工作就属于加班。	一般不存在加班。
工资	工作时间超过标准时间支付150%加点工资，休息日不补休的支付200%加班工资，法定节假日安排工作支付300%加班工资。	只要在法定节假日工作，就要支付300%工资，一个综合计算工时周期内超过总标准工作时间的工作就属于加班，工作日和休息日均支付150%加班工资。	只要个别地方法规规定法定节假日安排工作，就要支付300%工资，地方法规没有特别规定的，任何时间工作均支付正常工资。

分析：

①劳方的开场白很精彩，包含了对资方代表参与谈判的感谢，本次谈判的原因、目的以及主要诉求。同时，劳方一上来并没有直接提出自己的具体请求，而是先让资方提出自己的具体计划。这样做的好处是，可以根据对方提供的信息，了解到对方的谈判需求，从而更有针对性地调整自己的谈判策略。实际上。信息的获取非常重要，最佳的谈判状态就是尽可能多地获取对方信息，尽可能少地暴露本方信息。

②总经理的回应也同样精彩，使略带紧张的谈判气氛有所缓解，使劳资双方快速建立"友善关系"，有利于集体谈判的进行。

三、谈判过程及分析

第一组：

谈判开场白

工会主席：大家好，首先非常感谢各位领导能够在百忙之中抽出时间来与我们进行协商。前几天我们收到了公司裁员通知，面对突如其来如此大范围的裁员，我们实在是感到难以接受。而且公司此前没有进行任何的预警和通知。工作了10多年的公司，突然把职工扫地出门，我们觉得实在难以接受。所以在征求了广大职工意见的基础之上，我们召开了本次协商谈判会。我们希望通过本次的会议，公司的领导层能够结合目前的劳动力市场状况和企业的现状，对我们的要求进行考虑。本着互相信任、互相帮助的原则，希望能够达成一个互利共赢的协议。

我们的建议主要内容有：第一点，就裁员计划进行进一步的商讨；第二点，对强制性年休假补偿进行商讨；第三点，对额外公积金以及福利问题进行进一步的协商。

下面我们对第一点裁员计划进行讨论。由于公司此前没有公开过比较完整的裁员计划，所以想请咱们企业的领导层对具体的裁员计划，给我们一个详细的介绍①。

总经理：听完咱们工会主席这番慷慨激昂的陈述，我为咱们公司有你这样的工会主席而感到欣慰②。

工会主席：谢谢。

裁员问题谈判

总经理：工会主席是所有员工的代表，你让我们听到了来自员工的声音。请允许我代表L（中国）公司的管理层向你表示感谢。

工会主席：谢谢。

总经理：众所周知，咱们公司的发展已经到了一个很关键的时期。由于公司在移动终端市场的表现并不尽如人意，因此美国总部打算进行经营方式和战略的调整。减少对智能手机市场的投入，将业务重点投入到具有广大前景的掌上电脑业务上。工会主席说我们没进行通知。这不今天我们就是向你们发出正式通知来了吗？而且现在是8月份，我们9月20号才会对大家进行一个具体裁员的协商。所以我们现在已经在对一些符合条件的员工，进行劳动合同的变更和业务的调整。在进行劳动合同变更和调整后，我们仍然会对广东软件园进行关闭。由此造成650人裁员，加上其他三个软件园有关智能手机业务的人员约550人的结构性裁员，共计1200人。工会主席特别希望知道咱们1200人的裁员是怎么来的，请财务经理解释一下，我们是如何进行这1200人的裁员的。③

研发人员代表：您好，不好意思，我想先问一下。我想确认一下550人裁员名单中，北京、上海、成都地区具体的裁员人数，谢谢④。

总经理：咱们做事情要有头有尾，是不是？我想大家最想知道的是我们为什么要进行裁员，如果我们不把裁员原因说清楚，我想也不能给员工一个满意的答复。至于什么地方裁掉多少人，我们一会儿会给大家说的，请大家不要着急。

财务经理：很荣幸能与各位劳方代表进行此次商谈。下面我来给大家详细解释一下咱们公司裁员人数的由来。裁员人数主要由未来的营业收入和利润的预测以及人工成本和人工效益的现状目标值来确定的。美国总部给我们的裁员人数是1500人，我智能手机预计销量占市场份额的30%，但现在仅为5.3%。手机领域未来预测，利润本来是只亏一亿美元，但现在亏了二亿美元。那中间差额是一亿美元。其中人工成本占了10%，也就是1000万美元，相当于6300万人民币。我们的平均季工资是四万元。所以要裁掉1500人。我们出于对员工利益的考虑，决定少裁300人，所以最终决定裁员1200人⑤。

副总经理：我想向劳方代表明确一件事情。咱们公司本次裁员确实是不得已而为之的行为。我们是充分考虑到了公司的经营方式调整、战略转型以及员工的利益，经过反复商议，将裁员人数一压再压，我们最后是尽最大努力将裁员人数压缩到1200人。对于被裁员工，我可以代表咱们公司的领导层向各位员工做出保证，我们会

分析：

③资方总经理的发言很自然地将公司裁员程序的合法性交代清楚了，并且首先主导了本次谈判的发展进程，确定了集体谈判的切入点是裁员原因。初步掌控了本次集体谈判的谈判方向。

④纵观全场比赛，这位研发人员代表表现得非常抢眼，思维敏捷，问的问题很有针对性和侵略性。但也有不足的地方，第一，多次打断资方讲话，显得不太尊重资方代表；第二，太过于强势，会让资方感到压迫感并且没有面子，让人没有面子在中国是很可怕的一件事情，所谓双赢的谈判就是让对方赢得了面子，己方赢得了里子，不过瑕不掩瑜。

对被裁员工给予最大限度的补偿。但本次裁员是咱们公司战略选择不可动摇的一步。

研发人员代表：感谢资方代表这么有诚意的回复。我们也感到很欣慰。但正如财务经理刚才说的，咱们公司是因为有巨大的亏损才进行裁员的。那我想问一下，咱们公司亏损的具体原因到底是什么？

总经理：我想说明一下，公司本次裁员的原因不是因为业务受到亏损而是进行结构性的裁员。我们要减少对智能手机的投入，而将业务重点投入到掌上电脑业务上。所以广东软件园作为一个以手机为重点的软件园必须要关闭⑥。

研发人员代表：不好意思，我打断一下，资方忽略了公司背景中的一条。第二季度财报显示，亏损 2.53 亿美元，亏损这么大，请问原因到底是什么？请公司给一个具体的解答，谢谢。

总经理：第二季度亏损的 2.53 亿元其中移动业务亏损 2.02 亿元。我们对待事物矛盾要抓主要矛盾。

研发人员代表：对，但咱们亏损了对不对？

总经理：对。

研发人员代表：原因是什么，请您给出一个解答。

总经理：请我们的人事经理做出解答。

人事经理：我很能理解咱们员工代表考虑到自己切身利益时的急切心情。的确这回公司裁员是一件很大的事，所以我们今天坐过来谈。我们承认我们的裁员是经济性裁员，但我们不属于生产出现严重困难的裁员，所以员工对于我们亏损的原因问责是没有任何意义的。我们是因为产业结构的重大改变进行的裁员。我们的确是亏损了，所以我们需要转变产业结构⑦。

研发人员代表：我想纠正一个概念，您以上所说的这些明显是不合理的。原因在于，本次裁员不仅包括了经济性裁员的条件，而且也包括了公司已经发生了明显的经济困难的条件。好，我们先不说其他内容，我们公司确实有了亏损进而需要裁员，对吧？那本次裁员是不是因为管理层人员的决策失误造成的呢？

总经理：对于公司的亏损，管理层难辞其咎，但是本次谈判主

分析：

⑤资方为劳方设置“假想敌”的策略很好。将裁员的责任推给了总部，同时还“维护”了劳方利益，减少了裁员人数。在后面的谈判中，可以以“让步在先”为由，为本方争取更多的利益。

⑥此处总经理提到的原因是结构性裁员，而后面人事经理的解释是经济性裁员。而这两种裁员明显有别，出现这种说法不一的情况，说明资方内部沟通出现了问题。内部声音的不统一会无形中削弱本方话语在对方心中的分量。

⑦为了回避亏损原因，资方代表竟然会认为亏损 2.53 亿元还不属于生产出现严重困难，从中足可以看出回避问题的可怕性。一句“员工对于我们亏损的原因问责是没有任何意义的。”不仅不会解决任何问题，而且还会引来对方的不满，进而继续追问这个问题。企业方如果连亏损的原因都无法面对，那还谈什么未来发展？

要是针对被裁员工的利益问题。至于公司为什么亏损，我觉得不是本次谈判的重点⑧。

工会主席：既然亏损的主要原因是企业转型，那说明管理层并没有估计好当前形势，更早地进行战略转移。我们在得知裁员计划前，公司对产品和产业结构并没有作任何的改进，现在突然要转型，进行大规模的裁员。我觉得对员工而言非常不公平，尤其是我旁边这位广东的代表，她非常有感触。请她发一下言。

流水线工人代表：我自1998年建厂以来，就一直在公司工作。建厂之初，公司在深圳面临很大的竞争压力，我们为公司义无反顾加班加点工作。而如今公司却要突然将我们无情抛弃。我们确实一时难以接受。我身边很多朋友都是双职工。双方准备结婚，但是就是因为裁员问题，阻碍了他们步入婚姻殿堂的脚步。同时高额的房贷也让他们苦不堪言。所以我希望资方能深切考虑到我们工人的痛苦，为我们提供一个更好的方案⑨。

人事经理：作为管理方，我们对工人因辞退所带来的痛苦表示非常理解。工会提出对公司亏损的原因给予一些解释，我可以给你们一些解释，但我希望双方能够专注于我们的谈判内容，我们的目的是达成一个互利共赢的结果。如果一直纠结于此，必然造成双方的损失。下面我来就公司亏损原因给大家一个详细解释。我们的亏损由两部分造成，一部分是经营战略问题。我们要进行结构性转变。所以裁员在所难免。另一部分是劳动系统问题。劳动系统有两方面问题，一是劳动力的配比问题，这也是我们按比例裁员的原因。另一个是个别劳动者自身的问题。以上便是咱们公司亏损的原因。今天我们主要来谈裁员和后续福利问题，请大家不要在纠结于公司的亏损的原因了。这不是本次谈判的重点⑩。

研发人员代表：我们来谈判不是来谈裁员后续问题。首先对于您提出的裁员计划我们是不承认的。原因在于，亏损的主要原因是由管理人员造成的。为什么管理层造成的失误要由我们兢兢业业的员工来买单呢？在裁员方案中，关闭广东园区要裁掉650人，而管理人员工资占工资总额的比重最大，却一名也不会被裁掉。对此我们很费解。管理人员的决策失误让员工来买单，请问您对此如何

分析：

⑧资方对于劳方突如其来的问题显然准备不足，只能唐突地回应这不是本次谈判的重点，这引来的只能是劳方更大的不满，谈判就此陷入僵局在所难免。

⑨打员工感情牌的做法是劳方的常用手段，此次谈判中，这位流水线工人代表讲的“悲情”故事合情合理，有利于劳方在谈判中获取更多的利益。

⑩集体谈判寻求的就是一个互利共赢的结局。作为劳资双方的代表都应该有这种意识，既然目前公司亏损了，就应该把公司现在的处境和亏损的原因很坦诚地告诉劳方，职工不是生产线上干活的机器，他们和资方代表一样，是这个企业不可缺少的组成部分。劳资双方实际上是一家人，资方代表在这里不妨换一种思路来思考问题，采取主动征求意见的策略，与劳方商讨一下如何面对这次危机，这样有利于增加员工的归属感，告诉他们，他们是企业的主人公，他们对于公司的发展很重要。通过集思广益，或许企业的颓势因此就会好转。

分析：

⑪劳方对广东园区裁员的提问非常精彩，直指资方痛处。

⑫资方的说法非常的不理智，强权主义引来的只能是激烈的反抗，面对劳方犀利的质疑，作为资方的总经理应该理性的应对，首先，就是要去除“资强劳弱”的传统观念，总经理代表全体高层的一声歉意，就会让谈判现场剑拔弩张的气氛瞬间得到缓和。其次，主动带头降薪，同样是缓和劳资矛盾的一个很好方法，公司高层的战略失误当然不能全让职工来买单。再次，针对劳方提出的广东园区管理人员不被裁员的情况，资方必须做出适当的解释说明，因为这是劳方指责资方的利器。资方可以声明，虽然裁员计划里50名管理人员没有被裁掉，但他们在调往其他地区时都被降职处理了。以此来说明广东园区没有人是“幸免于难”的。通过道歉、降薪、降职的“组合拳”，不仅可以有效化解劳方的不满情绪，而且还可以作为“交换条件”来最大限度减少原先裁员计划的让步程度。可谓一举两得。

解释⑪？

总经理：我想请对方明确一下自己的立场，你们是工会方，代表的是绝大部分员工的利益。今天我们是来谈裁员问题的，不是来裁管理层的，请劳方注意一下自己的权限⑫。

工会主席：不好意思，我打断一下。我们并没有提出裁减管理人员的要求，可能是您理解错了。关于裁员计划。鉴于目前研发人员属于比较好找工作的一类人。所以我们做出一定的让步，我们同意裁掉研发人员300人，但销售人员和流水线工人应该留任⑬。

副总经理：我看一提到裁员的问题，咱们的员工都是非常的激动。这确实关系到全体员工的切身利益。公司高层表示非常的理解。我们会尽力给予大家更多的福利。

流水线工人代表：我希望资方直接谈论到我们的主题，不要一直说给我们很好的福利，我们根本不知道未来的福利是什么。

副总经理：好，我们直接说人数问题。我们刚才提到的广东软件研发中心是必须要关闭的。至于为什么要留50名管理人员，这属于公司上层的问题，我们可以不对各位解释⑭。

销售人员代表：您好，我想就资方发言中的一些问题，提出自己的一些见解。因为本次裁员属于经济性裁员，所以根据劳动部在1994年公布的《企业经济性裁减人员规定》，我们需要走实体要件和程序性要件。程序性要件规定，首先要明确裁员的具体人数。然后将人数和方案交给工会来审批，审批之后再向上级的行政部门再次报案。但据我所知，资方没有将裁员计划向上级行政部门进行审批，所以我认为裁员计划本身是不合法的。

人事经理：我们裁员的初步计划已经提前30天递交给工会了，所以这是符合劳动法要求的。而工会得到通知后并没有及时给予管理部门反馈，所以管理方默认为工会是同意的。我们希望听到工会方对裁员人数的一些意见，所以我们不要再纠结于其他的问题了，好吗？

研发人员代表：我们刚刚已经提过了，我们现在已经做出一定的让步。

人事经理：我想知道让步是什么。

研发人员代表：裁掉300名研发人员。

人事经理：是只裁300名研发人员吗?

研发人员代表：对的。销售人员和流水线工人不裁，另外，北京、上海、成都的员工，我们要求一名都不能裁。

人事经理：我来明确一下公司的立场，裁员是不可动摇的。公司有裁员的主动性，用工自由是一个企业存活于社会的最基本的根基。我们关闭广东软件园，裁掉1200名员工是不可动摇的事实。剩余的550名还有考虑的空间，如果不行的话，我们先谈后面的会比较好。

财务经理：作为财务经理我想说，咱们公司第二季度亏损了2.53亿美元，相当于15亿元人民币。广东市场大概是亏损了80%，大概是12亿元人民币，亏损比例是很高的。所以说广东园区必须要关闭。

总经理：而且广东园区主要是做移动手机业务。现在我们就算留下流水线员工和销售人员，我们也没有产品可以生产和销售了。所以我们必须关闭广东园区，我希望员工能理解我们的行为。因为我们做出这样的裁员，是为了保障剩下那2000多名员工的利益。

流水线工人代表：考虑到公司战略转型的问题，经过短暂的讨论。我们做出的最大妥协是北京、上海研发人员各裁50人，其他地方一律不裁。至于成都园区，由于本身工资水平并不高，所以希望公司能考虑到不同地区的不同特点，进行区别对待。

工会主席：另外我们还想提出一些补充性的方案来尽量减少企业的损失。比如为应对经济困难局面，2009年5月，深圳市提出了不定工时制的举措。通过减少工时来减轻企业负担，我们此时提出此项建议，也表明了我们愿意与企业共患难的决心。所以我们希望保留工作岗位，通过调低工资或是缩减工时来减轻企业负担⑮。

副总经理：劳方代表真是不当家不知柴米油盐贵啊。从裁减1200人减少到750人，公司会面临很大的现金流压力。你们又要求不降薪，这让我们非常为难。

流水线工人代表：我们已经同意降薪了，而高层管理人员却没有对此做出回应。高管工资占工资总额相当大的比例。员工已经做

分析：

⑬劳方工会主席提出同意裁掉研发人员300人的举动成为本次谈判的第一个转折点，适当的退让让前面因为企业亏损原因而“打得不可开交”的劳资双方冷静下来，重新回到了本次谈判的主题上来。

⑭资方的这种高高在上的态度只会加剧劳资双方的不公平感，让谈判重新陷入僵局。针对劳方的质疑，资方可以参考上面对劳方需求的分析，做出两点举措：第一，减轻不公平感。资方可以向劳方保证对相关部门给予降薪的处理。第二，用更具体的数据和事实来说明裁员的紧迫性，从而减少劳方对裁员的抵触。

分析：

⑮劳方强调共同利益的做法值得肯定，毕竟只强调自己的利益是很难将谈判进行下去的。劳方提出的建议可执行性较强，不过存在两点隐患：第一，调低工资会使工资的竞争性降低，可能造成核心员工流失；第二，不定时工时制的出发点是好的，但如果长期工时过少引发的低工资，仍然会造成第一种情况的问题。所以说事物都是有两面性的。不能一直强调好的一面，也要知道其风险所在。

⑯谈判是妥协的艺术。坚持己方观点而不考虑对方的利益，一意孤行下去带来的将是双方的损失。

这样的退让了，而高管却没有率先带头降薪，这让我们非常难以接受。

研发人员代表：我想请资方认真考虑一下，劳方已经做出了很大的让步。我们同意关闭广东园区并且在其他地方也有100人的裁员。所以也请资方做出适当的让步。要不然，一口咬定1200人，我们根本没法谈⑯。

人事经理：对，我觉得我们这位代表的这个感觉是对的。我想先说一下降薪那件事儿，我想工会应该明确一点，你们是代表全体员工的利益的。我们不能仅为了保留这1200人，而忽略剩下2300名员工的利益。如果降薪的话，员工的积极性如何保证。本来我们要裁1500人，但是我们考虑到员工的辛苦，经过与美国总部的磋商，所以才将人数降到1200人的。就目前公司的状况而言，你们提出的裁减750人是一件不可能的事。我们也考虑成都地区的特殊情况，所以决定成都地区少裁50人，这样我们总共要裁1150人。

销售人员代表：咱们公司高管的工资是普通员工的5—6倍。当公司考虑缩减人工成本时，是我们这些每月仅有很少收入的员工承担，还是应该让享受高薪的高管们对其负主要责任呢？

研发人员代表：并且把高管的薪资降下来完全可以弥补公司的损失，为什么非得把我们员工的岗位剥夺了呢？企业方必须对此做出解释。

销售人员代表：如果公司需要有一个新的生命力，那我们必须有一个更有决断力更加精简的领导层。如果领导层不能够做出一些调整的话，那我觉得我们领导层的战略确实是有一定问题的。

工会主席：企业方说我情绪激动，其实情绪激动的绝不是我一个人。我今天是代表广大员工来跟企业方谈判的，他们现在其实已经处于情绪失控的状态。目前四地的员工已经自发开始准备组织停工了。企业方如果不能在裁员计划及赔偿上面给予我们一个满意的答复，那停工带来的不良后果只能由资方自己来承担。

总经理：我不知道当时咱们的工会主席是如何选举上来的。我觉得工会主席首先要协调好公司和员工的关系。我们不能只为考虑那1200名员工的利益而忽视了剩下2300名员工的未来。而且现在已经过去半个小时了。如果一直纠结在裁不裁员这个问题上，我们后面的议题将无法开展，那将是双方共同的损失。

副总经理：既然我们在裁员问题上有这么大的分歧，不如先把它暂时放一放。我们先谈其他的问题，好吗[17]？

总经理：我想劳方在裁员问题上的意见这么大，可能是劳方没有了解到我们对被裁员工给予的丰厚的薪酬。所以我想听一下工会方对于补偿问题的看法。

研发人员代表：也就是说资方对于1150人的裁员不能再让步了，是不是？

副总经理：我们在裁员问题上的争议那么大，所以我希望咱们可以先缓和一下气氛，先来谈其他的项目，可以吗？

工会主席：我想在谈下一项之前，问一下企业方，公司对于裁员能够做出的最大让步是多少？

人事经理：裁员1150人。如果我们有具体协商的必要，请在我们谈完之后的项目再来谈，一直纠结在这个问题上，对双方都没有任何好处。

经济补偿问题谈判

工会主席：好的，下面我们就补偿问题进行协商。我们希望取消24小时内签署协议的期限并且在待遇问题上由“N+2”提高到“N+7”。[18]

人事经理：我想咱们工会应该先了解一下相关法律规范。劳动合同法规定的是解约之后赔偿N倍，“N+2”倍已经是公司给予的高福利了。我们理解工会方希望得到更多补偿的心情，但是我们无法接受毫无依据的漫天要价，我们不知道“N+7”倍的依据是什么，希望劳方可以解释一下。并且我了解到一些员工对于目前公司给予的补偿还是很认可的。我们希望看到咱们劳方的诚意，好吗？

流水线员工代表：您好，您说一些员工，但这绝不代表我们绝大多数员工的利益。对于“N+7”的原因，我想向资方说明一下目前行业的行情是，H公司的补偿是“N+7”，I公司也是“N+6”。如果说我们的要求太高，不合法的话，我想说，法律是一个最底线

分析：

⑰在谈判过程中要懂得放弃，如果双方长时间陷入僵局当中，尽快进入下一个议题的商议可能是最好的选择。谈判的时间是有限且宝贵的。能在有限的时间里达成更多的共识，是双方共同的希望。

⑱经过劳资双方多次谈判，由于本次谈判时间有限，裁员的议题最终不了了之了。从裁员这件事的结果来看，本来劳方的理由很充分，但却并没有获得更大的利益，实际上，资方做出减少裁员50人的让步，基本上可以忽略不计，可以说资方在裁员问题的谈判中是获益更多的一方，让我们分析一下原因，首先，劳方的首席代表不是一个强硬派，没有坚定自己的主张，在谈判过程中，因为资方代表的强硬就退缩了。其次，劳方忘记了它们最主要的一个谈判利器——工人。广东园区大规模裁员必然造成企业员工动荡不安，工会就可以工人动荡为由，与来势汹汹的资方代表进行博弈。管理层关心的是什么？关心的是公司的利润。所以，劳方代表只要跟资方讲清楚停工一天对公司造成的经济损失即可。

的规定。所以我们提出的“N+7”，既符合法律又符合行情。

人事经理： 咱们公司一直是依法办事的，我们不会亏待任何一名员工。

总经理： 而且大家都知道，咱们公司一直都是以法律制度办事的，但不能说法律没有规定，我们就要给予更多。我作为从底层员工一步步上来的总经理，我觉得我们的员工不要把所有裁员上遭遇的不公平，归结到社会的不公平。我们裁员裁的是没有能力的或者是不符合公司现在发展需要的人。鉴于公司目前的状况，如果我们接受了“N+7”倍的补偿，那接下来我们只能商讨破产事宜了。我们尊重员工的意见，而且我为工会主席的立场感到高兴，因为我们公司需要这样代表员工利益的工会主席。这样的公司才能和谐。我们说公司就像一个大家庭，员工就是这个家庭里的家人。如果这个家都倒闭了，那家人又何来安身之所呢⑲？

研发人员代表： 我希望企业方先就我们提出的补偿给予一个明确的答复。不要说其他的一些事情。现在企业方能接受的赔偿标准是多少？请给出明确的回答。

副总经理：“N+2”倍补偿。“N+7”是绝对不可能的。咱们公司现在面临着非常大的现金流压力。“N+2”倍已经是公司提供的最大补偿了。

研发人员代表： 24 小时那个期限有没有让步？

人事经理： 时间期限的问题我们可以再谈，但随意提出的“N+7”的补偿我们是不能接受的。我们的裁员要在两个月内完成，在 24 小时内签署解约协议的，我们可以给“N+2”倍的补偿。其余我们将给予 N 倍的补偿，并且还有其他的相应补偿方式。而且在两个月之内被裁的员工，我们会提供基本的工资。这也是出于我们对员工困难的考虑。而对于一个只入职半年的员工，我们也让他享受与入职 10 多年员工同样的待遇，这合理吗？我希望工会也考虑一下这方面的问题，好吗？

研发人员代表： 既然资方不能接受我们的建议，那我们做出一定的妥协，将原来的“N+7”现在变成年休假 1.5 倍赔偿和“N+3”，请对方考虑一下。并且我们要求将 24 小时的期限去掉，因为 24

劳方要善于利用自己的优势。给出资方一个冰冷的损失数字即可，其他什么也不用多说。此外，很多时候谈判需要多次反复的，进行好几次磋商是很正常的，所以不要被时间压迫策略所影响。在本方已经多次做出让步，而资方却非常强势，不肯做出实质性让步的情况下，劳方完全可以说完资方损失就保持沉默。谁更着急？每天损失几百上千万元的资方最着急，所以，面对强势的资方，劳方不要退缩，用数字和沉默来对抗可能会产生奇效。

⑲纵观整场比赛，资方代表应对劳方那位强势的研发人员的谈判策略是对的，即拖延战术。使用模棱两可的话来消磨对方斗志。不过从公司经营管理的角度来看，在面对员工的挑战时，总用“打官腔”的手段来应对，不仅会使员工的工作热情骤减，而且还会使公司的办事效率低下并且内耗严重。

小时实在太短了，我们需要一个心理缓冲期。所以我们希望企业方能给予考虑。

财务经理：我们暂且不考虑年休假1.5倍赔偿，先考虑3倍赔偿的问题。我们的平均工资大概是5000块钱左右，对于这个3倍赔偿而言，就是1000多万元的人工成本。这对于公司来说是不现实的。

销售人员代表：我想请问一下平均工资是怎样平均下来的，如果是高管和我们企业普通员工同样平均的话，那我们的企业员工每个月其实只有1000—2000元钱的工资。这显然对我们是完全不公平的⑳。

总经理：员工平均工资，就是员工的平均工资。管理层的工资跟员工的平均工资没有关系。

副总经理：好了。由于15分钟之后总部还有一个紧急的电话会议。所以经过紧急磋商之后，我们可以给到的最大让步是24小时之内签署协议给予“N+4”倍的补偿㉑。

人事经理：我们先来确定这条24小时内“N+4”的条款，好吧。这样先确定一条，对于双方的利益都有保证。不然“N+4”都谈不下来，那对于员工就一点保障都没有了。

研发人员代表：我们想将24小时的时限，延长一段时间。行不行？

总经理：我是刚从美国总部飞回来的。

研发人员代表：请您正面回答我的问题，我们想把24小时延迟至一周，行不行？

总经理：我们肯定不同意的，这个实在不好意思。

研发人员代表：M公司南京的裁员是从8月20号发的通知。

人事经理：我们不是M公司。

研发人员代表：我们是同行业的比较。M公司8月20号发的通知说24小时之内裁员，给予一定赔偿，但最终它将24小时的时限取消了，最后延迟到11月20号，也就是延长了两个月。所以说我们把24小时的时限延时到一周根本不过分。

总经理：我说人事经理，当时咱们的员工是怎么招的，一个个都这么强势，我这个总经理都不好做了㉒。

研发人员代表：请您尊重我们的员工。我们是本着和谐的劳动

分析：

⑳这位销售代表的提问非常好。平均数是一个很“神奇”的概念，它可以在悄无声息中隐藏了基层员工1000多元的低收入，同时又隐藏了高管收入过万的“天价”工资。所以劳资双方在谈判中，遇到平均数的问题，一定要问问对方，这个平均数是什么的平均，包括了哪些人。如果只是简单的计算均值的话，有时候统计出来的平均数除了隐藏真相之外没有任何意义。正如英国前首相本杰明.迪斯雷利讲的，“有三种谎言：谎言、糟糕透顶的谎言和统计资料”。

㉑资方人为制造了一个时间紧迫的情景，给了劳方一定的时间压力，对资方谈判有利。这种策略很值得借鉴。

㉒总经理的不当言论，激起了劳方代表的强烈不满，劳资双方谈判首先就是建立在一个人格平等的基础上的，所以劳资双方在集体协商中应注意避免使用不文明的、过激的、伤害对方感情的言论。否则，很容易出现谈判代表情绪失控，谈判破裂的情况。

关系来与资方进行谈判的，您刚才问我们的工会主席是怎么招的，现在又问我们的员工是怎么招的，您这是对我们人格的一种侮辱。

人事经理：我想再强调一下，我们是在谈判。所以我们管理方一直在给予大家最诚意的回答。但是我们却没有看到劳方相应诚意的反馈。我们的总经理日理万机，他的时间是非常宝贵的。但是我们谈了快40分钟却一点成效都没有。这是双方的损失，尤其是各位员工的损失。我们的底线是24小时内“N+4”倍补偿。如果劳方同意的话，我们继续往下谈。否则我们今天什么也谈不成。

工会主席：考虑到企业目前的经营状况及总经理的时间紧迫。我们也做出妥协，暂时接受24小时之内“N+4”倍的补偿条件。下面我们希望尽快对年休假赔偿以及企业公积金进行磋商。

年休假补偿问题

副总经理：关于住房公积金，我们会严格按照法律规定给予发放。这个请大家放心。至于企业公积金，它是咱们公司所特有的，在同行业是比较少见的。它是对在职员工买房、租房的一种福利。具体情况，请人事经理给予解释。

人事经理：企业公积金的确是给大家提供的福利。在职员工可以每月从中适当提取，以此来弥补房租以及其他各方面的费用。但是我们需要明确一下，它的使用条件是针对在职员工的。工会在这方面有什么问题需要协商吗？

研发人员代表：企业在裁员后，资方是如何处理公积金的？

人事经理：我们的企业公积金按比例缴纳。工作年限小于一年，我们缴纳比例是每个月0.5%，一年到五年是每个月1.5%，五年到十年是每个月3%，大于十年是每个月4.9%。这部分钱都存在员工的个人账户之中。在职员工可以每个月定时支取。相信员工都已经享受到这项福利了。但这个问题跟裁员没有什么关系？

研发人员代表：当然有关系了，我上班时候缴纳了企业公积金，我走的时候应该返还给我。

人事经理：企业公积金是公司给你缴纳，是公司按照你的月工资额外给你的一笔福利。它不是从你的工资中提出来的，是公司额外按照缴纳比例给你的一笔福利㉓。

研发人员代表：它是一种福利，但是福利就算是我薪资的一部分。

人事经理：福利不作为薪资的一部分，这是劳动法明确规定的。我希望我们先明确一下这个概念㉔。

工会主席：既然时间很紧迫，企业方又在裁员计划上如此为难，那我们暂时先做妥协，但是请人力资源部对员工的情绪进行一定的安抚。在赔偿金的问题上，我们对 24 小时之外 N 倍补偿还是不能完全接受，所以我们建议企业接受 24 小时之外同样也是"N＋4"倍补偿的建议。

人事经理：24 小时之外签署协议的员工，在两个月期限内，每月还会有底薪。这已经是公司额外的补偿了。我希望大家理解公司目前的难处，而且 24 小时之内"N＋4"倍的补偿也是公司绞尽脑汁为大家能够提供的福利了㉕。

研发人员代表：好的，我们现在达成了协议，就是说这个补偿就是 24 小时之内"N＋4"，之外是 N 倍是吗㉖？

副总经理：对。

（由于谈判时间已到，此次谈判到此结束）

专家点评：在我国，劳资进行协调的主要手段和工具当中，集体谈判是用得最不好的，所以集体谈判制度也一直没有落地。这一方面是由我国的一些特殊情况造成的，但也有相关人才不足的原因。所以我非常感动能在教学环节中有这种有益的探索。你们今天真像是在谈判，因为在现实中企业双方也会有情绪激动的情况。总之，我觉得本场谈判有焦点有结果，非常成功，非常精彩。

谈判分析：这次谈判从目标达成来看资方略胜一筹，从整体对案例侧重点把握、时间控制上占优，尤其是其心理素质上要胜于劳方。但是，资方在态度上和对对方尊重等方面明显做得不够，使得他们赢了谈判，输了人心。劳方在谈判中显得有理有据，几个观点也很到位，开始也有向整合式谈判的努力，但是在强势的资方面前，没有也"硬"起来，纵观评委的评分，劳方在成绩上微弱胜出。

分析：

㉓对于住房公积金的提取问题，各地规定不一，但一般而言，公司为员工缴纳部分也是可以一并提取的。

㉔可以明确一点，住房公积金属于薪酬部分。

㉕劳方最后时刻的妥协说明资方制造时间紧张气氛的方法非常有作用。事实上，80%的谈判，都会在最后 20%的时间里完成，所以在集体谈判的时候一定不要受对方制造时间压迫的影响。千万不要匆忙做决定。

㉖其实劳方提出将 24 小时期限取消的建议具有一定的合理性，并且同行业中也有取消时间限制的先例。所以说劳方的谈判筹码非常足，但是在最后时刻没有坚持自己的主张而做出了妥协，这一点非常可惜。谈判是需要妥协的。但在谈判之前，谈判代表应该明确哪些条件可以妥协，哪些条件坚决不能妥协，不要因为一些突发状况而迷失了自己最初的谈判目的。

比赛过程综述

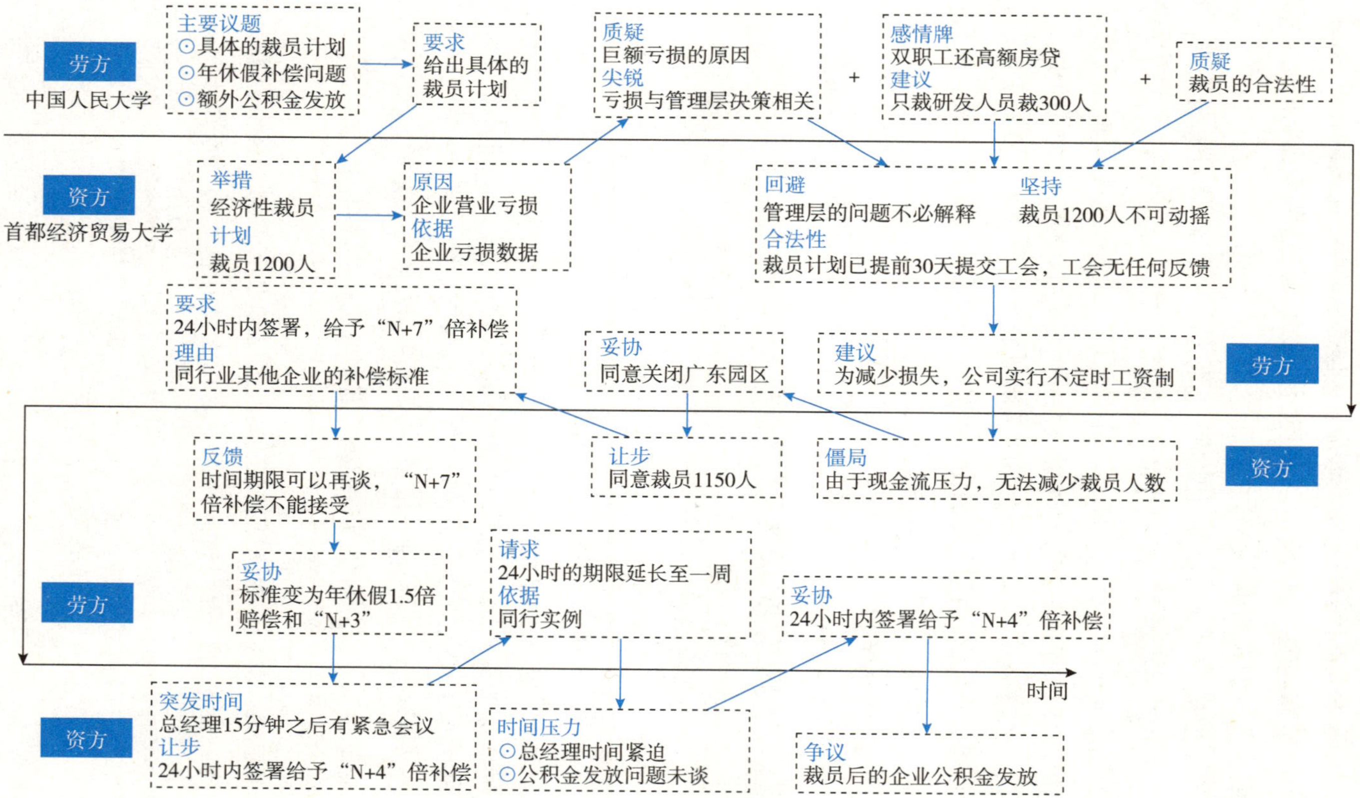
劳方
中国人民大学
主要议题
⊙具体的裁员计划
⊙年休假补偿问题
⊙额外公积金发放
要求
给出具体的裁员计划
质疑
巨额亏损的原因
尖锐
亏损与管理层决策相关
+
感情牌
双职工还高额房贷
建议
只裁研发人员裁300人
+
质疑
裁员的合法性
资方
首都经济贸易大学
举措
经济性裁员
计划
裁员1200人
原因
企业营业亏损
依据
企业亏损数据
回避
管理层的问题不必解释
合法性
裁员计划已提前30天提交工会，工会无任何反馈
坚持
裁员1200人不可动摇
要求
24小时内签署，给予“N+7”倍补偿
理由
同行业其他企业的补偿标准
妥协
同意关闭广东园区
建议
为减少损失，公司实行不定时工资制
劳方
反馈
时间期限可以再谈，“N+7”倍补偿不能接受
让步
同意裁员1150人
僵局
由于现金流压力，无法减少裁员人数
资方
妥协
标准变为年休假1.5倍赔偿和“N+3”
请求
24小时的期限延长至一周
依据
同行实例
妥协
24小时内签署给予“N+4”倍补偿
劳方
时间
资方
突发时间
总经理15分钟之后有紧急会议
让步
24小时内签署给予“N+4”倍补偿
时间压力
⊙总经理时间紧迫
⊙公积金发放问题未谈
争议
裁员后的企业公积金发放

第二组：

谈判开场白

工会主席：我们很荣幸能够代表全体职工与各位经理针对员工关心的一些问题进行协商。我们是在一个月之前收到了总经理给我们发来的一些资料，从中我们了解到公司目前有要裁员的意向，我们广泛了解了员工的意愿并总结了一些方案出来。我们希望今天的谈判能够本着互相信任、互相尊重的原则，达成互利共赢的结果。

今天我们谈判的主要内容有：第一点，明确哪一处软件园要关闭；第二点，商讨强制性年休假补偿和额外公积金福利的问题。咱们管理方对此有没有什么问题㉗？

总经理：感谢工会方能够积极处理裁员问题。今天我们会对以上问题做出详细的解释。关于年休假补偿和住房公积金的问题，我们会按照法律规定进行合理的补偿。至于具体的裁员计划，请人事经理给大家做一个详细的解释。

裁员问题谈判

人力资源总监：大家好，我给大家具体介绍一下裁员方案。我们广东地区一直没有盈利，所以我们决定撤出广东市场，关闭广东的软件研发中心。广东地区裁员的具体明细为：研发人员 300 人、销售人员 200 人、流水线工人 150 人。北京和上海地区研发人员各裁 100 人、销售人员各裁 100 人、流水线工人各裁 50 人，成都地区裁掉流水线工人 50 人。

工会主席：感谢我们的人事经理给出的具体裁员方案。但我想知道的是，公司裁员的原因是因为我们发生业务亏损了吗㉘？

总经理：对的。近三个季度咱们公司发生了巨额亏损。

工会主席：如果是因为经营出现严重问题造成的裁员，法律上有相关的规定。请我们的副主席谈一下法律上是如何规定的。

工会副主席：根据《劳动合同法》第四十一条规定，用人单位如果需要裁减人员 20 人以上或者裁减不足 20 人但占企业职工总数 10% 以上的，用人单位提前 30 日向工会或者全体职工说明情况：第

分析：

㉗劳方的开场白很有特色，不仅交代清楚了本次谈判的目的和主要议题，而且更重要的是说明了在本次谈判前期双方的交流情况，这更贴近真实的谈判场景。

㉘这涉及一个提问方式的问题，提问分封闭和开放两种方式，这里工会主席用的是封闭式提问，回答只有是和不是两种，开放式提问，答案就不唯一了。其实工会主席可以直接使用开放式的提问方式，直接问亏损的原因是什么？可能对资方的冲击更大一点。用是或者不是，资方可以很容易应付劳方的提问。

一点，依照《企业破产法》规定进行重整的。第二点，生产经营发生严重困难。基于资方介绍，目前公司处于这种情况。但是《企业经济性裁减人员规定》中第二条规定，用人单位濒临破产，被人民法院宣告进入法定整顿期间或者生产经营发生严重困难，达到当地政府规定的严重困难企业标准，确需裁减人员的，可以裁员。但我们的资方代表需要注意的是，这里的经营困难是指要达到当地政府规定的企业严重困难的标准。所以资方能否说一下，广东当地政府是怎样规定的吗[29]？

销售经理：首先，感谢劳方帮助大家又温习了一遍劳动法规。其次，我们已经向劳动行政部门进行过报告。而且我们这次裁员在亏损以及公司的经营状况上，已经达到了当地政府所规定的经营严重困难标准，所以才进行裁员。与此同时，公司希望撤出广东市场，因为智能手机在广东的销售量非常低，2012 年只有 1960 万部，亏损了 53%，所以我们要关闭广东园区。

工会主席：资方可不可拿出明确的证据或者一个信服的理由来证明公司的确达到了广东省严重困难的标准。如果没有的话，我们认为这次裁员就是违法的。而且据我们所知，公司本次裁员不是完全由于经营困难，而是因为我们公司在进行战略转型，是吗[30]？

人力资源总监：首先我想解释一下，公司的本次裁员并不违法，因为本次裁员是软性裁员，还没有进入到法律规定的经济性裁员阶段。而且我们给出的补偿也是高于法律规定的 N 倍补偿。如果我们拖延到 30 天之后的话，才会进入经济性裁员阶段，此时的补偿是 N 倍。实际上，我们在这里协商的目的就是为了给员工争取更多的补偿[31]。

财务经理：对于大家关注的公司亏损情况，我想给大家在这详细说明一下，我们上季度的亏损是 2.53 亿美元，折合成人民币大概是 16 亿人民币左右，请注意这仅仅是一个季度的亏损。财务数据显示，有 38.72%，也就是 6.03 亿的亏损是在广东地区。所以我们已经远远超过了广东地区所规定的经营严重困难的企业标准。与此同时，我们之前已经做出了很多的调整，比如说尽量去适应市场需求，开发新产品等，但很遗憾，我们做出的努力效果甚微。所以我们也

分析：

㉙劳方工会副主席的这一段法律规定的介绍很精彩，原因是他不仅说明了经济性裁员的条件，而且更重要的是对法条进行了更深入的研究，抓住了里面的一个细节，那就是经营困难的标准是什么，这个概念的界定对于企业是否属于经济性裁员显得非常重要。劳资双方在研究法条的时候一定要注意抓住细节信息，尤其是范围、条件、例外等。只有准确掌握法条的含义才能更好的去运用。

㉚公司背景中公司亏损情况交代得很清楚。明显属于经济性裁员，劳方试图用公司没有达到经济性裁员标准，因而用违法行为的论断来质疑资方裁员行为的做法，基本上是徒劳的。

㉛资方在这里提到的软性裁员的说法并不恰当，因为软性裁员的常用手段为降薪、换岗和调工作地点。而目前的情况是公司要“实实在在”地裁掉员工，所以不是软性裁员。劳资双方在集体协商中要注意用词的准确性和严谨性。

是迫于无奈才做出了裁员的计划。这一点请大家理解。

工会主席：我们非常理解目前企业所处的困境。既然咱们公司是因为战略转型需要而裁员，我们工会也是同意的。现在我们想知道本次裁员的具体人数是多少？

财务经理：人数问题，刚才人事经理已经说过了。我再重复一下，广东地区研发人员裁掉300人、销售人员裁掉200人、流水线工人裁掉150人，共计是650人。北京地区研发人员裁掉100人、销售人员裁掉100人、流水线工人裁掉50人，共计250人。上海地区研发人员裁掉100人、销售人员裁掉100人、流水线工人裁掉50人，共计250人。成都地区流水线工人裁掉50人。

工会副主席：咱们公司现在一共有3530人，突然裁掉1200人，我觉得这个量是不是太大了。从公司的角度来考虑，依据法律规定，大批裁员势必要支付一大笔资金，这对于目前公司的财务状况而言，无疑是雪上加霜。所以资方代表能不能考虑做出一些让步，减少一下裁员人数。

员工代表：我作为一个员工代表，我想表达一下现在广大员工的心声。公司的大规模裁员其实让员工都人心惶惶，工作效率直线下降。公司的企业文化一直强调尊重每一位员工的个人尊严，开诚布公地让每一位员工直接参与对话，使他们有机会与公司同心同德，发挥出各自最大潜能。而现在却以一纸文书告诉我们可以走了，我们不需要你们。这样的做法太过于残酷了。所以我希望公司领导能不能再考虑一下员工目前的处境㉜。

工会主席：不论从理性还是情感上，1200人的裁员都是有点多的，我们觉得可不可以少裁点，只裁900人，可以吗？

人力资源总监：由于公司要精简生产线，所以广东园区的650人是必须要裁掉的。这是为了公司的战略调整必须要做的。鉴于咱们员工的辛苦，我们能做出的最大让步是北京和上海地区的研发人员各少裁50人。

工会主席：那现在就是裁掉1150人，还是？

财务经理：就是总共裁掉1100人。北京上海的研发人员各少裁50人。我们做出的让步其实也是基于对员工自身利益的考虑。由于

分析：

㉜劳方请员工说感受的方法，很容易感化资方代表。在谈判前劳方注意搜集这方面的员工诉求，在谈判时可以将这些诉求加以充分表述。比如优秀的生产线工人代表小张，主动加班，高质量地完成了客户突然要求紧急追加的订单，受到了客户方的高度评价。还有技术工人小李，在业余时间自学提高自身技术技能，在公司没有追加培训经费的情况下，大幅提高了生产效率，其他技术人员在小李同志的带领下，整体生产效率得到进一步提升。多讲一些工人为公司创造利益的事情，有利于增进劳资之间的联系，便于集体谈判的进行。

㉝资方做出让步太快而且太大，这样做会让劳方觉得资方还有很大继续减少裁员人数的空间。事实上，让步是有原则的，一

流水线工人再就业很困难，所以我们选择裁掉比较好找工作的研发人员。我们不能理解的是，劳方提出的只裁900人的依据是什么[33]？

工会主席：这900人是我们根据资方给出的数据大致推算出来的。我们很欣慰资方能够体谅咱们员工的困苦。但是对于关闭广东软件园这件事，我想问问咱们副主席，法律上有没有对其中一部分人有特殊的保护呢[34]？

工会副主席：这个确实是有的，我们根据《劳动合同法》的第四十二条规定，用人单位不得单方面解除下面这些人的劳动合同。第一个是从事接触职业病危害作业的劳动者未进行离岗前职业健康检查，或者疑似职业病病人在诊断或者医学观察期间的；第二个是女职工在孕期、产期、哺乳期的不能裁掉。第三个是关于患病或者非因工负伤，在规定的医疗期内的也不能裁掉。最后是在本单位连续工作满十五年，且距法定退休年龄不足五年的也不能裁掉。所以说裁掉广东地区所有员工可能是不符合法律规定的[35]。

总经理：法规规定的部分，我们会给予保护。此外，如果同时在广东工作的双职工被裁掉，我们会给予一定的经济补偿，如果愿意的话，我们可以调一个员工去其他的分厂工作。

工会副主席：按照您的说法，我们应该在原先裁员计划中剔除一部分人，那1100的裁员人数，不能再往下降呢？

财务经理：我们在制订裁员计划时，已经将这些员工剔除掉了。所以我们1100人的裁员计划中间并不包括任何违法的裁员行为。

员工代表：非常感谢公司对于员工有这么周全的考虑。我们员工从入厂以来一直兢兢业业地工作，无怨无悔地为公司加班加点。我们对公司有着深厚的感情。我们很难想象，今天我们身边的人，明天就可能不在我们身边。企业一下裁掉这么多人，我们实在是有点接受不了。希望公司能够再减少一些裁员人数。

销售经理：我们很理解员工的情绪，出于员工与公司多年合作的情分上，成都地区流水线工人50人我们决定不裁了。

财务经理：我们已经再次在裁员问题上做出巨大的让步。希望员工也能为公司的未来发展考虑一下，我们现在的财务状况非常不乐观。

是不做无谓的让步，应体现对本方有利的原则。二是让步要把握火候，让得恰到好处。三是在重要问题上要力求使对方先让步，而在次要问题上，根据情况需要，己方考虑先做让步。根据经验来看，要求多数是由职工方面先提出，让步时候一般也是职工方先让步，但做出让步后一定要看对方的反应，如果是撞墙式的让步，或者是盲目的让步，那就是一种失败的让步。资方运用让步策略一定要坚持原则。

㉞裁员900人的要求，劳方显然准备的不是很充分，如果资方再追问你是如何推算的，劳方就会非常尴尬。在劳资双方准备材料时，凡是涉及数字的，都要将依据梳理清楚，否则说服力会大大降低。

㉟法律规定很清楚的部分，没有必要在这里强调，集体协商谈的是法律规定以外的部分。

工会副主席： 我们非常能理解咱们公司面临的困境，但是咱们公司现在遇到的问题只是暂时的困难，它不是永久性的困难，是不是？也就是说咱们公司裁员只是一种手段，但它并不是咱们的目的对吧。所以咱们能否可以找到一些更好的方法，既使公司渡过难关，又保证了这些员工的工作岗位呢？比如说我们可以节约开支，允许有条件的员工在家办公，通过网络会议、电话会议等手段保持沟通。这样既可以节约房租、水电和物业费用，同时也取消了员工的交通补助和午餐补助，这相比于大规模裁员，会使员工更有安全感。现在是短时间的经济不景气，很多员工都是非常忠诚的，他们愿意抱着与公司共患难的决心为公司奋战到底。企业在自保的同时，是否也可以考虑再留一部分员工，让员工和企业一起相互取暖过寒冬，这样岂不是更好？何况对于技术研发人员和销售人员，一方面他们手里握着技术信息，一方面有一大批客户。希望公司对于这样难得的人力资源给予重视和保护㊱。

工会主席： 而且咱们公司一直都是特别认同忠诚这种品质的。如果这些人流失的话，对企业来说是一笔不小的财富损失。所以我希望总经理能够再考虑一下。

销售经理： 咱们员工做出的巨大牺牲，我们都非常感动。但是1050人已经是我们的底线了。不可能再做出让步了。我们现在应该谈一谈补偿的问题，因为这个问题对咱们员工来说是更现实的。

工会副主席： 咱们这次裁员其实本身成本也是很高的。IT行业是一个高收入产业，如果我们按照销售人员每人平均工资12000元，并且只按三年的工龄算，多裁掉100人就要增加600万的支出。这对公司的财务状况也是相当不利的。将来我们可能由于生产扩张，重新招聘新员工。招聘和培训成本同样高得惊人。那既然裁员要增加成本，招聘也要增加成本，我们何不就退一步，更少地裁掉一些人呢？在公司渡过寒冬以后，员工的忠诚度也会变得更高一些，这样不是更好一些吗？

员工代表： 我们来到这个企业，就是看到了企业在同行业中的航母领头作用，还有就是我们企业的信誉和形象。我们都是将企业的信誉和形象与企业文化作为我们的信仰。我们怀着信仰来到这个

分析：

㊱劳方表决心与公司共患难可以，但是一定要注意提出建议的可实行性。在家办公的理念已经提出很多年了，但真正能做到的企业非常少。原因在于，在一个企业中，员工之间面对面的沟通非常重要，网络和电话都没有办法完全代替面对面交流的作用。员工之间的交流有助于提高工作效率。一个很值得称赞的设计就是很多公司在每层都设有一个公共的茶水间，目的就在于让很多在“小格子”里封闭工作的员工能够互相交流起来，也许不同部门的人在茶水间休息片刻的交流中，就可以“聊”出一个创造性的方案。所以在家办公的想法很难大规模推广。对于本次谈判中涉及的这家有那么多流水线工人的劳动密集型企业，究竟如何在家办公？

企业，我们愿意与企业共患难，同舟共济。而且一旦 1050 名员工一起冲进了劳动力市场，这将是一个特别重大的事情。我们每一位员工身上都背着我们公司的名字，这显然会对我们企业产生非常不好的影响。所以咱们能不能再稍微减一点？

总经理：我想给大家解释一下，咱们公司作为全球的跨国公司，总部本来基于我们的业绩，给我们的裁员指标是 1500 人。我们为了员工利益与总部反复磋商之后，争取到的人数是 1200 人。而且今天我们又再次做出了几次让步，所以希望劳方也能理解我们的难处。我希望咱们能抓紧时间，尽快对被裁员工的经济补偿问题进行商讨。下面请财务经理作一下具体的解释。

财务经理：我再次声明一下，广东园区是肯定要关闭的。将来如果恢复经营，我们会优先考虑这次被裁员工的。正如刚才我所说的，我们上一个季度全面的亏损是将近 16 个亿人民币，其中广东地区一个季度亏损了 6 亿人民币。而且情况还在急剧恶化。虽然这个季度还没有运营完，但我们预计这个季度广东地区会亏损超过 10 亿人民币。我们在考虑被裁员工的同时，也要考虑到那些没有被裁掉员工的利益。我们会尽己所能为被裁员工提供比较好的裁员补偿。一方面提供补偿，一方面提供后续的再就业服务。比如说组织参加招聘会、利用猎头公司资源等。请劳方相信公司可以妥善地处理好被裁员工的后续问题。

工会主席：感谢财务经理对咱们被裁员工周到的考虑。不过我还是觉得，市场变化无常，我们需要谨慎做出决策。匆忙关闭广东园区，将来我们可能因此错失一个巨大的市场。所以我们应该从长远考虑出发，谨慎进行裁员。我们也提出一些解决当前困局的措施，希望管理层能给予考虑。于情于理，我们都讲了。我们能够接受的裁员人数是 1000 人，希望资方给予考虑。

销售经理：裁员问题，公司已经非常有诚意了。1050 人已经是我们的底线了。希望员工也为公司紧张的现金流考虑一下。对于补偿方案，24 小时之内解除劳动合同给予“N + 2”倍的补偿，24 小时之后为 N 倍的补偿。这既符合法律规定而且也高于同行业一些公司的平均水平，请咱们员工考虑下这个补偿方案。

员工代表：作为员工代表，我代表的是我身后3000多名员工，我真的无法放弃他们每一个人，所以真的恳请我们的人事经理能不能再让一步，再少裁50人，可以吗？

总经理：我们已经做出了多次让步了。劳方可能对企业现实中的情况并不是十分了解，同时针对劳方提出的要求，我们也没有看到任何的依据。我们的谈判现在只剩下不到14分钟的时间了。你看看我们剩下的两条是不是还要进行。

财务经理：我们理解大家的心情，能不能给我们30秒的时间，让我们讨论一下，好吗？我们来看一下各方面数据，如果可以的话，我们会给大家一个明确的答复。

工会主席：可以。

（劳资双方各自讨论中）

财务经理：我们最终的让步是北京地区的销售人员只裁75人，减少25人。

销售经理：我们做出了这么巨大的让步，希望咱们员工也能考虑到公司的特殊困难情况。在下面讨论的项目中也进行一些让步。

年休假补偿问题谈判

工会主席：经过我们刚才的讨论，1025人的裁员人数我们是可以接受的。下面我们来谈一下强制性年休假问题。因为法律和公司都有规定，所以我相信公司会严格按照规章制度办事，对吧[37]？

总经理：是的。我们会按照法律的相关规定给予补偿。

额外公积金福利问题谈判

工会主席：关于公司额外公积金福利这一项，公司的意见是？

人力资源总监：关于额外公积金这一项，我们要参考2012年年度的整体业务业绩情况，如果我们业务业绩达标的话，将在2013年4月给所有人发放，请大家放心。

财务经理：我再补充一点就是住房公积金的问题，无论是封存、转移、还是接续，我们都会严格按照国家标准来执行的，请劳方放心。

分析：

㊲裁员问题到此算是告一个段落，劳方用了提建议、算裁员成本、考虑公司形象等说法，可谓收获颇丰，从裁员1200人，一直降到1025人。反观资方的表现就有点差强人意了，虽然也列举了一些理由，但总是有点不够坚决，在谈判前并没有制定好本次谈判的底线是什么，一直在跟着劳方的节奏在走。其实劳方的论据也是存在漏洞的，应该认真倾听，进行必要的反馈，只是从财务亏损的数据这一方面单点突破，可能说服力有点欠缺。

工会主席：关于入职员工签署合同当中出现的企业公积金问题，我想让员工代表来说一下具体情况。

员工代表：这是写在我的劳动合同上的，给各位领导展示一下，相信各位领导应该比我更加清楚一些。

工会主席：你可以说一下这个条款是怎么规定的吗？

员工代表：我来具体说明一下，第六项社会保险和福利，其中第五条规定，甲方会为乙方提供企业公积金用于乙方遇到重大事件时使用（注：重大事件包括不可抗力事件、家庭变故、租购房屋使用、离职以及退休）。其中重大事件发生时是折现使用的，我要特别提一下这点。

销售经理：咱们员工可能忽略了一点，此条款生效的前提是公司盈利。但当公司发生经营困难的时候，就可以暂缓发放，不过公司承诺，暂缓发放不等于不发放，在经营状况改善后，公司一定会发放的。

工会主席：这个我可以这样理解吗？就是公司为我们所有的员工画一个大饼，说你们好好干吧，然后干好了就有这个饼。我们把饼越画越大，但当你们想让我们走的时候，你们又说我们不是这个公司的员工，或者说公司没有钱拿出来给我们做这项福利。那你们当时为什么要拿这一项来吸引员工进来呢？可能有很多员工在入职之前，在有两家企业给他相同待遇的情况下，就是因为这项福利，所以他才选择咱们公司的。公司现在说入不敷出，我们是无从考证的。我觉得情况应该也没有这么糟糕。我希望公司能够依据劳动合同履行这一项福利。而且劳动合同法当中也有一些对合同条款的规定。

人力资源总监：您说的这一点我们公司其实也挺委屈的。因为之前我们每年都会发放企业公积金。今年的要等本年度报表出来之后才能发给大家。这应该是很合理的，我们每年都是 4 月份发放。

工会副主席：如果今年我们企业的经营状况没有好转，这笔钱就不给我们员工了吗？

人力资源总监：您要对我们企业有信心。

工会副主席： 我当然有信心，不过现在我们谈论的是离职人员的补偿问题。对于那些离职的员工，我们到时候凭什么依据来向公司讨要这笔钱呢？

总经理： 公司为每个人都开设了账户，我相信你们是不会在一年半年之内注销掉的。公司给你们的公积金，不是不发放，而是要等到年末清算的时候，公司应收账款入账后才能发放。具体的发放方案是这样的，假如9月份把你给裁掉了，我们会把前几个月相应的一部分公积金，按占年度公积金的四分之三发放给你。

工会副主席： 公司的意思是说等到年底企业经济清算后，公司就会给我们发放这笔钱，对吗？

财务经理： 是的。当我们清算完毕后就会发放给大家。

工会主席： 关于折算的问题我们没有意见。关于什么时候给的问题，我们需要30秒钟讨论一下。

财务经理： 可以。

（劳资双方各自讨论中）

工会主席： 我们讨论的结果是，折算的问题我们没有意见。但是对于发放的时间期限，我们希望在离职之后两个月之内给予发放。因为如果您拖延到年末的话，就将近已经过了两个月了。劳动合同对于我们这些离职的员工就没有保护了[38]。

财务经理： 12月份公司这边肯定是收不回这个钱的。如果我们一次性在12月份把这个钱发出去的话，那我们在职员工的工资和年终奖就没有保障了。

工会副主席： 工会也考虑到公司这边的难处，也知道一次性支付一大笔钱，可能会对公司的现金流造成很大的影响。我们不妨可以考虑一下这个方案，我们分批分期地进行裁员。比如我们可以用三个月的时间裁员。这样就会分月、分批支付给被裁减的员工，这样就可以缓解资金紧张的问题了。

财务经理： 我想确认一下你提出的分批裁员的方案。如果有的员工我们到12月份再裁，那这段时间我们还会给他发10月份、11月份、12月份的工资，是这个意思吗？

工会副主席： 员工非常体谅公司的难处，如果公司可以提供这

分析：

㊳事实上超过两个月的拖欠工资福利待遇的情形（时效应该是一年），法律是保护的。劳方可能利用资方不熟悉法律的缺陷提出了这个名目。

分析：

㊴整场谈判而言，双方都是在一个相对和谐的氛围下进行的，从谈判结果看，劳方获益更大一些，美中不足的是，在年休假补偿问题上没有和资方进行实质性的协商，完全接受了资方的条件。不过劳方最后总结全场比赛谈判结果的做法是值得肯定的，将谈判达成的协议再向资方确认一遍，有助于谈判结果的有效性。此外，劳方提出的公示的方法也是提高谈判结果有效性的一个很好的举措。

样的条件的话，也方便员工再去寻找工作。

人力资源总监：那分批裁员的话，我们只能给 N 倍的补偿，员工会答应吗？

工会副主席：我先回答一下您上面的问题，在分批裁员的这几个月之内公司不用支付工人全额的工资，只要支付基本工资就可以。

财务经理：我们还是很难接受劳方的方案。因为有关裁员的方案，我们刚才已经达成了一个协议。就像我们之前说的，这个工资是发放到 9 月 20 号。至于找工作难的问题，我们会提供一些后续服务的。对于公积金的发放问题，我们真的是拿不出钱来了。如果大家还是以这样的理由认为我们应该继续支付这些员工的工资的话，那我们这笔钱其实是一个概念。

销售经理：请员工放心。裁员方案还是按之前商议的办，只是企业公积金的发放时间不变，我们会在财务开出一个欠条，所以企业到时候不会抵赖的。请员工放心。

工会主席：我们一直对这个问题有争议，因为法规对这个问题确实是有规定的，用人单位在用工截止之后，两个月之内就补偿赔偿金必须是到位的，不然我们的员工是没有保障的。我们不是不相信公司，而是因为我们代表的是身后几千名的员工的利益，所以我们不能随随便便答应这一项。

总经理：几位员工代表说自己是身后站着 3000 多名员工，我想说我在这里也是代表 3000 多名员工说话，而且我不仅对 3000 多名员工负责，还要对整个公司负责。关于企业补偿金的问题，我们是一定会发放的。我们会一次性支付每个被裁掉的员工 N 倍的工资，所以大家近几个月的生活应该没有问题。

员工代表：如果打欠条的话，我们需要经过法律的认证并加盖上公司的公章，以公司的形象和信誉走一套完整的法律程序，这样我们才会接受。

财务经理：我们肯定是会开具有法律效力的欠条，而且这笔钱我们一定会一分不少的给大家，就是四分之三的公积金，只是说这个时间肯定是会在年终的时候才给大家发放。我们再次感谢员工对我们的理解和让步。

工会主席： 谈到现在为止，咱们所有的项目就都已经谈完了。最后一项公司答应是给我们一个具有法律效力的欠条，我们是可以接受的。最后，我来总结一下今天达成的项目，首先裁员人数是 1025 人，强制性年休假补偿是按照法律和公司规定给予发放。企业额外公积金是按年度公积金四分之三来折算，但会是在公司年底结清后发放。最后，咱们希望把今天的谈判结果给咱们员工公示一下吧[39]。

销售经理： 这个没有问题，我们会在厂区进行公示的。

工会主席： 好的，那我们今天的谈判就到此结束吧。

专家点评： 首先这两个代表队表现得非常好，最终达成了协议。双方都进入了状态，而且谈判理由也比较充分。总的来说效果是好的，但是也有一些不足。

第一，双方进入状态有点慢。双方都是一个工厂的，见面时候应该有一些互动。第二，就双方对于谈判方案的把握来看，有些地方还把握得不是很准。

对于资方而言，其实是不愿意随便裁员的。既然定下了 1200 人的裁员方案，那么要执行的话，资方实际上要保证在裁员方面的自主权。实际上裁员的自主权是很重要的。广东地区所有员工肯定是要裁掉的。但北京和其他地方裁掉多少则要根据市场动态及公司的战略发展方向而定。但是我觉得资方在把握自主权的方面还是有待提高的。原因在于，我发现资方在裁员问题上让步很快。从 1200 人到 1100 人的决定太过仓促。因为你做出了这么大的让步一定是要得到点什么东西的。要么是保留裁员自主权，要么是通过自主权的让步来在后面的谈判中建立一些谈判筹码，以便减少在其他方面的损失。当然我们觉得就资方的谈判主张来说，效果还是不错的。

对于劳方而言，它的侧重点是尽量少裁员，其次便是避免临时通知的裁员通知，为员工争取更多的回旋余地。这方面，劳方做得不错。但是对于员工的补偿方案这一块，实际上并没有争取更多的权益。因为现有补偿方案完全是按照资方定的标准来的，24小时解除劳动合同给予“N+2”倍补偿，其余则给予N倍补偿。劳方完全可以在法律的基础上，为被裁的员工争取更好的补偿方案。这种补偿方案一方面是资金上面的，另一方面是企业方提供更多的解决再就业的方案。

此外，对于在职员工而言，企业方应该及时公布裁员方案，以便安抚军心。这也是实现所谓就业稳定性的问题。总的来说，本场谈判谈得还是很不错的，促进了劳动关系和谐，最后气氛还是挺和谐的。

谈判分析：和第一组相比，劳方更加会以柔克刚，每次都是以为企业着想来开始，注重态度建构，使双方处在很和谐的氛围里。他们的这一策略显然在本次谈判中得到了很多好处，一是获得了对方比较多的裁员让步，二是按时完成了谈判并有剩余时间总结达成的协议（但是正如专家点评所述，忽略了一个议题是谈判中的败笔）。相对而言，资方在谈裁员时让步太快，但是我们看到谈判中资方的诚意和责任感，这些也都是为资方加分的地方。

比赛过程综述

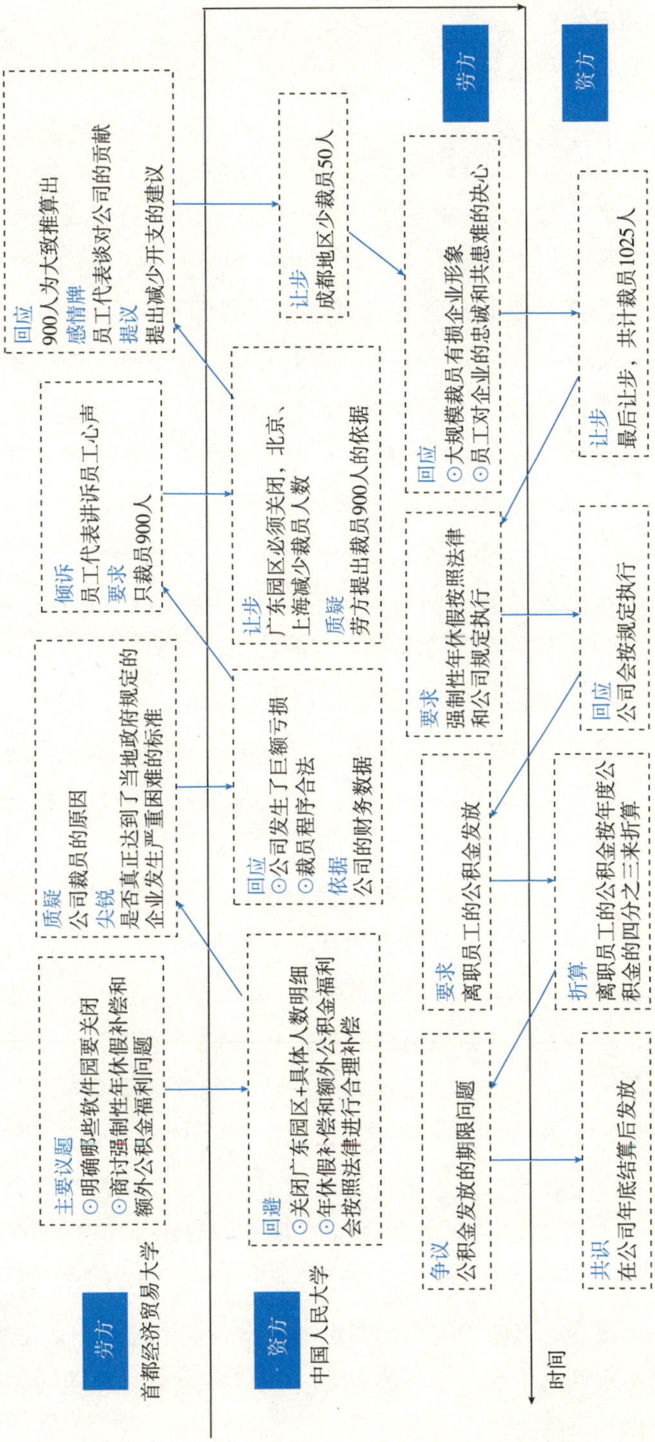
劳方
首都经济贸易大学
资方
中国人民大学
时间
主要议题
⊙明确哪些软件园要关闭
⊙商讨强制性年休假补偿和额外公积金福利问题
回避
⊙关闭广东园区+具体人数明细
⊙年休假补偿和额外公积金福利会按照法律进行合理补偿
质疑
公司裁员的原因
尖锐
是否真正达到了当地政府规定的企业发生严重困难的标准
回应
⊙公司发生了巨额亏损
⊙裁员程序合法
依据
公司的财务数据
倾诉
员工代表讲诉员工心声
要求
只裁员900人
让步
广东园区必须关闭，北京、上海减少裁员人数
质疑
劳方提出裁员900人的依据
回应
900人为大致推算出
感情牌
员工代表谈对公司的贡献
提议
提出减少开支的建议
让步
成都地区少裁员50人
劳方
资方
争议
公积金发放的期限问题
共识
在公司年底结算后发放
要求
离职员工的公积金发放
折算
离职员工的公积金按年度公积金的四分之三来折算
要求
强制性年休假按照法律和公司规定执行
回应
公司会按规定执行
回应
⊙大规模裁员有损企业形象
⊙员工对企业的忠诚和共患难的决心
让步
最后让步，共计裁员1025人

分析：

㊵开局双方互致感谢，快速建立了一个很好的谈判氛围，这有利于后面谈判的发展。

㊶劳方提出主要议题的方式很有意思，并不是一上来就开门见山式地提要求，而是首先分析了一下谈判先后议题排序的原因。最后以询问对方意见结尾，表现出非常好的谈判礼节。让劳资双方在平等协商的基础上展开此次谈判，从而减少了冲突，增强了互信。但是案例中的年休假补偿和企业公积金问题是针对裁员员工提出的，所以先不谈裁员也有一定的问题。

第三组：

具体过程及分析：

谈判开场白

工会主席：今天我们非常高兴，企业方能够接受我们工会的要约，来与我们工会就企业现阶段的一些劳资关系的问题，进行集体谈判。我们企业的日常管理过程中，我们平常交流、沟通都很多，相信企业方对我们并不陌生。我们希望在本次谈判中，能够发扬以往合作良好的精神，就一些问题达成共识。

总经理：我非常地认同工会主席的观点。我们一直都是本着工会与企业互相合作的态度展开关于公司运营方面的一些工作的。今天我也非常高兴能够和各位工会的朋友们在这个场合见面，对我们最近一些问题进行商谈。今天我们非常希望和劳方有一个良好的，本着合作的心态来达成互利共赢的结果。所以请劳方提出对本次谈判的一些具体的要求和看法，谢谢[40]。

工会主席：在本次谈判中，我们想对三个问题跟资方进行协商。第一个是年休假补偿问题；第二个是发放额外公积金福利问题；最后一个是关于近期企业方提出的裁员问题。

我们想就前两个问题与企业方进行谈判。原因在于，它们是以往谈判过程中的遗留问题。对于年休假补偿问题，公司对应休未休年休假的员工，给予三倍的工资补偿。双方在这一点上已经达成了共识，但资方却一直没有进行实际的补偿。而对于发放额外公积金福利的问题，双方在签订劳动合同的时候就已经明确了，所以企业应该及时发放员工的额外公积金福利。由于裁员问题涉及员工去留问题，而且在裁员后再来谈论这两个问题会使谈判变得更麻烦，所以我们希望先对以上两个遗留问题进行解决，不知企业方的意见如何[41]？

总经理：这两个问题确实也是企业一直比较关心、关注的问题。也是本次谈判中的一个焦点问题。所以我想请法律顾问在公司制度方面做一个陈述。

年休假补偿及额外公积金问题谈判

法律顾问：关于年休假补偿的问题。劳动合同法中规定用人单位进行法定裁员的时候，经济补偿金应该按劳动者在本单位工作的年限，每满一年支付一个月工资的标准，向劳动者支付。6个月以上不满一年的按一年计算。不满6个月的向劳动者支付半个月工资的经济补偿。L（中国）公司跟我交流的结果是，在24小时之内签署解约协议的会给你们提供“N+2”倍的月平均工资的薪资补偿。如果不在规定时间签署解约协议的，只能根据法律规定进行N倍的补偿[42]。

工会主席：谢谢法律顾问的解释。但我们还没有涉及对裁员方面进行经济补偿的问题，我们刚才已经解释了优先解决年休假补偿以及公积金福利问题的原因。对于那些被裁员工，公司再来处理他们的年休假补偿以及公积金福利发放问题比较麻烦，所以我建议企业在裁员之前，可以把年休假补偿和福利公积金尽快发放给员工，然后咱们再来谈有关裁员的问题，这样会比较合理，不知道企业方的想法是什么？

总经理：好的，我理解工会主席的意思了。刚才法律顾问在裁员问题的理解上可能有些偏差。由于年休假补偿以及福利公积金发放涉及财务状况和运营成本的问题，所以我想请财务经理来谈一下这个问题。

工会主席：对不起，我打断一下总经理，不好意思。年休假的补偿和公积金的福利是依据劳动合同法规定，在劳动合同中已经规定过了，所以我们必须依法来执行的。其中年休假的补偿是根据我国带薪年休假条例，必须要给职工应休未休的年休假300%的工资补偿。这与裁不裁员、公司经营状况如何无关。我希望资方能够考虑到这一点[43]。

总经理：我想工会主席可能领会错我的意思了，因为年休假的补偿和公积金要到财务部门去领取。对于具体怎么发，咱们的财务经理是比较有发言权的。所以我想请财务经理来具体说明一下这个问题[44]。

财务经理：工会主席好，您前面提到的年休假补偿以及额外公

分析：

㊷这个法律顾问显然答非所问。

㊸显然，工会主席对刚刚法律顾问的答非所问有些不耐烦，在这里打断了总经理的安排，开始强硬了。

㊹总经理思路很清楚，不急不恼。

积金的发放问题是遗留问题。这一点您可能理解有错，因为年休假补偿和额外公积金公司一直是发放的。只是在此次劳动争议中，咱们没有过多的提及而已。关于您上面提到的三个问题，我想还要根据咱们公司的财务状况来做商讨。目前公司的财务状况一直不是很好，所以上述问题我们需要慢慢来做商讨⑮。

工会主席：谢谢财务经理给出的答复。不过从来自一线员工代表、技术员工代表以及女职工代表的基层调查结果来看，企业年休假补偿金的发放一直是有所拖欠的。而且在劳动合同中约定的公积金福利，也一直没有给员工发放。我们对财务经理刚刚提到的资金问题非常的理解。企业方在生产经营策略调整过程中资金确实需要一些周转。咱们能不能明确一下，年休假补偿和公积金福利是依法必须给的。我们可以给企业一些资金周转的时间。不知企业方需要多长时间的准备，比如说一个月之后就可以向员工进行全部的发放。

财务经理：很高兴能和劳方就这个问题达成共识。年休假补偿和额外公积金我们是一定会发放的。我们刚刚和总经理商讨了一下，决定要推迟三个月发放。不知道这个时间你们满不满意？

工会主席：我认为企业方还必须考虑到后面裁员的问题，三个月之后，员工的去留是一个很大的问题，对于发放给那些被裁员工的年休假补偿和公积金福利。公司再去寻找他们势必十分困难。如果年休假补偿和公积金福利推后三个月的话，那是否裁员也应该推后呢？

总经理：咱们公司一直都是本着以人为本的理念来处理和工会之间关系的。出于对员工利益的考虑，我们会尽快发放给员工相应的补偿的。不过鉴于目前的财务困难，我们想是否可以推迟三个月再来发放。实际上，如果劳方能够接受这个期限的话，我们就可以在这两个问题上达成基本的共识了。不知道劳方是否认可？

工会主席：我们其实非常理解企业方的处境。我们达成的共识就是，企业方会对年休假补偿和公积金福利按照标准依法进行发放的。对于时间的限制，我们认为有点拖得太长了。因为企业毕竟还涉及后续的裁员问题。此外，如果企业方拖欠年休假补偿和公积金时间太久的话，咱们可能会考虑走一些法律上的程序，也请企业方注意尽快发放这部分补偿。这个问题咱们可以先告一段落⑯。

分析：

⑮财务经理拿不出数据，仅以拖延战术来应对，不能令人信服。

⑯劳方控制时间很好，对对方在发放时间上的不让步态度强硬。

接下来我们主要去谈有关裁员的问题。根据《劳动合同法》第四十一条规定，企业经济性裁员应当提前30日告知工会和全体职工。但是我们并没有得到企业方详细的裁员方案，而企业方也没有听取职工的意见或者向职工召开说明大会。所以，工会方对本次裁员的法定程序有一定的质疑。而今天劳资双方都是本着非常有诚意的态度来进行谈判的，所以我们希望资方能够给我们一个具体的裁员方案，以便接下来协商的顺利进行。

总经理： 工会主席，您好。就像您谈判开始时讲的，公积金发放和年休假补偿是非常重要的一个点。我们想最好还是将这两个问题谈妥之后再去谈裁员的问题。针对劳方对我们本次裁员法定程序的质疑。我想声明一下，我们的做法是完全符合法律程序的，下面请我们的法律顾问来对此为劳方做一个详细的解释。

法律顾问： 你们好，我是L（中国）公司聘请的法律顾问，我在此陈述的内容都是严格遵守法律条文的，具有公正性，所以请你们一定要相信我。下面我来解释一下裁员程序是否合法的问题，根据《劳动合同法》中第四十一条规定，需要裁员人数20人以上或者裁员不足20人，但占企业职工总数10%以上的，用人单位提前30日向工会或者全体职工说明情况。听取工会或者职工的意见后，裁减人员方案经向劳动行政部门报告可以裁减人员。这是劳动合同法关于裁员的规定，据此，我来谈一下本次裁员程序是否合法的问题。

第一点，我们发放工资的截止日期是9月20日。现在是8月份，我们是在一个月的期限内提前通知你们的。所以我们并没有违反30日内通知劳方的规定。第二点，L（中国）公司给你们下发了裁员通知后，并没有收到劳方的任何反馈。所以资方并没有听取劳方意见的说法也是不成立的。在此之后，我们向行政部门报告，进行裁员。可以说整个流程都是非常合法的。

裁员问题谈判

工会主席： 好的，感谢资方的法律顾问。实际上，我们对裁员法定程序的质疑主要是因为资方确实没有召开全体职工说明会，也没有给工会方一个具体书面的裁员方案。所以我们还是保留对裁员

分析：

㊼面对强硬的劳方，资方打算妥协了。

㊽在谈判中如果没有遇到双方争议激烈的议题，应该减少“下次再谈”的说法，原因在于，第一，是对本次谈判所造成的时间成本；第二，未来的事情具有不确定性。

程序的质疑。既然双方对此有这么大的分歧，那我们就不要在这种无谓的争执上浪费时间了。咱们还是将主要精力放在裁员问题的协商上。我们对裁员问题的诉求首先是保留员工职位。

人事经理：不好意思，工会主席，经过管理层刚刚的商议，我们认为先把年休假和公积金福利发放谈妥，再进行具体裁员问题的谈判，这样会比较好。因为刚才您也说了只有这两个问题达成一致，才能保证谈判更加顺利地进行，您认为呢？[47]

工会主席：可是年休假补偿和公积金福利你们已经答应发放了。目前有争议的只是发放时间的问题，我想距离下次谈判还有一段时间，相信在此期间双方还可以有很多商量的余地，所以我们可以在下次谈判中，再来确定发放时间。

人事经理：我们希望听到劳方对发放时间的意见，以便我们在修改或制定发放时间表的时候有个参考。

工会主席：工会方认为应该在一个月之内进行发放。原因在于，年休假补偿和公积金的福利是一笔非常小的财务数目。鉴于公司目前的财务状况，一个月之内进行资金的周转，公司还是可以承受的。而且考虑到裁员造成的人员流动问题会对补偿的发放造成影响，我们建议企业方能够在一个月内完成，当然，关于发放时限的问题，咱们可以留到下一次集体谈判的时候再去确定。另外，我们还可以采取“分批”的方法，比如说被裁的员工优先发放，而留下来的员工，我们可以考虑放缓一点时间再发放。这样可以缓解公司目前的现金流压力，不知道企业方对此方案有什么看法[48]？

人事经理：您所提到的被裁员工不方便及时拿到补偿的担心完全是多余的，我们对此已经制定了 EAP 培训和追踪制度。另外，我们对劳方理解咱们公司财务上的困难表示非常感谢。

工会主席：我们非常理解目前公司遇到的困难。所以我们也没有逼着公司马上拿出钱来给员工发放补偿。实际上，咱们在这个问题上已经达成了很大的共识，目前只是发放时间的分歧。我希望咱们能留在下次谈判再去商谈。下面就裁员问题，我将我方诉求告知企业方。

我们有两个方面的诉求，第一是尽可能多地保留员工的职位。

《劳动合同法》第四十二条规定，必须保留符合劳动合同法规定的，不得解除劳动合同情形的员工。第二是尽可能对其他员工进行转岗安置。公司可以利用本地其他分公司的一些岗位，比如说流水线岗位，来对一些一线工人进行转岗安置。

对于这两方面的诉求。我们想就保留员工职位的问题与企业方进行一下商谈。我们知道咱们公司一直以来都是一个非常遵守劳动法规定的企业。所以对于法律规定不得解除劳动合同的员工，我相信咱们公司肯定会依法进行保留的。比如那些在孕期、产期、哺乳期中的员工，或者是因公受伤的员工。下面请女职工代表来谈一谈她们的情况。

女职工代表：各位资方代表好，据工会的调查，在本次裁员中有一部分女职工是处在孕期、产期和哺乳期内的，根据《劳动法》第二十九条和《劳动合同法》第四十二条规定，女职工在孕期、产期、哺乳期内的，用人单位不得以经济性裁员为理由，裁掉这些职工。我们希望公司能够对处于“三期”的女职工给予妥善安排。

总经理：很感谢这位来自基层的代表来阐述她们的心声和观点。对于之前说的年休假补偿，咱们公司承诺最晚三个月内发放到员工的手里，所以在这一点上你们就不必担心了，我们已经达成了共识。下面我们来谈一下1200人的裁员问题，我想由人事经理来说明一下裁员的详细方案是怎样的[49]。

人事经理：工会主席刚才已经说到了一些不得裁员的事项，同时女职工代表也说了孕期产期女工权益的问题。实际上，公司在制定具体裁员名单的时候，这些情况肯定是要考虑在内的。我们绝对不会裁掉受法律保护的员工。这一点，请劳方放心[50]。

工会主席：谢谢人事经理。那在这一点上，我们就算是达成了一定的共识。由于企业方还没有公布裁员的具体名单及计划，所以我想把一些一线员工的情况在这里跟大家说明一下，希望企业方在裁员时候给予考虑。就我们目前得知的企业裁员人员中包括一些家庭非常困难的流水线工人。他们是家里的唯一经济来源。他们还有未成年的孩子和高龄的老人需要抚养和赡养。我们希望企业能够对他们进行优先留用。如果不能够留用或者转厂安置的话，我们希望

分析：

㊾总经理有些一厢情愿。对方不接受，他却说已经达成了共识。

㊿关闭整个软件园可能不裁“三期”女职工吗？人事经理有些避重就轻。

企业方能够对他们给予较高的经济补偿。针对一线员工的具体情况，我们想请一线员工代表作一个简短的解释。

一线员工代表：各位经理好，由于我们还没有收到具体的裁员方案。所以我想问一下人事经理，这次的裁员方案中是否涉及一线员工以及具体数目是多少？

人事经理：现在我来给你解答一下裁员的具体明细表，好吗？

首先咱们公司在广东、北京、上海、成都四个地区设有工业园。由于近期公司转产以及业务的重心有转移等原因，我们决定关闭广东的工业园。裁员人数分别是研发人员 300 人、销售人员 200 人、流水线工人 150 人，裁减的总人数是 650 人。

北京地区裁员人数分别是研发人员 40 人、销售人员 60 人、流水线工人 40 人，合计是 140 人。由于北京是科研创新核心力量较强的地方，而且咱们今后的战略重心也会往北京转移，所以在北京的裁员人数会比较少。

上海地区裁员人数分别是研发人员 100 人、销售人员 80 人、流水线工人 70 人，总共 250 人。上海地区人口红利优势渐渐减弱，人口的劳动力成本比较高，所以在上海地区的雇佣人数有所减少。

成都地区裁员人数分别是研发人员 60 人、销售人员 60 人、流水线工人 40 人，总人数是 160 人。成都地区是一个内陆城市，发展不如上海和北京有优势，所以我们采取一个比较折中和有保留员工的雇佣方案。不知道员工代表听明白了没有？

一线员工代表：好，感谢我们的人事经理。根据具体的裁员方案，流水线工人大概裁掉 300 人，这几乎占到了咱们公司流水线员工的一半以上。资方可能不太了解我们流水线员工的情况，我们流水线工人大多从事的是技术性要求比较低的体力劳动，如果突然被裁掉，我们寻找新工作会非常困难。而且我们厂区的很多员工来自外地，他们住的是集体宿舍，如果突然被裁掉的话，他们便无家可归了，而且这还涉及他们子女的教育问题。所以我希望企业方可以考虑一下流水线工人的困难，给我们一个满意的答复，谢谢。

人事经理：我们非常体谅流水线工人的辛苦。但是公司正在进行技术转型，我们要引进更多的自动化流水线，所以一线流水线工人会裁掉比较多。你们提到的那些问题，我们都有考虑。所以，我们会给予相应的经济补偿。而且我们还会提供员工再就业的政策。比如说我们会邀请与咱们公司有合作的友方公司来参加为被裁员工专设的招聘会，帮助大家尽快找到新的工作岗位。此外，我们还会提供一些知识方面的培训指导。今后公司在转产改制后，如果我们再进行招工的话，我们会优先考虑之前被裁掉的员工。所以请工人代表不要担心。

工会主席：感谢公司对被裁员工做出的积极举措。下面咱们要就员工的经济补偿问题进行协商，我们希望企业能够对员工进行“N + 6”倍月平均工资的薪资补偿。这里的月平均工资是指职工在解除劳动合同前12个月的平均工资。企业方对此经济补偿方案有何看法[51]？

总经理：对于员工具体的经济补偿问题，我想请财务经理来具体说明一下。

财务经理：首先非常感谢各位劳方代表对于我们之前提出的一些协议的认可。下面我先就公司目前的财政状况进行一个简要说明。公司第二季度在中国智能手机市场上的销量占比仅为5.3%，亏损达2.53亿美元，其中移动业务亏损了2.02亿美元。此外，机顶盒业务亏损了5100万美元，总利润比去年下滑了45%。所以咱们公司现在的经营状况非常不好，希望工会代表能理解我们的处境。所以我们的赔偿方案是，如果在24小时之内签署解约协议，被裁员工将会获得“N +2”倍月平均工资的补偿。

工会主席：谢谢财务经理。我们之所以提出“N + 6”倍的补偿，原因在于企业要裁掉广东厂区除管理人员的所有员工。而且在北京、上海、成都地区也要裁掉很多技术人员。根据《劳动合同法》第四十七条规定，劳动者的月平均工资高于用人单位所在直辖市、设区的市级人民政府公布的本地区上年度职工月平均工资三倍的，向其支付经济补偿的标准按职工月平均工资三倍的数额支付。企业进行赔偿主要是针对技术员工，他们的平均工资基本上都是10000元以上。平均的水平大概是在15000元左右，这已经远远超出了平均工资的水平。就拿广东地区来说，2011年广东的月平均工资是3763元。企业应该对被裁员工支付三倍的工资补偿。所以我们才提出了“N +6”倍补偿。如果企业方不能接受的话，我们会按《劳动合同法》走法定程

分析：

[51]裁员数量应该是本次谈判的重点，劳方就这样蜻蜓点水地过去了，丢分实在可惜。

序。不知道企业方对这个补偿的数额有什么样的看法[52]?

法律顾问：首先作为法律顾问，我想说一下，根据劳动合同法的规定，公司给予员工N倍的补偿是完全合法的。至于你们说的"N+6"倍补偿，那是公司在经营状况比较好的时候的举措。可是我们公司财务经营状况并不好，我们怎么能够保证给你们这么多的经济补偿呢?[53]

总经理：我们非常理解员工目前存在的困难，但公司的经营状况确实不好。我们目前只能是保证24小时内签署合同的员工给予"N+2"倍的补偿，你们提出的"N+6"倍补偿确实有点多。

技术员工代表：好的，非常感谢咱们总经理的回答。我想问一下财务经理，"N+2"倍月平均工资的薪资补偿中，N和2的补偿工资基准分别是什么，咱们的工资基准是如何确定的?

财务经理：我们现在有四个软件园区，分别在广东、北京、上海、成都。四个地方的平均工资都不一样。像广东的平均工资刚刚工会主席已经说了[54]。

工会主席：不好意思，我们说的基准并不是问你们具体数额，而是指N的基准是职工在劳动合同解除前12个月的月平均工资，这一点你们是否给予肯定。刚刚你们说的2，我们说的6，我们设定的是指职工所在地的社会平均工资。我们跟企业方确认的是，N和2分别指的标准是什么。

人事经理：这个问题还是由我来回答一下吧。首先N是指员工在企业内的工作年限，如果不满12个月的，我们按一年算。另外2是指员工的平均工资之外多发的两个月的平均工资。平均工资是根据各地市、各个工业园不同的平均工资来制定的。所以我觉得这个方案还是合理的[55]。

工会主席：我们工会方也接受企业方的提出的方案。咱们今天谈判的时间可能不太多了。我想就咱们谈判的整个过程进行一个总结。我们主要谈到三方面的问题，一个是年休假补偿，第二个是公积金福利，第三个就是我们刚刚谈到的裁员问题。关于年休假补偿和公积金福利的问题，咱们达成的共识是肯定会给员工发放，至于时间的限制，我们会考虑到企业的实际的困难，留在下一次的集体

分析：

[52]工会主席对补偿金的基数了解不清楚，所以有此问。而且资方显然是合法的，走法定程序无益。所以此处劳方思路不是很清楚。

[53]法律顾问不明白工会主席的意思，只是给了个含糊的回答。如果没有了解对方的意思，为什么不追问清楚呢?

[54]财务经理更是不明就里，越说越远了。

[55]人事经理也跟着错了。平均工资不是当地社会平均工资而是被裁员工本人过去12个月的应发工资的平均值。

谈判中继续商谈。就裁员问题而言，我们达成的共识是依照劳动合同法规定的，保留不得解除劳动合同的员工。我们保留对员工进行职位保留或转岗的处理意见。

（由于谈判时间到，此次谈判到此结束）

专家点评：各位同学大家好，看来大家在来之前都做了很多功课，做了很好的准备。

双方代表，在今天的谈判过程中，都很好地执行了本方应该履行的一些职责，这点是应该肯定的。但是作为没有走向社会，还在学校的学生而言，你们毕竟对企业的一些现实情况不太了解。所以也不能强求你们按照企业的现实情况去协商。

首先，我说点我的感觉，虽然现实中你们是来自两个地区不同学校的学生。但是在协商的谈判桌上，你们应该是一个企业的。但是我现在的感觉就是双方除了能互相叫出总经理、副总经理之外，相互就不认识。对于公司的现实情况，除了今天相互介绍以外双方也不甚了解。所以要记住，集体协商的前提是彼此的交流和沟通。

其次，咱们桌签的称呼也有欠缺的地方，永远说你是工会的，你代表的是工会吗？你代表的是劳方。所以你不叫工会主席，你叫首席代表。你不叫总经理，你在谈判的时候你是企业方的首席代表。所以以后不要再说你是工会的，工会和协商代表是有差距的。双方对这个案例的内容都抓得很准。案例里面提的一些条件要素，都已经在协商过程中体现出来了。

实际上，协商最重要的是前期的沟通和交流，但今天我们看到的是根本不认识的、不像一个企业的职工在谈判。所以在这一点上还有很多的欠缺。在谈判前，劳方的职工代表应该先给出要约书。要约书的内容，双方都应该很清楚。而我们是在谈判桌上才把它提出来，这是我们在准备时有所不足的地方。

再次，今天谈判的很多东西，比如没有休的年休假的补偿问题，三倍补偿问题，单方解除劳动合同，或者说公司被裁掉员工的补偿金问题。国家法律已经有非常明确的规定。所以，我们就没必要在谈判桌上去谈。比如女职工代表提的这个问题，总经理一句话回答就够了，“三期”肯定不能解约的，对不对？这个不用我们去谈。但是当我们在谈到一些基数问题的时候，比如说补偿基数，我们应该抓住 2 的部分按照什么基数去补偿。N 的部分国家有法律规定，不用去谈。2008 年以前和以后是不同的补偿规定，所以我们不管是劳方还是企业方，首先要在国家法律规定的前提下去进行谈判，去提自己的要约，提自己的主要要求。这些东西双方心里必须清楚。所以这些方面我们没必要去过多解释。我觉得劳方应该抓住“N＋2”中 2 的部分。这个案例是比较真实的，这种事我也去处理过。而且我在企业待了很长时间，实际上比今天我们要谈的要复杂很多。

还有一点，我想对双方在谈判中的一些语言技巧提出一些建议。我们说了很多你们、我们这样的代词，但是你得知道他是你的职工，你是他的总经理。所以这方面，我们就不要老是说你们。语言方面的技巧，包括前一场的，我也跟这几个同学也谈了这个问题。比如说我们语言方面有很多需要严谨的地方。我看我们所有印的材料里面都叫谈判。中国的工会身挑两个担子，既要维护职工权益，也要维护企业的和谐稳定、健康发展。所以在有的国家叫谈判，在中国叫集体协商。协商是站在一个平等的地位上去进行协商，我们应该熟悉很多这方面的语言技巧。我们对“补偿”和“赔偿”没有区别开，赔偿和补偿只差一个字，但是概念上完全不同。我觉得这个大家通过实践，通过今后到企业实际工作，肯定会有很大进步的。希望在这个行业里面，大家都有更多的作为。谢谢大家。

谈判分析：总体上看，劳方定位有一定问题，他们基本上是沿着法律底线在走，只要资方不违法就够了，没有自己更进一步的要求，所以才会出现“蜻蜓点水”式的谈判，什么项目都谈到了，但只要资方一提出就很容易接受了，因此会失分。另外双方对一些基本的法律问题缺乏扎实的基础，致使谈判难以深入。

比赛过程综述

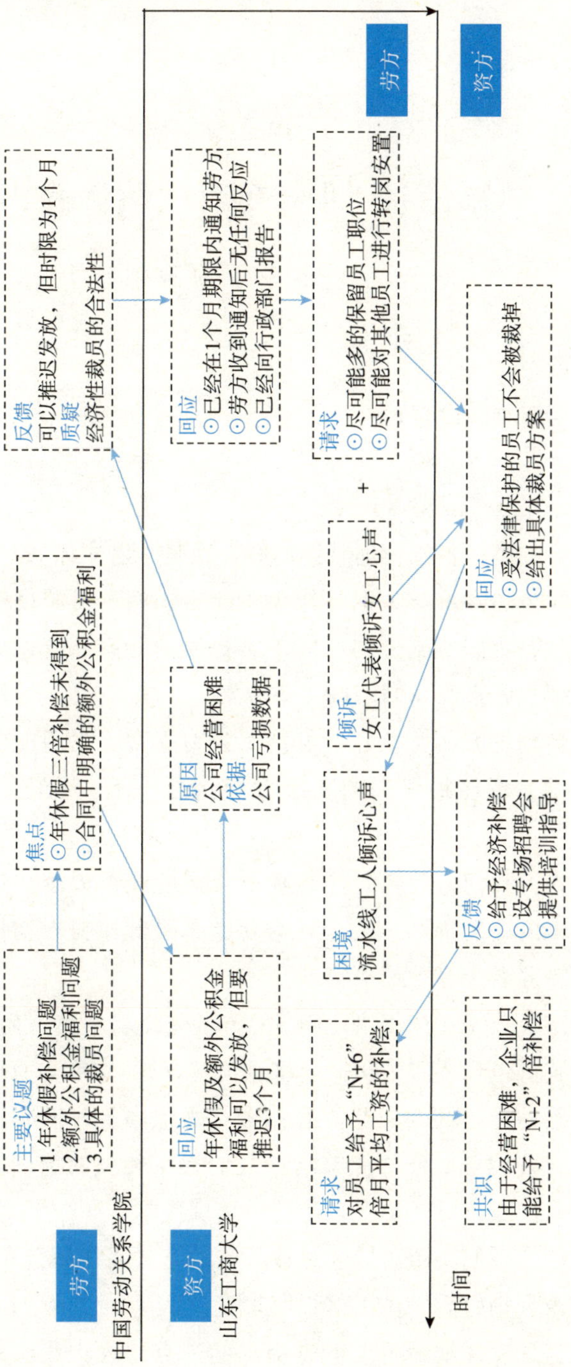
劳方
中国劳动关系学院
资方
山东工商大学
时间
主要议题
1.年休假补偿问题
2.额外公积金福利问题
3.具体的裁员问题
焦点
⊙年休假三倍补偿未得到
⊙合同中明确的额外公积金福利
回应
年休假及额外公积金福利可以发放，但要推迟3个月
原因
公司经营困难
依据
公司亏损数据
反馈
可以推迟发放，但时限为1个月
质疑
经济性裁员的合法性
回应
⊙已经在1个月期限内通知劳方
⊙劳方收到通知后无任何反应
⊙已经向行政部门报告
请求
⊙尽可能多的保留员工职位
⊙尽可能对其他员工进行转岗安置
倾诉
女工代表倾诉女工心声
+
困境
流水线工人倾诉心声
回应
⊙受法律保护的员工不会被裁掉
⊙给出具体裁员方案
反馈
⊙给予经济补偿
⊙设专场招聘会
⊙提供培训指导
请求
对员工给予“N+6”倍月平均工资的补偿
共识
由于经营困难，企业只能给予“N+2”倍补偿

分析：
⑤⑥对于劳方的开场白，首先，可以肯定的是劳方代表提出的这些建议都很不错，具有一定合理性，但注意不要一上来就把自己手中的牌全部打完。至少要保留一两个论据来支持本方观点。其次，在开场时劳方应先将本次谈判要谈的主要内容先与资方沟通一下，以便双方有目的地逐个击破。实际上，集体协商需要劳资双方共同的参与，劳方一上来就提建议显得有些突兀。让人觉得太强势，有点想“独裁”比赛的味道，不利于劳资双方集体协商的进行。

第三章

多项谈判事项中寻找重点

——L（中国）劳资谈判（下）

第四组：

具体过程及分析：

谈判开场白

工会主席：各位管理层你们好，我是工会主席。对于此次裁员，我们深知公司的困难。但是作为工会，我们主要的目的是要为工人谋求福利，我们希望公司考虑工会提供的方案和建议。现在由我们的工会副主席来给我们解释一下方案。

工会副主席：大家好，我是工会副主席。我们工会商榷了一些改善方案，现在跟我们的高层领导沟通一下。希望资方能够认真考虑。

首先，我们希望暂时性地降低公司的经营成本。这个可以通过降低员工的薪资福利、奖金还有年金，降低原材料物流成本，通过暂缓上缴养老金等方式来实现。

其次，公司在今年决定将30款移动终端产品精简为10款主打产品。我们也希望和公司一起将这10款产品发展为有竞争力并且能够在中国站稳市场的产品。我们会尽力提高工作效率，对于不熟悉的技术，我们希望公司能够给予我们提供相关的培训。如果公司在这方面有困难，员工愿意自己提供培训成本。

最后，我们希望可以通过放长假的方式来缓解公司的财务困难。等公司盈利稍好后，员工继续回来工作[56]。

总经理：详细地听了贵方提出的三点建议，我也总结了一下关于这次裁员的三个方面的核心内容。

第一点是关于裁员方案。我们这次裁员共1200人，包括研发人员500人、销售400人、流水线工人300人。其中除广东地区之外，其他三个地方的裁员是根据当地的经营状况和销售业绩确定的。关于详细的裁员方案，一会儿再由我们的人事经理详细为大家介绍。

接下来两个方面分别是年休假补偿和额外公积金问题。关于年休假补偿，我方提出已经发生年休假工作事实的，我们会给予日平均工资3倍的补偿。

工会主席：我们是不是先打断一下总经理，现在我们想谈的是岗位问题，我们还没有裁员，我们不想跟你谈裁员之后的问题。我们可不可以先就我们刚刚提出的问题先进行讨论，其他问题我们稍候再谈，可以吗？

总经理：我们还是先把谈话大纲讲一下。刚才关于年休假补偿还有一点就是，没有发生工作事实的不予补偿，期限以9月20号为准。至于额外公积金的问题，我们会遵守先前的承诺，在员工签署解约协议的当天发放。以上就是我们这三个主要方面内容。既然劳方想与我们重点讨论一下详细的裁员方案，我想请人事经理来为大家详细介绍一下[57]。

人事经理：现在我向劳方提供一下我们本次裁员的详细方案。第一点，本次裁员共计1200人。第二点，公司有意关闭广东软件研究中心，并且在这个地区裁员600人。但是除了管理人员50人以及法律规定不可裁员的员工不在裁员计划内，我们还将留用优秀的核心技术研发人员50名，他们将有机会获得外派岗位、出国深造等机会。第三点，其他三个地区的裁员计划如下，北京裁员200人，其中研发人员80人，销售人员70人，流水线工人50人。上海裁员220人，其中研发人员100人、销售人员70人、流水线工人50人。成都裁员180人，研发人员70人、销售人员60人、流水线工人50人。第四点，裁员名单是根据员工一致认可的绩效考核制度确定的。所以我们双方有理由相信这个名单的公正性。第五点，关于裁员的补偿金，被裁员工的工资我们全部发放到9月20日。如果24小时内签署解约协议，将获得“N+2”倍月平均工资的薪资补偿，其中N为工作年限，多出的两倍平均工资则参照员工在公司内的工资水

分析：

㊼双方一开始就争夺对己方更为有利的谈判结构。劳方一开始就提出有创意的构想来实现大规模地减少裁员的目的。而资方并不同意沿着劳方的思路进行而是自顾自地进行下去。应该说开局分歧就很明显。

㊽劳方代表提出减少裁员的心情可以理解，但是不裁员的请求明显就是不合理的也是不可能的。资方代表应该一上来就明确立场，裁员是公司战略中不可动摇的一部分。企业有裁员的主动权，资方的首席代表表现得有点“懦弱”，一直疲于应付劳方的质疑。

平。如果不在规定时间内签署解约协议的，我们只能根据法律规定给予员工N倍的工资补偿，谢谢。

裁员问题谈判

工会主席：我们已经从公司刚刚发放的裁员通知里，得知了人事经理所说的裁员方案。而我们今天来谈判的目的就是为员工谋求福利，尽量减少甚至不裁员，所以我想请问一下资方，我们裁员的原因是什么[58]？

总经理：这个由我们的销售部门经理来介绍一下公司现在的效益情况和整个大的市场环境。

销售经理：劳方的各位代表，你们好。对于你们询问的裁员原因问题，首先，通过我们的市场调查和销售业绩分析，公司正计划离开那些未能盈利的市场并精简产品线。其次，我们也在积极调整业务重心，将我们的业务重心从智能手机逐步转向更加具有创新和盈利性的移动终端产品。再次，我们希望可以聚焦我们的核心技术。大家不能忽略这样一个事实，根据S公司发布的2012年第二季度中国智能手机市场报告，X公司以27%的市场份额占据第一位，而我们公司销量占比仅为5.3%。大家可能对这个5.3%概念不是很清楚。我在这里解释一下，这个5.3%甚至比中国本土的几个手机品牌的销售量还要低。这个数据不是我们造出来的，希望劳方能够理性看待，谢谢。

工会主席：销售经理说的这些，我们都能理解。公司裁员的目的是为了精简产业，然后希望能够扭亏为盈，对不对？其实扭亏为盈，有很多方式可以实现，不一定非要裁员，各位高层可不可以考虑一下我们提出方案的可行性[59]。

总经理：感谢劳方提出的诚恳建议。就公司目前的状况来讲，裁员是一个不能治本但能治标的方案。我们目前最紧迫的问题就是效益问题。公司在这一段时间销量不好并且创新的力度也不强。我们去年已经精简到了10款产品，但经营状况仍然不见起色。

财务经理：根据财务状况显示，我们第一季度已经亏损了8600万美元，而且第二季度的财务报告显示，我们目前亏损了2.53亿美元，其中移动业务亏损了2.02亿美元，我们的财务状况相当不乐

分析：

⑤⑨面对劳方再次让资方考虑方案的可行性，资方首先要明确自己的立场。裁员势在必行，这是资方谈判的底线，一定要明确告诉对方，不裁员是不可能的。其次，资方一定要对劳方的建议给予回应，一味地回避问题只能让资方不断陷入被动谈判的泥潭。资方可对劳方提出的建议，做出如下回应，第一，减少人工成本的思路不错，但劳方代表能保证减薪后核心员工不会流失吗？第二，精简生产线主打10款产品是公司“聚焦”战略的核心，但很遗憾，我们的经营状况并没有明显改善，难道我们还要继续加大人力物力来开拓这片走不通市场吗？第三，劳方提出放长假的建议同样值得商榷，虽然我们对公司的未来有信心但是我们无法保证扭亏为盈的时间，长时间休假不仅消磨了员工的斗志，而且也束缚了员工去更好公司发展的机会。综上，我们质疑劳方代表提出的建议，但是我们非常感谢劳方代表为公司长远发展出谋划策。

观。基于这样的财务状况，我想我们不得不进行经济性裁员。

工会主席：公司亏损大家都是知道的。我们的意思是可不可以换一种方式来降低公司的亏损。各位高层可不可以考虑一下我们给出的建议。我们可不可以请车间主任来跟我们说一下现在员工的状况。

车间主任：接到裁员通知后，员工的工作状态有了很大下滑。整个车间的员工都人心惶惶并且已经逐步出现了消极怠工，这已经影响到整个车间的正常生产。希望公司能够考虑到这个状况[60]。

工会主席：我还想问一下，为什么我们提出的方案不可以？

人事经理：正如咱们销售经理说的，咱们公司一直在亏损。你们所说的我们都有想过并做过，但是我们还是在第二季度亏损了2.53亿美元，所以说我们现在做出1200人的经济性裁员是势在必行的。但是公司本着以人为本、关怀员工的原则，我们为被裁员工和在职的员工都进行了一些福利上的补贴。请工会主席理解一下我们，这是势在必行的，而且我们必须要关闭非核心业务了[61]。

工会副主席：难道我们提出了那么多改善方案就丝毫没有商量的余地吗？现在裁员已经影响到了生产活动，人心惶惶的结果只能是生产效率降低。

销售经理：我们非常感谢劳方为公司提供这么多解决问题的方法。我了解到，劳方目前对裁与不裁还是存在疑问。那我这边就给大家一个详细的说法。

工会副主席：我们希望尽量不裁，员工愿意降低自己的成本，跟公司一起共渡难关。

销售经理：在这个问题上，可能咱们之间存在着信息不对称的问题。大家都知道手机市场是一个技术更新飞速，消费者需求层次逐渐提高的市场，行业之间的竞争非常激烈，市场的作用使我们必须在某些产品上精简。

工会主席：您说公司不盈利，那公司既然不盈利，我们可不可以换一种方式让公司盈利呢？[62]

销售经理：劳方请不要激动，我们是在努力给你们解决问题。

总经理：劳方的心情我能理解，公司也为劳方提出那么多有益建议而感动。关于公司目前的现状，如果裁员程序不是那么紧迫，

分析：

[60]车间主任的话很有分量，员工士气下降，工作效率降低是所有人尤其是管理层不愿看到的。生产效率的降低就意味着公司产量及质量的降低，这势必会影响到公司的利润。所以工人消极怠工的状态会刺痛管理层敏感的神经，会迫使管理层做出一些妥协。

[61]资方反复强调亏损，并给出一些数据，但这些都是宏观层面的。如果想说服劳方，还需要给出一些与劳动者相关的数据，比如员工工资支出占利润的多少，劳动力市场人工成本的趋势是怎样的等。另外，拿出一些财务报表来佐证自己的观点也是一个非常好的论据，资方具有掌握这些信息的所有权及主动权，应该给予充分利用。

分析：

62工会主席作为劳方谈判的首席代表，自己首先要掌控好情绪，首席代表并不一定是一个全能战士，什么问题都能解决。但是他应该是一个良好的倾听者和协调者，他应该用正能量去激励自己团队的成员最大程度发挥自己的潜能，使整个谈判团队的战斗力最大化。如果就一个问题反复纠缠，而且自身的理由又不是那么充分，同时也不是谈判重点的话，这样继续下去就有点得不偿失了。

63人多就一定产量多吗？员工代表此时已经进入非理性模式了。事实上，情绪化的人将无法倾听，他们常常会变得难以捉摸，很难专注于自己的目标。劳方代表本来应该是在裁员不可避免的情况下，尽量为员工争取更多利益的，但此时除了与资方“吵架”基本已经迷失最初的目标了。

我们可以采取分时段进行裁员方法。我们有四个工业园，关闭的广东研发中心的人数是最少的，一共才700人。其他的都比广州工业园人多。在广东我们的市场不那么大，而且这700人操作起来也比较方便。对于这700人也不是全部要裁掉，我们会留下一部分有技术能力有经验的人，提供给他们一些外派的机会。对于不能裁员的员工，我们坚决不会裁。

工会主席：我听明白了，资方解决问题的方法就是裁员，要裁员，请给我一个整体的裁员方案。

销售经理：请你们理性对待现实，裁员是必需的，不是我们所决定的。

工会主席：你没有考虑就直接告诉我们不可以，这样不行，你需要对工会负责任，对所有职工负责任。

人事经理：不是这样的，工会主席。在过去亏损那么长的一段时间里，你们所说的我们已经做过了，但是没有效果，这个事实是摆在这里的。所以说我们要进行这么大规模的裁员也是迫不得已的，我们也很心痛。

员工代表：公司一直在亏损，把员工裁掉企业生产的产品肯定会减少，难道生产的产品减少了，利润就会提高吗？[63]

总经理：我们并没有说要把所有的员工都裁掉，都裁掉我们不就成了一个空头公司了吗？我们只是裁掉非核心业务的员工。

员工代表：这么大规模的裁员让那些没有被裁掉的员工也会感到缺乏安全感的。这必然会导致生产效率的降低，您不觉得这样对公司的长远发展很不利吗？

销售经理：希望你们把有限的时间聚焦在核心问题上，裁员是必需的，因为不是我们决定的。裁员计划我们可以协商，但裁员的事实不可改变，请大家理性对待。

车间主任：既然必须要裁员，那我想知道，咱们公司有没有考虑到我们被裁掉的员工的去向问题？

总经理：这方面咱们公司会通过一些工作职位推荐网站发布被裁员工的信息，说明这些员工是我们骨干的员工，是由于公司目前效益不好才忍痛割爱。此外，我们还会帮大家积极联系各大公司，

LX公司正积极跟我们沟通，需要一大批的技术人才，我们也会尽力帮大家争取好的福利、好的待遇，不让我们的员工受委屈。同时，我们会召开遣散员工的招聘会，我们会主动联系和邀请同类型的企业，包括猎头公司前来[64]。

工会主席：我们希望将你们的裁员计划暂缓，给我们一些时间，让我们考虑一下后路，可以吗？

总经理：裁员计划我们可以延长解约协议的日期，在我们的集体合同还没有谈妥之前，这个方案我们可以先搁置，延长员工的服务期，你们看怎么样？

工会主席：你们同意把24小时的补偿计划暂缓，是不是？

总经理：对。

工会主席：我们现在来谈一下就业岗位的问题，对于员工来说，岗位非常重要。既然要裁员，我们希望资方可以明确告诉我们，你们可以提供多少再就业岗位，而不是泛谈帮助员工就业。

员工代表：资方代表你们好，作为被解聘的员工，我希望得到一个稳定的工作，你们刚才也说了，尽力为我们找到一个合适的工作，我想要的是一个确切的岗位，你告诉我，我明天失业之后我去哪里工作，希望你们能给我提供一个确切的岗位，谢谢[65]。

总经理：这个确切的职位我还真不能保证，因为过来招聘的公司只承诺从我们这边招人，我们也尽力保证帮大家谈待遇方面的问题，但是至于他们能提供什么岗位这不是我们能决定的。

销售经理：我们这边肯定是尽量为你们再就业努力，但是有一点是确信的，从我们公司走出去的员工都是非常优秀的，即使我们没有为他找后路，我觉得他们也会在市场上很抢手[66]。

员工代表：那你们刚才所说的不就像空头支票吗？

人事经理：没有，我们已经帮你们安排了这么多有利于被遣散员工的后路，你们难道还要我们为每一个员工都安排好今后的工作吗？

销售经理：而且我们给你们做的决定也不一定是你们最好的选择，因为每个人的需求不一样，可能我们做的，你们并不满意。

工会副主席：我现在不能理解的是公司有钱让员工出国深造，

分析：

[64]资方总经理的三点建议实际上是经不起推敲的。第一，网上投简历这件事，员工也可以做，同时企业未必知道员工未来的求职需求。声明这些员工是骨干员工，我们是忍痛割爱才裁掉的，有"此地无银三百两"的感觉。第二，LX公司与本公司在手机市场是竞争关系，哪有公司会与竞争对手联系，将员工推送过去的道理？第三，猎头公司大多寻找的都是高端优秀人才。对流水线工人和一般的销售代表不会太感兴趣。所以劳资双方在谈判时一定要注意自己建议的合理性，否则会适得其反。

[65]集体谈判是一个理性博弈过程，员工提出企业方要给被裁员工一个确切岗位的说法是没有任何依据的。劳方可以通过与企业沟通，为被裁员工争取更多的利益，但是让企业为被裁员工找到工作是不现实的，企业有用人的主动权，员工有要求赔偿的争取权，谈判双方要学会换位思考，不要只强调自己的利益，这样做，对争取更多利益没有任何好处。

分析：

⑥⑥销售经理的讲话值得商榷。这些员工都已经被裁掉了，就应该多谈一些补偿的事情，减少员工的抵触情绪。“我觉得”的说法主观性太强，说服力大打折扣，让人听上去有一种资方在为被裁员工编织美丽谎言的感觉。

⑥⑦能都调到别的厂区去，劳资双方还用谈裁员问题的解决方案吗？集体谈判不是辩论赛，不是说服对方就可以了，集体谈判看的是结果，所以协商代表一定要理性、冷静，多提一些符合现实的提议。

⑥⑧总经理开始赞同转厂的建议，资方代表基本上也陷入非理性的状态了。

但却没办法为更多的员工提供工作岗位。另外，难道广东园区的员工都是不好的吗，为什么不能调往别的厂区呢？[67]

总经理：第一，我想解释一下外派问题。外派不是出国深造，我们所有的外派岗位是说提供给这个员工一些其他地方的岗位机会，我们推荐他过去，并不是说我们对他进行培训。第二，您说的转移到其他地方工作，我觉得这个建议非常好，我们这边会考虑关于转移的方案。[68]

车间主任：很高兴总经理能够考虑我们的方案。针对资方提出的裁掉1200人的裁员方案，我做了这么多年的车间主任，想谈一下流水线的现实情况。目前公司的流水线上工作分三班倒，员工并不是说全部都一起工作，而是分部分来完成。我们觉得现在裁员不可能需要裁掉流水线上的人。如果裁掉流水线上的员工的话，将会对咱们公司的生产产生极大的影响。

总经理：我会考虑你的建议，不过对于非核心业务上的流水线工人，我们必须裁掉，很遗憾，但这也是没有办法的事。下面我们来谈一下关于延长服务期，推迟签订日期的问题，有请人事经理作一个介绍。

人事经理：我们在听取了劳方的宝贵意见并充分考虑了双方的共同利益，经过协商决定把“N+2”倍工资补偿的期限修改如下，第一，如果劳动者的企业工龄尚不满一年的，在24小时内签署解约协议就可以获得“N+2”倍的工资补偿。劳动者的企业工龄在一至五年之内的，在三天之内签署解约协议既可获得。以此类推，企业工龄为五至十年的在七日之内签署即可获得，企业工龄在十年以上的只需在十天之内签署即可获得“N+2”倍的工资补偿。

员工代表：我们现在谈的不是补偿的问题，而是员工去留的问题，我们希望不要裁掉那么多人。

人事经理：可是这个方案我们刚才不是已经达成协议了吗？

工会主席：我们没有达成你所说的裁员方案协议，我们不是说稍候再来谈吗？我们不想谈什么补偿问题，我们对公司是有感情的，我们想继续在这里生活和工作。

销售经理：劳方代表，你们这样坚持说不裁员，其实不是在解决问题。

工会主席：我没有说不裁员，现在我们不是在考虑裁员的方案吗？

总经理：我非常能理解工会主席现在的心情，刚刚我们谈到延长服务期的问题，我想可能是对方没能理解。

车间主任：我们刚刚谈的是减少裁员人员的问题，而不是说不裁员。我们只是希望更多的员工能够留下来。[69]

工会主席：我们可不可以多保留一些工作岗位，可不可以稍微考虑一下，如果这个问题不行了，我们再来谈别的问题。

总经理：现在还有一些生产线仍在生产，我们可以答应一个季度内这些还在生产的生产线不予以裁员，您看行吗？

工会主席：那你得告诉我具体的人数，好吗？

总经理：好的。经商议，我们能做出的最大让步是，在这两个月之内部分核心业务的生产线员工我们予以保留，大概有 200 人左右。

工会主席：也就是说两个月之后还是有可能要裁了？

总经理：对的。

工会主席：你没有给我任何的答复，我问你可不可以少裁，你告诉我两个月之后再裁，这样行吗？[70]

总经理：关于这个问题我想还是希望对方能够理解一下。

车间主任：就像您说的，保留 200 个流水线员工，我觉得非常应该。还有我们认为研发人员应该在裁员 500 人的基础上减少 100 人，销售人员应该在裁员 400 人的基础上也减少 100 人，经过我们平时的调研工作得出的结论，裁员总人数应该控制在 800 人，所以最多裁 800 人。

工会副主席：我们的销售状况不太好，我觉得可以分几个方面来看，可能员工自己的销售能力有点欠缺，不过我们可以通过主动的自费培训来加强销售能力，我觉得这个方案资方是可以予以考虑的，这也是对公司有利的。[71]

总经理：请劳方注意，现在企业急迫需要进行产业转型和升级，而不是说人才能力不足。

分析：

⑲劳方一直强调要减少裁员，但是实实在在的依据却一条没有说，坚持自己的立场固然很好，但劳资协商是一个互利共赢的过程，不能一味强调自己希望的结果而忽视了别人的利益。

⑳工会主席“河东狮吼”的劲儿基本又上来了，劳资谈判进入胶着期已经很长时间了，但双方却基本上没有达成任何哪怕有利于一方的协议，双方首席代表的表现肯定是难辞其咎的。如果一个团队的“舵手”失灵了，那这个团队肯定会迷失方向，取得不了什么进展。

分析：

⑪劳方的说法明显站不住脚。首先，销售是靠业绩吃饭的，企业经营状况不佳，销售人员的收入必然受到很大影响，可能企业还没有提出裁员，优秀的销售人员自己就主动离职了。其次，不是通过提高销售能力就能扩大市场的，影响市场占有率的因素有很多，如宏观经济状况、产品的竞争力、竞争对手的战略、投放广告的效果等，销售人员的销售能力只是其中一个因素，提高销售能力并不是扩大市场的唯一决定性因素。市场是复杂多变的。最后，劳方代表一定不要把自己的想法想当然地当成所有人的想法，不要让自己一时冲动的言词绑架了所有人的未来。

⑫在谈判过程中要减少这种对劳资协商而言毫无意义的论述。双方要学会用数据事实说话，减少说教式的论证。

经济补偿问题谈判

工会主席：既然咱们在裁员人数上达不成共识，那我们来谈一下补偿问题。公司和 M 公司的性质类似，所以我们可以拿它来做参考，M 公司对于北京裁员是 N 乘以北京平均工资的三倍再加二的补偿方案。所以人事经理给我的那个补偿方案，我们是完全不能接受的。

总经理：请问对方的要求是什么？

工会主席：我的意思是在北京工业园可以参照 M 公司的标准来补偿。

总经理：这个由人事经理详细介绍一下。

工会主席：我的意思是要么同意我们多留工作岗位，要么不同意多给我们一些补偿，这两方面哪方面都可以，但是你不能既不减少裁员人数，又不给多余的补偿，这是我们不能接受的。

销售经理：劳方代表把问题想简单了，生产线精简了，它配套的销售人员，生产线的一线人员，都会相应的减少，这是无法避免的。

人事经理：可能劳方对于经济补偿的原理不太明白，我们裁员的经济补偿是根据相关经济学原理设计的，劳方提出的北京地区三倍工资补偿是不合理的。⑫

工会主席：我们的目的不是让你给我们分析工资补偿的合理性，而是为了谋求员工的利益，不是说你说这个合理了，工资达到国家标准就可以，我希望公司安抚一下我们受伤的心灵，可不可以？

人事经理：对，我们是在这样做，所以我们不同企业工龄的员工在签署解约期的期限上会有所不同规定。

（由于谈判时间已到，此次谈判到此结束）

专家点评：这场辩论非常激烈，非常精彩，但是非常可惜，最后没有达成谈判协议。

第一，双方都有很好的谈判方案。同时劳资双方都制定了清晰的谈判策略，这是非常必要的。但是我们讲，这个谈判策略实际上最终也是为了达成协议来服务的。

第二，在谈判过程中，我们今天是有时间限制的，在实际的谈判沟通中，也是有时间限制，谁最着急呢？应该是资方着急。劳方相对来说，只要我们在这个工厂里待着，资方就得给我们发工资。所以劳方常采取拖延时间的政策来造成资方的被动。对于资方而言，拖到最后，劳方损失的最多是所有员工的利益，但资方却可能因此损失整个市场，所以资方应该更快做出让步。但没有哪个协议只有一方的责任。对于劳方而言，如果长期拖着不结的话，可能最后连工资都没有发放的可能，这也耽误了很多员工找新工作的时间，而且拖延时间以后，资方给劳方提供的就业服务和补偿的问题可能都会落空。所以双方都应该尽快让步。

第三，劳方提出的方案应该更具合理性。劳方开始提出了不裁员的方案，实际上是不可行的，因为广东园区需要转型，工厂必须要关闭。提出来一个不裁，那从一开始就很不合理，但是资方并没有抓住这一点，很明确的表态不裁员是不可能的。在谈判过程中劳方资方都应该拿出自己的杀手锏，要拿出自己的提议和方案来，劳方在策略上，打了员工感情牌，请车间主任来讲员工情绪上的波动；对于资方而言，实际上在谈判过程中间有很多杀手锏可以做，可以撤资、关闭工厂。销售经理可以说，如果不裁员的话，下个季度我可能连基本工资都发不出来；人事经理可以说，如果我现在不裁1200人的话，拖到年底我可能就要裁掉2400人。这都是很好的策略。

另外，资方在接到劳方提出的方案的时候，大家可能比较紧张，没有认真研究劳方的方案，其实劳方的方案里头漏洞百出。第一，资方应该很明确地告诉劳方，不可能不裁员。第二，资方应该告诉劳方，劳方提出的方案其实对企业未来的发展没有任何好处。比如说降低工资这一点，劳方能保证公司的核心员工不因为工资低而离职吗？可能很多高级研发人员和核心人员就会被别人挖走，所以不能给员工降低工资，必须要保证企业的工资在市场上有竞争性，但很遗憾，资方并没有提出这一点。所以我觉得资方还是有很多需要改进的地方，但是总体上双方表现还是很不错。谢谢。

比赛过程综述

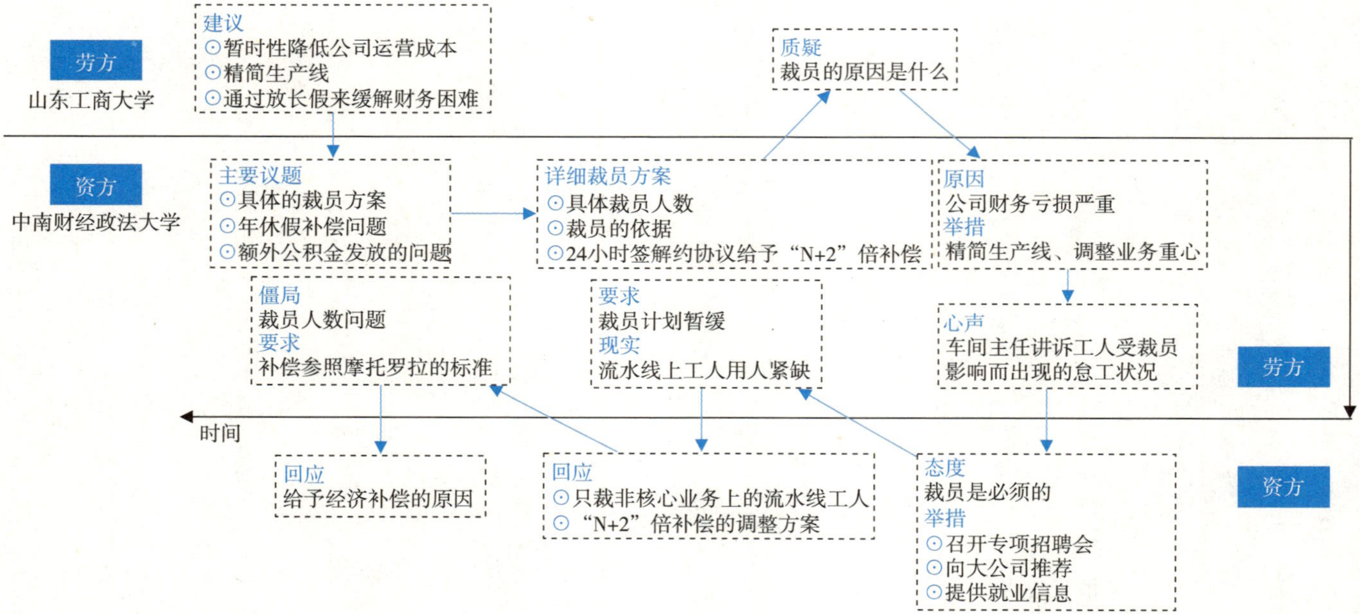
劳方
山东工商大学
资方
中南财经政法大学
建议
⊙暂时性降低公司运营成本
⊙精简生产线
⊙通过放长假来缓解财务困难
主要议题
⊙具体的裁员方案
⊙年休假补偿问题
⊙额外公积金发放的问题
详细裁员方案
⊙具体裁员人数
⊙裁员的依据
⊙24小时签解约协议给予“N+2”倍补偿
质疑
裁员的原因是什么
原因
公司财务亏损严重
举措
精简生产线、调整业务重心
心声
车间主任讲诉工人受裁员影响而出现的怠工状况
态度
裁员是必须的
举措
⊙召开专项招聘会
⊙向大公司推荐
⊙提供就业信息
要求
裁员计划暂缓
现实
流水线上工人用人紧缺
回应
⊙只裁非核心业务上的流水线工人
⊙“N+2”倍补偿的调整方案
僵局
裁员人数问题
要求
补偿参照摩托罗拉的标准
回应
给予经济补偿的原因
时间
劳方
资方

谈判分析：本组谈判是各组中唯一没有达成任何协议的，劳方只重视谈判的重点项目，而忽视了其他非重点项目，在对方不退让的情况下，颗粒无收。资方面对对方不裁员的理由上，显得有些束手无策，没有很好的应对措施。双方对时间进程上都没有掌控，谈到哪儿算哪儿，效率偏低。

第五组：

具体过程及分析：

谈判开场白

工会主席：非常感谢咱们公司的总经理，还有各部门的经理能从百忙之中抽出时间来，与我们坐在一起，来进行协商。这次集体谈判主要涉及咱们公司大规模经济性裁员问题。此次谈判的重要性，我想双方也都了解。它不仅关系到公司的未来发展，也关系到公司上千名员工的切身利益。我们希望最终能得到双方都满意的结果。今天的集体谈判，我们主要商议两个方面的问题：第一方面，是1200人初步裁员方案的问题。其一，企业大规模经济性裁员的原因；其二，我们要求将公司的裁员比例由原来的34%降到25%；其三，请说明四个软件园区的裁员情况。第二方面，是裁员补偿问题。其一，企业给每位被裁员工支付“N＋2”倍的经济补偿金，对于五天内签订解约协议的员工支付“N＋3”倍的经济补偿金；其二，足额支付今年的年休假补偿，并且足额支付去年拖欠的年休假补偿；其三，按照公司规定，按期足额支付九月份的额外公积金；其四，对于与公司签订竞业限制条款的被裁高级技术人员其年度竞业限制补偿金的标准不少于员工年薪的二分之一。

下面我们来谈第一个方面，关于1200人裁员方案的问题。首先我们要求企业对本次大规模经济性裁员的原因进行说明。下面由我们的工会副主席对经济性裁员的法律规定进行一下解释，之后请公司进行答复[73]。

总经理：稍微等一下，我们要明确一下咱们是谈两个议题，对吧？

分析：

⑦³劳方的开场白信息量很大，包括点非常多，基本包括了一个集体谈判开场白需要包含的基本要素。但是集体谈判是劳资双方共同进行协商，所以要尽量控制本方发言时间，概括重点内容进行发言，避免一直唱“独角戏”。

⑦⁴企业背景资料劳方也应该是有所了解的，经济性裁员已经不可避免了，劳方应该减少念法条的时间。把主要精力放在为被裁员工争取更多的利益上面，这种裁员合法与否的争论意义不大。

工会主席：对。

总经理：我们今天谈的两个议题。第一个是谈裁员问题，第二个是谈福利和裁员之后的补偿。

工会主席：对。

总经理：对于裁员问题，这是公司的战略决策，我觉得没有必要在这方面浪费太多的时间，公司在裁员问题上一向是按照法律程序进行的，这个不会有太多的差别。所以希望工会考虑一下，我们能不能直接开始讨论补偿方面的问题？

裁员问题谈判

工会副主席：关于裁员问题，我想向资方解释一下，根据《劳动合同法》第四十一条规定，如果要进行经济性裁员，应提前30天向工会或者全体职工说明情况，而你们之前给我们的通知只有一个大概的要裁1200人的初步计划，我们认为这个计划是非常不明确的，而且《劳动合同法》第四十一条还规定，企业只有在存在以下四种情况的时候才能够进行经济性裁员。第一，依照企业破产法规定进行重整的；第二，生产经营发生严重困难的；第三，企业转产、重大技术革新或者经营方式调整，经变更劳动合同后，仍需裁减人员的；第四，其他因劳动合同订立时所依据的客观经济情况发生重大变化，致使劳动合同无法履行的。咱们企业现在对外宣布裁员原因是财务方面遇到困难，而且企业要改变以后的发展方向。我们想知道公司的财务状况到底到了什么样的程度，因为只有生产经营达到严重困难程度才能够进行经济性裁员[74]。

总经理：好的，劳方代表提了这么多问题。我先纠正一点。公司下发的解除劳动合同的约定，是协商解决的方式，我们还没有走到经济性裁员这一步。只有在9月20号之后剩下来的员工，我们才会考虑经济性裁员。具体流程我想让人事经理给你们稍微解释一下。

工会副主席：我先打断一下，法律规定一次性裁员需要裁减人员达到20人以上，或者裁员不足20人，但是占到企业总人数的10%以上就是经济性裁员了。咱们公司现在要裁1200人，远远超过这个标准，完全是经济性裁员了。

总经理：我让人事经理给你解释一下法条。

人事经理：为什么说咱们公司没有走到经济性裁员这一步呢？公司在 8 月 13 日宣布裁员计划，8 月 14 号就给了解除劳动合同的协议。根据《劳动合同法》第三十六条规定，用人单位与劳动者协商一致就可以解除劳动合同，人事部对高端研发人员、销售人员做了很多工作，结果是我们已经和 72% 的员工达成一致解除劳动合同。而我们人事部可以给你们一个数据，之前工会主席有问过我们，说我们公司的具体人事情况，我可以告诉你，我们公司 72% 的人已经和我们达成协议了，包括 12% 的女职工，我们看到你们并没有女职工代表出席吧？一线员工也没有吧？[75]

工会主席：我们这两位都是员工代表。

人事经理：没有特定的女职工代表吗？

员工代表：我想打断一下，我们根本就没有收到你们所提供的数据和详细裁员名单，而且我们也不知道你们具体的裁员计划。所以你们所谓的 70% 的官方数字，我们根本就不承认。你们以不是经济性裁员的理由就直接把我们裁掉，你让我们跟你们协商什么？[76]

总经理：请对方注意一下情绪，需要走经济性裁员法律程序的，我们会启动，具体的裁员计划我们会通知工会，但是现在我们还没有走到经济性裁员，我们现在可以通过协商一致来解除劳动合同，这是双方自愿的，而且我们也给出了相对较好的补偿。员工愿意的话，我们可以跟他解除劳动合同，这是双方自愿的事情。我们不需要通过工会这个程序。

工会副主席：根据我国的劳动部《关于企业经济性裁减人员规定》的第四条规定，裁减人员方案应当包括被裁减人员名单，裁减时间及实施步骤，符合法律、法规规定和集体合同约定的被裁减人员经济补偿办法。你们给我们的通知里边只是说你们要裁 1200 人，关于具体的裁减时间步骤以及补偿方案都没有，所以你们的裁员程序非常不具体。我们要求你解释一下，现在公司财务状况到底严重到什么程度，我们想根据具体的严重程度来确定最后的裁员比例[77]。

总经理：既然劳方强烈要求我们公布裁员计划和经济状况，那我们先请人事经理说明一下具体的裁员计划以及补偿办法。

分析：

⑮这样一个协商解除的安排有点儿“釜底抽薪”的感觉。

⑯员工方没有准备到资方这一手，所以有些慌乱。

⑰劳方对资方的协商解除避而不谈，坚持自己已经准备好的内容。

人事经理： 劳方代表们好。我们虽然没有给你们详细的裁员计划，但是可以解释一下广东研发中心的裁员计划。我们会裁掉研发人员 300 人、销售人员 200 人、流水线工人 50 人、管理人员 50 人。这 600 人是我们关闭广东研发中心必须裁减的人员。剩下的裁减名单，我们会根据不同地区做出弹性选择。我们 8 月 14 号给员工下发了通知和解除劳动合同协议，我裁谁谁知道，但是工资只能发到 9 月 20 号，这已经超过了一个月的界线了。

工会副主席： 我们不是说你们没有符合 30 天的规定，我们是说你们的裁员方案根本就不符合法律规定，根本没有说明具体的裁员计划。

总经理： 我再提醒一下劳方，我们所做的一切都是符合法律规定的，我们现在正在通过协商一致来解除劳动合同，我们还没有走到经济性裁员这一步。请你不要质疑我们的合法性。至于公司的财务状况以及为什么要裁这么多员工，我想请财务经理给劳方解释一下咱们公司的现状以及裁减人员的必要性。

财务经理： 我们的移动业务在第一季度亏损了 1.98 亿美元，机顶盒业务亏损了 4800 万美元，总亏损为 2.46 亿美元。第二季度移动业务亏损了 2.02 亿美元，机顶盒业务亏损了 5100 万美元，总损失达到 2.53 亿美元。我们亏损的金额呈 5% 的上升趋势，亏损量是不断扩大的。关于销售情况，请销售经理进行介绍。

销售经理： 从市场情况来看，首先，手机平均售价从 229 美元下跌至 211 美元，由此可见，我们的盈利在下降。其次，销售内容也发生了变化。从去年 30 款移动终端产品到今年将其严格控制在 10 款之内，我们的销售人员人数与去年相比肯定是要下降的。再次，从市场占有率来看，去年是 5.15%，今年的第一季度是 3.2%，第二季度是 3.0%，市场销售排行从 2010 年的第四名下降到 2011 年的第六名，今年的第一季度是第七名，第二季度是第十名，无论是从相对数量还是从绝对数量来说，我们的市场竞争力都在下降。

财务经理： 我再补充一点，今年第一季度和第二季度亏损量刚才已经给您介绍了，这说明我们的市场面打不开，所以我们必须离开这个市场，关厂转型势在必行。此外，从 30 款产品降至 10 款，产品的推出量减少了，相应对研发人员、销售人员、生产人员的需求量要降低。

工会副主席：资方给我们的这些亏损数据实际上并不能代表公司真正的亏损程度。所谓的亏损程度，必须将现在的亏损金额和公司现存的资金状况相对比来计算。所以我们需要你们作一个财务分析，包括现在的亏损金额，以及公司现在的资金状况，还有亏损程度和裁减人员之间的因果关系，你们是怎么根据亏损状况最后确定的裁员比例。你们掌握着大量的财务数据，在这方面你们是占着明显的优势，而我们处于绝对的劣势，所以我们希望你们能进一步给我们解释一下亏损程度以及如何根据亏损程度来确定裁员人数。

总经理：刚才提供的这一系列数据，一来说明我们市场份额没有了，二来可以说明我们在经济状况上很糟糕。

工会副主席：但你没有说咱们公司的资产怎么样，而且也没有说明裁 1200 人的依据是什么。

总经理：裁员依据我们会在启动经济性裁员时提供，但现在我们已经通过协商一致与员工解除劳动合同了。工会虽然代表职工权益，但也请尊重一下职工的意愿，我们是在协商解除合同。在这个问题上，我们已经浪费快 20 分钟了，裁员是我们的战略选择，请不要在这上面再浪费时间了，可以吗？

员工代表：我来对前面的几个问题做一下总结。

第一，针对裁员的合法性问题，双方争执比较大，我们认为可以在下轮谈判中通过第三方机制来解决这个问题。第二，通过资方提供的财务数据，公司确实在运营上遇到了很大的困难。我们非常理解。我们只是想知道裁员比例划分的依据是什么？我们认为目前的裁员比例不合理的原因在于三个方面。

对于研发员工而言，公司计划移动终端产品从中低端领域转向高端领域，研发高端技术产品需要的研发人员要比研发中低端技术产品需要的人多，而公司打算裁减掉三分之一的研发人员，我们认为这个比例是不合理的。

对于销售员工而言，公司扩大市场份额必须提高产品的销售量，而提高产品的销售量则需要很多销售人员，所以销售人员的比例也不应该下降这么多。

对于生产员工而言，公司只是提出要减少产品的种类，并没有提出减少产品的数量。所以生产流水线工人的比例也应当适当的减少。

综上所述，我们认为公司总体裁员人数应该减少，裁员比例应该调整。我们希望企业方可以考虑一下我们的建议[78]。

总经理：工会方提出的建议很好，我们会考虑的。公司目前正处于协商解决解除劳动合同的阶段，在此之后我们会视具体情况来调整裁员计划，到那时候我们再和工会一起协商经济性裁员的问题。所以裁减人员方面先按照公司目前的方案去做。

工会副主席：我们还有一个问题，企业方应该考虑一下广东地区裁员中，受劳动合同法保护不得裁减和优先留用的员工。

总经理：请对方放心。公司会严格按照法律规定进行裁员的。现在公司还在处于通过协商一致解除劳动合同的阶段。所以请工会不要再纠缠裁员的人数问题了。我们应该谈一下涉及员工利益的补偿方案问题。请工会不要再质疑公司裁员的合法性。

工会副主席：我并没有质疑公司裁员的合法性，我只是提醒资方要遵守这两条法律。作为工会副主席，我身后站的是几千个跟我共事多年的兄弟姐妹，如果今天我不积极维护他们的权益，那明天我就会失去这些兄弟姐妹。所以我们希望资方能够降低裁员比例，我们已经拿出了真诚的态度，我们希望资方在这个问题上给我们一个真诚的回复。

总经理：请大家放心，公司会依法办事并且用高于法定标准的赔偿来弥补员工损失的。接下来，我们是不是可以进入下一个话题了。

员工代表：好的，我们相信资方能为我们……[79]

总经理：我提醒一下，我是公司的领导，你们是公司的员工，我们现在在谈判，请不要随意打断我的话。

员工代表：我们相信你，请不要一直纠缠一个问题。

总经理：我们没有一直纠缠于一个问题。我们现在是在谈判，所以要一个话题、一个话题的去谈。请不要纠缠在我们损害员工权益这方面！依法办事是公司的底线！

员工代表：请你端正一下态度，我们并没有质疑你的合法性。

总经理：端正一下态度，你是领导还是我是领导，端正态度？

分析：

⑱劳方在讲述原因时，应注意自己论据的合理性。第一，研发高端技术与所需人数不存在绝对的正相关关系，研发需要的是真正有才能的精英，而不是单纯从研发人员的数量判断；第二，提高销售量与销售人员数量同样没有绝对的正相关关系。影响销售量的因素有很多，所以增加销售人员数量没有道理；第三，劳方最好能用一些数据说话，这种凭自己经验说出的东西，很容易经不起推敲，其说服力可想而知。不过劳方代表发言中也有亮点，其中提问裁员划分比例依据的这个问题就提得非常好。不过由于劳方发言的信息量太大了，很容易被人忽视掉。所以在发言时最好就一两个重点问题进行陈述，说的太多，会让人失去重点。

⑲中间打断别人的回答并不是明智之举，如果对方偏离了主题，可以在间隙适当地插入。另外，坚持自己的主张很好，但要把握好度，一直纠缠一个问题不放，会让谈判陷入僵局，不利于其他问题的商议。

员工代表：你都快把我裁了，我还管你领导不领导！[80]

总经理：工会怎么会是这样谈判态度？[81]

员工代表：我们是同意您的合法性的。

总经理：咱们能不能进入下一个话题，来谈一下补偿方案。

工会主席：我们申请暂停30秒，我们先协商一下这个问题。

总经理：工会提出了协商，我们给他30秒，计时吧。

工会主席：经讨论，我们可以接受裁员比例的底线是28%，我们想问一下对方的意见。

总经理：工会提出的裁员比例，我不知道依据是什么？

工会主席：我们相信在座的员工已经在公司里面工作了几年，甚至是十几年了。一个人支付的经济补偿金是几个月或者是十几个月的工资，你要裁掉1200个人，这对企业来说是多大的用工成本。

总经理：这个是企业战略管理方面需要考虑的问题。

工会副主席：我们已经拿出了真诚的态度，将裁员比例提高到了28%了，所以我们希望资方也可以用端正的态度来和我们谈判。

总经理：我再提醒一下，裁员需要的是协商一致解决，是公司和员工的双向选择。如果工会真正为员工着想的话，就应该尽快谈一下补偿问题。公司愿意和员工协商给予他们更高的补偿，我们实际上并没有损害员工的利益。

工会副主席：在不知道裁员比例的情况下，我们是无法谈赔偿问题的。

工会主席：我们的员工马上就要失业了，你还说没有损害到他们的利益问题，这怎么可能呢？

工会副主席：而且我们已经拿出了我们真诚的态度，我们希望双方端正态度来谈判。

总经理：我们现在是用协商一致的方法来解决问题。所以现在我们要谈的是具体的补偿方案。补偿方案出来之后，我们对于之后被裁减的员工，不管他是自愿的，还是经济性裁员裁掉的，我们都能给他一个交代好不好？

工会主席：既然对方在28%的比例上达不成一致，我们就先将其留到下次谈判去谈。关于补偿问题，我们希望向所有被裁员工支

分析：

(80)总经理要保持一种高高在上的优越感，但很不幸，劳方代表并不吃这一套，随之发生的争吵就不难理解了。实际上，如果劳方代表能够利用总经理这种要面子的感觉，可以迎合一下他，让他保持优越感，这样做可能对劳方获得更多利益更有利一些。

(81)集体谈判不同于商务谈判，商务谈判成功与否可能是一次性的，彼此伤害了感情是无所谓的事情。集体协商是一种重复性的博弈，不能只重视一次的协商成果，而要着眼于未来，不必为了局部上的一点点分歧而影响了大局，既伤面子又伤感情，还不便今后合作。目前很多企业都是经过充分调查分析，反复沟通、讨论后一锤定音的，充分体现了双方的和谐。

(82)工会不接受，就等于达不成协议，资方不让步的后果是没形成成果。

付“N+2”倍的经济补偿，五天内签订解约协议的要给予“N+3”倍的经济补偿。这方面由工会副主席给大家说明一下情况。[82]

工会副主席：依据相关法规，资方应该提前30天向工会或者全体职工说明情况，听取工会或者职工的意见。

总经理：说补偿的问题，好吗？

人事经理：请劳方不要在纠缠于合法性的问题。

工会副主席：我们没有质疑合法性的问题。

经济补偿问题谈判

总经理：现在请你说一下补偿条件是什么？

工会副主席：我们要求所有被裁员工都得到“N+2”倍的经济补偿金，在五天之内签署协议的员工得到“N+3”倍的经济补偿金，这是我们的条件。

总经理：我想请财务经理说一下咱们公司确立的补偿方案，看工会方有什么意见。

财务经理：谢谢对方的回应。在“N+2”这一点，咱们可以达成共识。咱们公司现在的薪酬构成是，一线工人是基本工资加计件加补助，研发人员是基本工资加提成，销售人员是基本工资加提成。咱们的补偿方案是高于法定工资标准的被裁员工，可以获得“N+2”倍的月平均工资薪资补偿。其中N为工作的年限，我来帮您算一笔账。比如说一个研发人员，他的工资是3500元，那他的N加2就是17500元，他能够比法律规定的标准线多拿七千块钱的补偿金。如果您不赞同我们的方案，那就走法律程序，还是按照N来计算。

工会副主席：很高兴资方能在“N+2”的问题上与我们达成共识。但是我们还有一个要求就是希望在五天之内签订协议的员工支付“N+3”倍的补偿金。

人事经理：你的依据是什么？

工会副主席：公司规定的24小时之内签订协议给予“N+2”倍补偿，很明显有逼迫员工尽快签约的意思。而我们的员工已经为公司工作了很多年了，出于从感情上的考虑，我们希望员工能得到更多的补偿。

工会主席： 之前公司称裁员完全符合规定，而且工会同意了你们的裁员方案，但是工会并没有给予答复，你们就告诉员工工会已经同意了，这本身就是一种诱导性的行为。

员工代表： 我们就是希望签订协议的期限从 24 小时扩展到 5 天，以便给员工一个合理的考虑时间，他们签订解约协议是他们人生中的重大抉择，24 小时显得过于仓促，这对于他们的心理是一个不小的波折。所以我们要求五天内签订协议给予"N+3"倍补偿是合理的[83]。

工会主席： 我想问一下财务经理，她说经济方面的补偿她都会满足，那我们提到的年休假补偿，您是同意了是吗？

总经理： 年休假补偿刚才还没有提出来。

财务经理： 现在说的是补偿金。

总经理： 现在先签解约协议的，我们可以适当提高补偿，在进行经济性裁员程序时，我们可以再拿出一些额外的补偿给员工。具体内容由人事经理解释一下。

人事经理： 你们提出大于"N+2"倍的补偿是不合理的。原因在于员工已陆续找到新的工作岗位。据我所知已有 300 名研发人员在得知裁员计划后，马上找到了下家。有三家企业分别招用了我们 40—50 名员工。这些人进入市场后完全可以被消化掉的，我们还对其他员工进行了转岗，将他们转移到北京、上海、成都的厂区去。所以我认为"N+3"倍补偿是不合理的。

员工代表： 作为员工代表，我所在的地区并没有转岗和帮助就业的措施。至于您说的将广东园区员工转移到北京园区的做法，我也不完全赞同。原因在于，这会涉及安家费的问题，而且南北方语言交流不便，生活习惯也大相径庭。所以我们希望公司能够考虑一下以上提出的问题[84]。

总经理： 公司肯定会考虑员工这方面的需求，我们的所有方案都是以员工自愿为前提。如果你不愿意转岗安置的话，我们给你"N+2"倍补偿。如果你愿意接受公司的转岗安置，我们可以把你转到其他地方去。我们公司有相应的招聘会，也会向猎头公司进行一些推荐。实际上，员工摩擦性失业的时间会非常短。工会提出来

分析：

⑧³工会主席有些乱了阵脚，补偿没谈完就提年休假了。

⑧⁴员工代表的回复很有针对性，得分！

分析：

⑧⑤工会副主席回复得入情入理。

补偿从“N+2”直接跳到“N+3”，而且只是补偿给那些和我们签订解约协议的员工，我觉得这有引诱员工尽快走人的感觉，公司不愿意表现得这么薄情寡义。

工会副主席：你们24小时内签协议的要求，不是比我们更紧迫吗？我们将24小时延长到五日，实际上是一个双赢的结果。不仅给了员工更长的考虑时间，而且也有利于公司裁员方案的实行。所以希望资方考虑我们的要求。[85]

员工代表：针对总经理刚才提出的那几点，我来总结一下我的两个观点。

总经理：您不愿意听到我们这边的回应是吗？经过讨论，我们同意将签订协议的时间延长到5天，但仍为“N+2”倍补偿。不知道劳方是否同意？

员工代表：我想知道如果同意调到上海和北京园区，是可以调过去的，对吧？

人事经理：是的。

员工代表：那他们安家费的安置问题是否可以写到协议里边？

人事经理：我们不谈安家费，我们只谈我们定出来的“N+2”倍补偿，没有安家费。

员工代表：但是如果不能解决安家费问题，那如何解决员工去上海和北京工作的问题呢？

总经理：工会突然将补偿问题扯到其他方面去，我们觉得这有一点离开我们的主线了。

工会副主席：我们在“N+2”的问题达成了共识，我们讨论的是延长到5天的问题。

总经理：5天我们同意了。

工会副主席：既然我们第一点达成了共识，那我们现在谈第二点，年休假补偿。

总经理：这一点我们是达成了共识是吗？

工会副主席：对。

总经理：好，谢谢工会方，合作愉快。

工会副主席：第二点，公司必须足额支付年休假补偿，并且足额支付去年拖欠的年休假补偿问题。

总经理：请人事经理来回答一下。

人事经理：我们去年拖欠的三倍补偿我们会足额全部发放给员工，今年没有支付的也会在本次裁员后全部发放给员工。

工会副主席：我希望将其写到之后的协议里面。这一点我们达成了一致。下面我们来谈一下按期足额支付九月份额外公积金的问题。

总经理：法律规定的住房公积金，我们会足额补给员工，但对于公司的额外的福利，法律都没规定我们必须支付。

工会副主席：但是公司规定是有法律效力的。

总经理：公司规定没有法律效力，而且裁减的大部分员工是不符合公司工作要求的，具体为什么不符合公司要求，让人事经理向你解释一下，可以吗？

工会副主席：这一点是之前写到劳动合同里边的，难道你说劳动合同没有法律效力吗？

员工代表：我们是受法律保护的，我想提醒资方一下。

人事经理：在咱们公司工作年满三年后，才能够享有企业公积金。咱们公司是三年前搬到广州的，而每个员工的劳动合同存续时间是两年半，所以没有人满足享有企业公积金的条件。

工会副主席：企业公积金是企业的规章制度里边规定的，它本身就形成了一个合同，而合同是受法律保护的，我们觉得资方必须全额支付九月份的额外公积金。

总经理：公司规定是要签订劳动合同三年以上，工作工龄三年以上的，而员工的工龄是 2.5 年。没有达到公司规定的员工，我们概不负责，不知道工会可否同意？

工会副主席：规章制度里边说，工作年限小于等于一年的也要按 0.5% 去缴纳。

总经理：公司规定必须要连续工作三年以上我们才会支付这笔额外的福利公积金，希望劳方注意一下可以吗？

工会主席：既然我们在额外公积金问题上没有达成共识，那我们先总结一下在补偿问题上，我们已经达成的几点共识。

总经理：劳方不同意我们提出的这一点，是吗？

工会副主席：对，必须按照原来的规章制度实施。

（由于谈判时间已到，此次谈判到此结束）

专家点评：和前面两场不一样，这场劳资双方冲突非常严重，应该说是一场非常精彩的辩论，也是一场谈判。但很可惜，没有达成最终的谈判协议。第一，劳资双方都是有备而来的，劳方一开始就掏出了一揽子方案，借此逐条进行谈判，应该说是有准备的。第二，劳资双方其实都有问题。对于资方而言，总经理摆出了一副凌驾员工之上的架势，用所谓公司资方的强势来压劳方，但是最终也没有达成协议。其实资方在达成协议方面是有迫切需要的，咱们的案例写得很清楚，如果没有工会的配合，资方裁员的任务就无法完成。经济性裁员如果没有工会的同意或者职工同意，裁员就是违法的。实际上没有工会同意的话，公司是无法进行裁员活动的。哪个公司都不能随便裁员的。如果没有工会同意的话，擅自裁员会对企业未来的发展造成很大问题。而且这位气势汹汹的老总可能很快就会被董事长炒掉。对于劳方而言，这个案例给劳方一个很好的杀手锏，但是你没有利用。这个杀手锏就是，如果资方不愿意跟工会进行协议协商的话，那工会就可以不同意资方的协议，谈判就立即破裂。法律是保护劳方权益的，所以你要充分利用法律对你们的保护。第三，劳方没有充分利用法律条件以后，他就处在一个弱势的状态。但是资方的表现并不好，资方还摆出盛气凌人的姿态，在表面上虽然嚣张，但他的内心应该是很虚的，因为他需要尽快抓住这个时机去达成协议，而不是和劳方谈一些枝节枝末的东西，但是他没有把握住。

谈判分析：本组谈判在大的裁员项目没有谈成的情况下，将裁员补偿和年休假补偿谈妥了，还是比较成功的。问题在于资方拿出了协商解除这样一个自己设计的“秘密武器”，劳方缺乏相应的回应。而资方在对方虽然拿不出回应但拒绝妥协的情况下，没有进一步的劝说，而采取强硬态度，导致双方在裁员问题上分歧过大，裁员项目没有谈成。但是，双方控制了时间和进程，使其他几个项目得以达成。

比赛过程综述

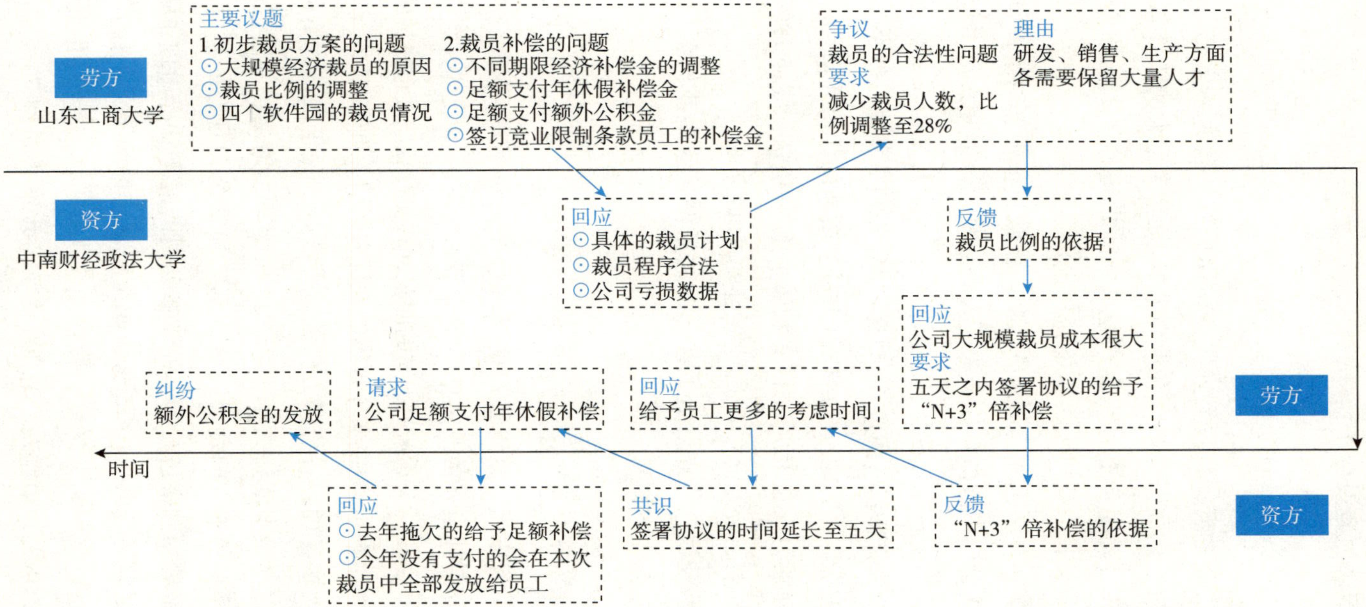
劳方
山东工商大学
资方
中南财经政法大学
主要议题
1.初步裁员方案的问题
⊙大规模经济裁员的原因
⊙裁员比例的调整
⊙四个软件园的裁员情况
2.裁员补偿的问题
⊙不同期限经济补偿金的调整
⊙足额支付年休假补偿金
⊙足额支付额外公积金
⊙签订竞业限制条款员工的补偿金
回应
⊙具体的裁员计划
⊙裁员程序合法
⊙公司亏损数据
争议
裁员的合法性问题
要求
减少裁员人数，比例调整至28%
理由
研发、销售、生产方面各需要保留大量人才
反馈
裁员比例的依据
回应
公司大规模裁员成本很大
要求
五天之内签署协议的给予“N+3”倍补偿
反馈
“N+3”倍补偿的依据
回应
给予员工更多的考虑时间
共识
签署协议的时间延长至五天
请求
公司足额支付年休假补偿
回应
⊙去年拖欠的给予足额补偿
⊙今年没有支付的会在本次裁员中全部发放给员工
纠纷
额外公积金的发放
时间
劳方
资方

分析：

⑯劳方的开场白还是很不错的，基本体现了集体谈判开场白的三个要素，即表示感谢、强调共识以及阐明议题。

第六组：

具体过程及分析：

谈判开场白

工会主席：各位资方代表，你们好，首先非常感谢你们接受我方要约，让我们有机会在此进行本次意义重大的集体谈判。我方声明，我方是完全本着双方利益共赢，把蛋糕做大的原则进行此次谈判。今天我们受广大员工委托提出以下要求。

第一，请贵方公布裁员名单。就裁员依据、四个地点裁员人数及名单给予详细解释并减少裁员人数。第二，被裁人员本年度至今未休假者，给予本年度的年休补偿并且在一个月之内发放。第三，我方要求公司为被裁员工发放 6 个月的额外公积金补偿，按公司企业公积金的金额折算。第四，今后公司为员工缴纳的住房公积金比例应有所调整。分别为广东 10%、北京 12%、上海 10%、成都 11%。以上就是我方要求。希望贵方给予积极的回应，谢谢。[86]

总经理：劳方提出了这么多的条件，这些我们要一一去谈，请问劳方首先要谈哪一点？

裁员问题谈判

工会主席：首先我们请贵方公布裁员名单，就裁员依据、四个城市分别裁员人数及名单给予详细解释并减少裁员人数。

总经理：关于裁员方案的问题，其实在我们发布裁员的通知里面就有一个大略的计划。关于详细的裁员方案请人事经理给大家介绍一下。

人事经理：各位劳方代表，大家好，关于裁员方案的详细名单，现在肯定是不能给大家的。原因在于，无论是各部门之间的裁员比例，还是各地方的裁员比例，都是根据公司现在的经营状况以及未来战略规划调整进行的。而现在公司的财务状况出现了很大的问题，最大限度只能够保住 2330 个职位。在这种情况下，我们做出了精心的战略调整。调整之后，我们决定关闭广东园区，北京园区研发人员留 240 人，销售人员留 200 人，流水线人员留 70 人，管理人员留 230 人，合计留 740 人。对此我们已经制定出了详细的方案，由于时间关系就不给劳方一一列举了。至于上述标准，我们是按照两个规定来的。第一是根据《劳动合同法》第四十一条和第四十二条的规定，不得裁减人员和优先留置人员依法留用。第二是根据我们的效绩考核制度对优秀员工优先留用。今天如果劳方能够同意我们上述的裁员标准，我们会根据此标准，尽快将名单筛选出来，交给劳方。

工会主席：您提到要关闭广东园区，但在这里不能解除劳动合同的人员，资方应该如何处理？[87]

人事经理：我们会按照法律规定，将不得裁减和优先留用的员工优先考虑留用。但是只有劳方同意上述标准，我们才能按此标准进行人员筛选。

工会主席：好的，谢谢资方的解释。不过既然您已经把广东园区关闭了，那这部分人员会如何留用呢？

人事经理：首先我们会对这部分员工进行相应的考核，考核通过的员工，我们将给予留用。依据公司的战略调整情况，这部分员工会转移到北京、上海、成都园区继续工作。

研发人员代表：各位资方代表，大家好，我是公司的研发人员代表。资方提到目前公司裁员原因是由于财务状况不好造成的。那我们来算一笔账，公司员工月平均工资为 6000 元，转换成美元是 1000 美元，1200 名员工第一季度工资仅占上季度 2.53 亿美元亏损的 1.4%。可见工资支出对亏损的影响十分微小，裁员并不能真正解决财务上的困难。所以我们希望减少裁员人数，让企业与员工共渡难关。此外，我们对关闭广东园区的决定也有异议。原因在于，公司的财务困难主要是由于经营管理不善造成的，而不能简单归结于工资支出。咱们公司的组织结构是事业部制，它的弊端已经日益暴露。指挥不灵，机构重叠，全国各园区部门分散不利于管理。所以我们希望公司能够整合现有资源而不是去大量裁员，进行集约化经营，从而扭转亏损局面。我们希望将广东园区与上海、北京、成都等园区的部门进行合并处理。[88]

总经理：首先非常感谢咱们员工把公司财务状况核算得这么准确。对于裁员问题，首先我们承认裁员的确不是我们解决经济困难的唯一方法，它只是我们众多方案中的步骤之一。关于裁员具体原

分析：

[87]人事经理说的是一个很现实的问题，以前各劳方小组均忽略了。

[88]首先，这位员工运用了很多数据来说明问题的做法值得表扬。但是，关于公司的组织结构，其提出集约化经营和合并的建议对劳方没有任何好处。原因在于，整合资源，集约化经营的一个重要举措就是裁员。劳方代表这是在为资方找理由，而不是在为员工争取更多利益。此外，既然各部门问题多多，依据管理学的一般经验，将这些部门简单合并会让企业倒闭得更快。所以，谈判代表在发言之前，需要拿捏一下自己论据的有效性。尽信书不如无书。

因和计划由咱们财务经理给大家介绍一下。

财务经理：虽然刚刚研发人员代表认为公司的员工成本在亏损数额当中所占比例较小，但是公司这次裁员也的确是有迫不得已的原因。

首先，根据《劳动合同法》第四十一条第二款规定，经营发生严重困难，企业是可以进行裁员的。公司现在面临经营困难，我们希望劳方能够给予理解。公司这两年在智能手机市场的份额不断下降，市场占有率仅为5.3%。同时，公司已经陷入持续性亏损，第二季度再现巨额亏损2.53亿美元。这两项困难叠加导致公司资金链极度危险，现金流几近枯竭。因此，公司迫于财务状况只能维持2330个岗位。这是我们不得不做出裁员决定的最主要原因。我们也是出于对员工利益的考虑，认为在公司目前的财务状况下，与其拖累所有的员工，还不如尽量保证2330个职位，也给其他员工一个更好的发展机会。

关于广东园区的关闭，主要是自2009年以来广东省地价飙升三倍，用人成本飙升一倍多，而我们的收益率却一直没有随之上升。迫于这样的财务状况，公司才无奈做出关闭广东园区的决定。这点也希望劳方能够给予理解。

研发人员代表：感谢财务经理给予的积极回应。咱们总经理也说了，裁员并不是唯一的办法。那我们想问一下，资方是不是能考虑一下其他的方法呢？正如财务经理所说，公司的市场份额下滑以及公司的资金链问题是造成裁员的主要原因。根据法律规定，全体被裁人员必须得到N倍的补偿。实际上N倍补偿对于公司的现金链来说也占了很大一部分。公司不愿为我们支付工资，却宁愿给我们增加N倍的补偿也要进行裁员，我们对此非常不能理解。

资方说要关闭广东园区那是不得已的，我们也并不是说不关闭，而是希望广东和其他园区合并，这样也有利于管理。我们同意裁员，但我们希望尽量减少裁员的人数。

副总经理：首先我要声明一点，广东园区肯定是要关闭的。虽然劳方也给我们算了人力成本账。但是我们有一个重要前提，那就是我们经历着连续性亏损，今年仍亏损2.53亿美元。如果还维持公司这么多人的运营，我们将面临更大的亏损。在市场的占有率上，我们现在的市场份额仅占5.3%，而且未来可能还有下降的趋势，所以说广东园区是肯定要关闭的。至于赔偿的问题，由人事经理再跟你商谈详细的计划。[89]

人事经理：关于赔偿的问题，正如前面所说的，如果今天劳方能够与我们在裁员标准上达成一致，我们会按照法律的规定，按照N倍的工资给予赔偿。考虑到我们员工近年来为公司做的努力，公司对员工的感情，我们会对在24小时之内签协议的员工，给予一部分额外奖励，24小时内签订协议的员工的补偿会变成"N+2"倍，劳方在这点上还有没有异议？

销售人员代表：我首先来总结一下副总经理和财务经理说的主要两点内容，第一，公司主要是因为市场份额下降造成亏损，所以才要改变战略去裁员。第二，关于赔偿的问题，如果24小时内签订协议就会给予我们"N+2"倍补偿。如果24小时之后再签订协议就给我们N倍的补偿。

首先，针对资方提出的关于公司亏损裁员的问题。鉴于公司目前的经营困境，劳方对此也很理解，知道公司有难处，我们也不是说不裁员，只是说希望在为公司和劳方共同着想的基础上尽量减少裁员人数。

我作为公司的销售人员，已经在公司工作5年了，我想做销售应该是最累的了。有一句话叫做"女人当男人用，男人当牲口使"，说的就是销售人员。我们用较低的成本为公司带来了较大的利益，一路走来，风雨同舟。可公司在改变战略、发展新方向的时候，却要抛弃我们这些曾经一起努力过的员工，这也太让我们寒心了。

其次，公司在签订解约协议的事情上，态度非常强硬。说24小时内签订解约协议的给予"N+2"倍补偿，24小时之后签订就只能得到N倍补偿。这样的做法让我们这些老员工感到非常心寒。

再次，作为销售人员，我想公司只要对我们稍微做一些转岗培训，我们就可以为公司做新产品的推广。我们积存了一些人脉，会努力为公司工作带来更多的效益。这既减少了公司的销售成本又增加了销售渠道，对公司的声誉也有积极的影响。这个方案与裁减员工比较起来孰利孰弊希望资方能慎重考虑，谢谢。[90]

分析：

⑧⑨裁员还没有谈完，直接跳到下一议题于事无补。

⑨⓪首先，劳方代表在对方进行一大段陈述之后进行一个小结的做法非常好。说明劳方认真倾听了资方的论述，并可以借此有针对性地表达自己的观点。其次，打感情牌也是劳方的一个很重要的砝码，诉诉苦，很管用。这有点像现在的选秀节目，上台"讲故事"已经成为必备环节。再次，劳方代表把问题想简单了，现在销售人员培训不那么简单，实际上，除了王牌销售人员之外，普通销售人员在公司的流动性非常大。且不说是不是所有人都愿意转岗培训，公司转型之后可能就不需要那么多销售了，毕竟销售人员的数量与销量不是绝对相关的关系。

副总经理：刚才劳方为我们详细解释了裁减人员会造成的利跟弊。今天我们也考虑到员工的感情问题，所以在赔偿方面我们可以做出一些让步。如果劳方同意我们提出的1200人裁员计划的话，我们可以将24小时的期限延长到3天，劳方认为可以吗？

工会主席：感谢资方做出的让步，3天我们是可以接受的。而我们关心的是那些不能解除劳动合同的员工，你们应该对他们给予一个很好的安置。比如说受工伤的广东园区员工，他们现在处于住院医疗期，他们应该怎么办？请给我一个比较明确的回复。

总经理：首先感谢劳方代表的问题。正如我前面所说的，咱们裁员的标准，第一是按照法律法规，不裁减法律禁止裁减的人员，优先留置部分员工。第二是根据员工的考核标准确定是否留用。至于“N+2”倍补偿问题，它主要是出于员工对于公司感情的考虑，所以才给员工额外的补偿。如果咱们员工认为这一点比较难以下决定，需要延长一些时间的话，咱们副总经理刚才也说了，可以延长到3天。对于已经被裁减的员工，被裁掉之后没有办法找到新的工作或者遇到其他的问题，我们人事经理可以给大家详细介绍一下我们的想法。

人事经理：今天我们一直围绕着劳方非常关心的广东园区被关闭后，被留用的这部分人员的安置问题进行讨论。按照法律规定不得裁减和必须留用的员工，我们会考虑对他们进行战略转移，比如把他们调动到成都地区。如果员工实在是不同意，那我们只能裁掉他。但考虑到员工对公司的贡献，我们会对这类员工做出更多的经济补偿。除此之外，我们还会为他们提供一些再就业服务，比如出具推荐信，举行相关的招聘会，介绍一些猎头公司等，以便帮助员工找到新的工作。这一点请大家放心。

流水线工人代表：资方代表你们好，我是公司的流水线工人代表。刚才人事经理提到，公司会为被裁员工开具推荐信的举措，对我们流水线工人其实没有什么实质性的帮助，猎头公司也不会对我们流水线工人感兴趣。至于招聘会，在招聘会现场我们这些没有文化的流水线工人，怎么能够竞争得过大学生呢？如果公司真心为我们流水线工人着想的话，那为什么不对我们还没有来得及在3天之内签订解约协议的员工，同样支付“N+2”倍的补偿呢?[91]

人事经理：我们非常理解这位流水线员工代表的想法，但请你不要对自己不自信，因为我们的考核标准不是按学历来的。我们具体的考核标准，公司会在达成协议后发布出来。所以哪怕学历不高，但如果你在公司表现得很好，各个方面都能达到考核标准，你也是可能留下来的。所以先不要判断自己肯定会被裁掉，我们也希望这位员工能够被留下来。

关于您说的补偿问题，我们会对那些被裁掉的员工给予更多的经济补偿，同时，我们举行的这些相关招聘会，也是对于员工再就业做出的一种非常大的努力，我们也希望被裁员工能够找到工作。咱们公司目前在进行战略转型，如果将来经营状况有所好转，我们还是欢迎这些被裁员工再回到公司来工作的，而且我相信这个时间不会太长。

研发人员代表：资方一直在谈论的补偿问题，都是以1200人的裁员条件为前提的。但实际我们是要减少裁员人数，而不是只关注“N+2”倍的补偿或者是其他的问题。

总经理：我刚才已经非常认真地听取了劳方的建议。我们的各位经理已经给大家解释了为什么要裁1200人，为什么要关闭广东园区，为什么我们的裁员比例不能更改的原因。上述问题的最终原因是咱们公司的经济困难，现在的财务状况不允许我们再留用这么多人。关于这一点，我们之前已经给大家解释得非常清楚了。此外，咱们公司作为一家上市公司，具体的财务报表都会对外公布，所以如果您对咱们公司的财务状况还存在任何疑问的话，各位劳方代表都可以去调查咱们公司的财务状况。其实现在谈判的重点，我觉得应当放在员工被裁之后的补偿问题上，这才是劳方最关心的问题。[92]

年休假补偿问题谈判

工会主席：感谢总经理的积极回应。虽然公司现在经济困难，但我们也提出了相应的解决方案，而资方并没有认真分析一下它的可行性。我们不是说不裁员，而是说减少裁员人数。资方没有听取我们的意见，只是说三天之内给予我们“N+2”倍补偿。既然在这个问题上，咱们无法达成一致，那让我们来谈一下年休假的问题。

分析：

[91]谈判给人的感觉就是非常乱，好像谈了很多事情，但是仔细品读一下，其实什么也没谈成，先是劳方同意了延时3天签协议，但是却忽略了资方让劳方同意1200人裁员的先决条件。之后劳方询问了资方对法律上不能裁员的员工的处理问题，资方在回答过程中，又牵扯出了其他员工未来找工作的问题，真是各种问题混作一团。集体协商中一定要注意避免这种“蜻蜓点水”式谈判的发生。

[92]总经理终于把谈判拉回到正规上面来了，劳资双方在谈判前注意列好谈判清单，这样就会避免上面出现的“跑题”且逻辑混乱的情况。

那些至今没有休年假的被裁员工，本年度的年度补偿金是否应该处理发放？

副总经理： 关于年休假问题，我们会严格按照法律和公司的规定来处理。如果这一年没有休年假的，我们肯定会给予补偿。至于裁员人数问题，我们权衡了一下各方利益，同意研发人员、销售人员以及流水线人员各少裁 30 人，这是我们做出的最大让步了。如果劳方同意的话，我们再来商讨一下被裁员工的其他的补偿问题。如果不同意的话，我们也不可能再做出让步了。[93]

工会主席： 感谢资方做出的让步。这少裁员 90 个人的方案，是只在广东园区少裁员，还是针对全部园区？

副总经理： 这些员工是经过我们绩效考核之后，进行比例上的再分配。我们会对部分优秀员工给予留用。[94]

工会主席： 感谢您做出的让步。我方想知道被裁人员本年度的年休假补偿金该如何补偿？

总经理： 关于补偿金问题，人事经理刚才已经详细解释过了。至于我们为什么制定这个方案，现在让财务经理跟您解释一下。

财务经理： 您关心的年休假问题，我们会按照法律规定以及公司之前在合同当中所承诺的福利按时发放，包括年休假和 9 月份的额外公积金。但是由于我们需要再多留用 90 个员工，这导致人工成本有所上升，您刚刚提到的补偿 6 个月额外公积金的想法，公司很难做到。[95]

研发人员代表： 资方是同意我们为今年未休假的员工，按年休假的天数给予三倍补偿吗？[96]

财务经理： 我们会严格遵守法律的规定，按照今年应休未休年假按天数乘以日工资的三倍对员工给予补偿。

研发人员代表： 谢谢对方的积极回应。

额外公积金福利问题谈判

工会主席： 您刚才对年休假补偿的解释，我们感到十分满意。对于一直发放的企业公积金，资方却没法答应做额外补偿。而企业公积金，咱们公司是一直给予发放的，这对于员工来说，也是一笔不小的收入。所以对于这些突然失去工作的员工而言，我们的确需

分析：

⑨③资方的小幅让步，终于打破了双方从开局到现在一直持续的胶着状态。资方让步的一小步，可能就是本次谈判双方共赢结局的一大步。

⑨④资方代表并没有回答劳方的问题，只是回答了少裁 90 人的依据。在谈判中应该减少这种所问非所答的情况。

⑨⑤资方的财务经理提出的因多留用 90 人而取消再补偿 6 个月额外公积金的谈判思路不错。在谈判中，让步是有条件的，一味的无偿让步是不可取的。

⑨⑥对于法律规定的部分，没必要去谈，劳资谈判谈的是法律规定以上的部分。劳方提出的这个问题基本属于无效提问。

要一部分的经济性补偿。

总经理：关于公积金的问题，我们都会按照法律规定和公司之前的承诺，严格按照标准去发放住房公积金和额外公积金。但由于裁员人数方面我们做出了妥协，人工成本会上升，鉴于公司现在的财务状况我们无法支付更多的补偿。所以您提的要求，我们公司现在做不到。公司刚才在裁员人数方面已经做出了很大的让步，我们现在也希望看到劳方的诚意。

工会主席：我们本来希望所有的员工都获得"N＋3"倍的补偿，鉴于资方说3天之内签订协议的让步，我们也没有过多要求，您难道看不到我们的诚意吗？此外，补偿金虽然对公司来说可能不多，但是对我们来说非常重要。我们的额外公积金一直是作为公司福利发放，如今这项福利突然没有了，让我们怎么和公司员工交代啊。

人事经理：刚才员工给我们提出了一个方案，就是"N＋3"倍的补偿对不对？刚才我们已经说过了今天我们是按照考核标准和公司发展战略进行留人。刚才我们已经在人数上做出了妥协，原因就在于我们的员工真的非常不容易，但是我们在这一方面做出让步之后，关于赔偿的问题我们肯定不能支付这么多的资金。如果您非得强调这"N＋3"倍的补偿，那我们刚才达成一致的裁员人数问题，只能重新考虑一下了。我建议员工，既然今天资方已经在裁员人数上做出妥协，那就慎重考虑一下"N＋3"倍补偿的问题。

至于劳方提到的额外住房公积金以及企业补贴基金问题，我们都会完全按照承诺进行。所以哪怕您不要企业补贴基金，我们也会按照合同去做，并不是我们不提，而是我们已经形成协议，今天就没有必要谈这个问题。所以我们希望劳方也能够拿出最大的诚意，来为我们的员工考虑一下，也为我们公司小小考虑一下。

销售人员代表：我们劳方也是本着为双方共赢的原则，今天来跟资方进行谈判的。刚才资方代表提到的"N＋3"倍的补偿问题，也并不是我们提出来的，是公司主动提出来的。开始你们提出了"N＋2"倍的补偿，后来又说如果把补偿升到"N＋3"倍就让我们妥协其他条件，来代替这个薪资补偿。咱们公司一直被CCTV评为

分析：

⑰劳方用公司声誉来影响资方决策的手段也是一种常见的谈判策略。

最佳雇主，我也一直认为公司是诚信度极高的企业，可是公司竟然用这种诱饵来分化员工，这还是一个诚信的企业应该有的表现吗？[97]

副总经理：我们说给“N＋3”倍的前提是你们同意我们1200人的裁员计划。既然我们在裁员人数上做出了妥协，鉴于目前的财政状况，相应的补偿肯定要降下来。咱们公司一直是很有诚信的。至于额外的补偿公积金，我们绝对会按照公司之前跟员工签订的合同来做。如果我们还能拿出来再多的钱进行额外补偿的话，我们肯定会选择留下更多的员工。这么多年走过来，我们和员工都是有感情的，每名员工对于我们来说都很重要。可目前我们真的不可能再拿出更多钱了，如果你们再要求过高补偿的话，我们可以满足，但是裁员人数上必须变动。

研发人员代表：感谢资方做出的回应。资方一直在说你们少裁员90人是一个很大的诚意了，但其实同意保留90人，也是我们对裁员做出的很大诚意了。我们的理想少裁员人数绝对少于90人。

副总经理：你的想法我能理解，但公司目前的财务状况已经是这样了，我也想多留一些人，谁希望自己公司员工越来越少，规模越来越小。但是鉴于财务困难，我们也没有办法，所以希望劳方能够理解一下公司。

研发人员代表：资方既然说财务状况，我们一开始也说了工资在亏损中的比重，对不对？资方宁愿给我们提供至少N倍的补偿也要进行裁员，这样对公司的资金链是很不利的，所以我不太明白财务经理的意思。

财务经理：我想跟员工解释一下。由于公司目前是持续性巨额亏损，公司现金状况很不乐观。我们也是出于员工利益的考虑，所以最终才做出了留用2330人基础上再加90个岗位的决定。这实质上已经非常迫近公司现金流的底线状态了，公司在做预算的时候，是需要详细将各种状况考虑进去的。我们不能只考虑接下来两个月公司怎么活，我们还要想一想接下来更长时间公司的发展状况。我们出于对员工的考虑，提出在“N＋2”倍的补偿问题上，将签订协议期限从24小时放宽到3天。但是我不知道为什么工会主席今天会突兀地提出“N＋3”倍的补偿方案，公司目前的财政状况绝对无法在承担 90 人的人力成本之后，再去承担这么多的补偿了。另外，再多增加 6 个月的额外公积金不仅对员工是不小的数目，实质上对于公司目前的资金链来说也是一笔不小的数目。我们希望员工们都过得好，我们也希望无论是留下还是离开的员工都能有一个好的未来，我也希望劳方为这两方面的员工都多加考虑一下。要想一想那些为公司继续工作的员工的待遇问题，而不要总是纠结于那些离去的员工，您不断地逼迫我们的财务状况，只会导致现有员工的待遇下降。

工会主席：资方提出的方案是少裁 90 人，但所有的员工都不能获得“N +2”倍的补偿。补偿金是按照合同规定发放，然而这个时候我们已经解除了劳动合同。我想请资方明确告诉我们，这时候福利补偿应该如何处理？资方提出的第二个选择是如果说没有少裁员 90 人，3 天之内解除合同的，会得到“N +2”倍的补偿金，没有人告诉我们获得怎样的福利补偿。此外，我们认为公司为员工缴纳的住房公积金比例应该有所调整，我们参考了目前当地普遍的住房公积金缴纳标准，广东是 10%，北京是 12%，上海是 10%，成都是 11%。而这只是一个平均的水平。鉴于公司并没有很好的效益，我们也没有提出更高的要求。这说明我们还是非常有诚意的，希望资方能对上述问题给予一个解释，谢谢。[98]

人事经理：我们非常敬佩劳方的思路。今天劳方把我们整个绕了一圈，开始劳方提出减少人数的立场绝对不能妥协，对此，我们的副总经理提出了将 24 小时内签订协议做出补偿的期限延长至 3 天的方案，劳方欣然接受。但再次提出了裁员人数的问题时，劳方却忘记了我们提出上述延时方案是以裁员人数不变为前提的。鉴于员工以往对公司的贡献，我们再次做出了减少裁员 90 人的退让，但劳方又提出了“N +3”倍的补偿问题。我们出于对劳方的考虑，今天已经做出了多次并且很大的让步了。所以，额外的“N +3”倍补偿我们是绝对不会再做出让步了。我们也请劳方为了双方的互利共赢，慎重考虑一下。

研发人员代表：资方说我们忘记你们一个因果关系，实际上我们并没有忽视。因为你们的方案是你们自己定的，我们今天是来谈的，对不对？我们对于减少 90 人裁员的决定已经达成了一致。而

分析：

⑱劳方混淆了住房公积金（国家强制性的）和企业公积金（企业福利性的）二者的区别。

分析：

⑨⑨“既然是谈判，那咱们就不能构建在一个理想的基础上，而是构建在一个理性的基础上”。资方总经理的这句话说得精彩！实际上，集体谈判不能建立在独赢而是应该建立在共赢的基础上。

“N+2”倍我们还没有达成一致，你们却一直以你们的方案对我们进行施压。

副总经理：裁员人数和补偿肯定是有因果关系的。因为两个方面都需要用钱。如果留人的话我需要用钱，我们想的不是两个月的工资。这90个人留下来可能是几年的工资，这个财务预算肯定是需要有的，我们不能说留下来两个月之后我没有钱了再把他裁掉。至于赔偿上面我们已经做出妥协了，在“N+2”倍上面我们已经给予更多的缓冲时间了。如果你们还是要求，你看这样行不行，我们再退让一步，我们退让到4天。如果同意的话，其他的就按照公司之前规定的去办。

工会主席：您的意思是我们裁员可以减少90人，并且在4天支付“N+2”倍的工资，但是福利的问题您并没有提到。您只是说在合同中已经提到了，但我已经告诉过您了，合同已经解除了，合同已经不生效了。

副总经理：那之前做出的承诺我们可以再加上原合同对于福利的约定，至于其他的额外补偿我们绝对不会承诺。

工会主席：那请您具体讲一下关于福利补偿的协议。

总经理：首先让咱们劳方的情绪平静一下，咱们不是在辩论，咱们是来谈判的。既然是谈判，那咱们就不能构建在一个理想的基础上，而是构建在一个理性的基础上，对吧？公司的财务状况已经向您解释非常清楚了，咱们就是这样一个状况。具体能够留多少人，给予福利都是建立此基础上。我们应当讨论有价值的问题，而不是已经确定的东西。关于裁员人数，公司已经做出了退让，少裁减90人。至于“N+2”倍额外补偿，公司在签订期限上也已经做出了让步。如果您还不满意的话，公司已经无能为力了，公司不可能拿出更多的钱来了。至于其他的住房公积金和额外公积金的补偿……[99]

（由于谈判时间已到，此次谈判到此结束）

专家点评：比赛规定的40分钟确实比较短，我感觉到双方很难达成最终的协议，其实也是为难双方了，因为在谈判的过程中会涉及很多主题。比如说裁员所带来的问题、住房公积金、年休假、额外公积金福利等。这些主题确实很难在40分钟内达成一个共赢的结果。我参加了很多集体谈判活动，在谈的过程中很可能会有很多反复，而且会出现许多之前没有想到的问题，所以说你们在谈判的过程中出现的类似问题及最后的结果也在情理之中。

从整个表现来看，大家围绕着比赛规定的主题去展开的，双方都有配合，也有用不同的手段。包括用数字和情感牌的方式来说明理由，以此促使对方接受自己的理由。集体谈判确实和一般的辩论不一样，辩论对抗性比较强。今天的谈判虽然也有对抗性，但是考虑到双方的劳动关系仍要继续，所以双方还要顾及对方的要求，在谈判过程中进行了合作。今天资方做出了很多让步，我觉得这是很正确的。因为如果双方都没有让步的话，最后很难有成果。我觉得大家今天的表现，基本上把集体谈判的主要方面表现出来了。

我再提出一些值得改进的地方。当谈判涉及好几个主题时，应该是一个一个去明确。而我们在谈判过程中会出现来回谈的情况。比方说你们开始时谈了要不要裁员的问题，可是后来又不停来回反复这个问题。实际上，双方对于裁员的问题，首先要明确对方会不会接受这个方案。

对于资方而言，既然你们说经济困难，那你就要用数字来说明财务状态堪忧的事实，而不要隐瞒或用不方便公开的理由去回避它。因为你的目的是说服对方，所以，要把数字指标的作用充分体现出来。

对于劳方而言，你们同样可以用数字去反驳资方提出经济困难的说法。实际上，我们在集体谈判之前，双方都要做很多的功课，比如说去了解一下同行和本地区其他企业的经营状况。通过前期的调研数据来说服对方。

所以，我希望今后大家在谈判中能够多用数字，因为数字很能说明问题。此外，同学们还应当注意几个问题。

第一，不要就一个问题纠缠不清。当这个问题明确后，我们要尽快进入下一个话题。第二，针对比较难达成一致的主题，大家可以借鉴沃尔玛集体谈判的经验，那就是先谈容易的，大家容易接受的，再谈难的。大家在实际谈判的时候，应该学会把容易达成的放在前面，比较困难的、双方争议比较大的放在后面来谈，这样做的好处是不至于让谈判破裂。第三，今天劳方说我们已经解除劳动合同了。但实际上谈判是在解除合同之前做的。本次谈判的目的是协商裁什么样的人，资方提出的方案明确通过什么样的标准去裁员，劳方要去考虑这个标准的合理性。当这个标准定下来之后，才会涉及解除合同。现在还没到解除合同的阶段，所以说，劳方的说法有待商榷。

此外，资方提出的“N+2”倍或“N+3”倍补偿也是合法的。它实际上是一种鼓励措施。劳方若是能尽快签署协议，则可以获得更多的补偿。这是符合法律规定的。

大家毕竟没有参加过现实生活中的谈判，存在这样或那样的问题，这也很正常。所以大家今后要多多学习。现实中的劳资谈判非常艰难。我写过很多有关劳资谈判的文章，呼吁劳方需要动用一些手段，因为有些时候劳方真的很难说服资方，导致双方的争议非常大。

纵观今天的比赛，大家还是把握了本次谈判的主要方面。针对上面提到的这些问题，我希望大家能够慢慢学习，逐步提高。谢谢大家。

谈判分析：本组谈判资方拟采用一揽子解决方案，也就是给出各项之间的替代关系让对方选择。这种方法可以在双方的重点有差异时，各自权衡利弊。但是在本案例里，裁员人数是双方都关心的重要环节，因此，此方法的作用就比较有限。另外，谈判的前半阶段双方都只提本方理由没有提本方要求和让步，致使谈判难有实质性进展。后半阶段双方适度让步，使双方在最后谈成了裁员和裁员补偿两个大项，仍然是非常有意义的，只是其他不重要的项目只能放弃了。

第二、三章的L（中国）公司案例，至少包括四个谈判项目。其中裁员人数（岗位）应该是重点，其次依次是裁员的直接补偿和作为被裁者的企业公积金（员工福利）及带薪休假（国家强制）。这四个项目的难易程度也存在差别。带薪休假的给付应该是最容易的，而裁员岗位对双方都很重要，因而最难达成一致。我们看到各小组有全部达成协议的，也有最后没有斩获的，各种情况都有。对于此类项目多，且项目重要程度不同的案例，一是要对重点项目有所侧重，不能轻易让步；二是要能够有好的时间控制，在分配时间结束的情况下，如果对方强硬拒不让步，那么就转而先谈别的项目。

比赛过程综述

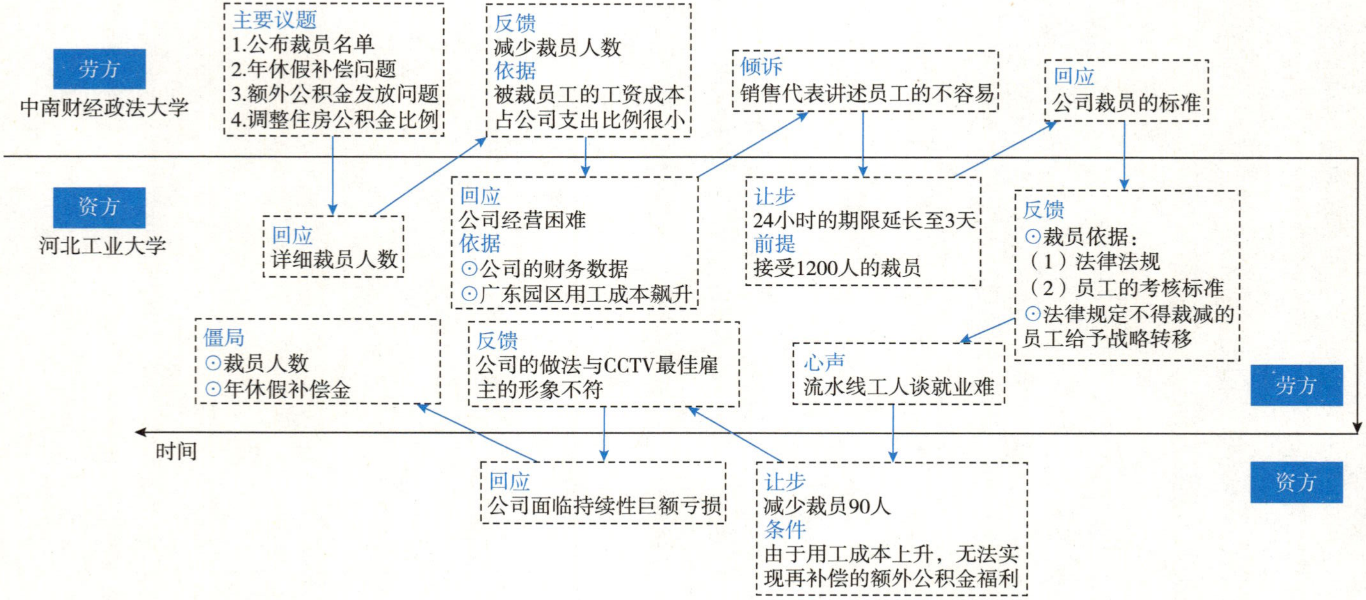
劳方
中南财经政法大学
资方
河北工业大学
主要议题
1.公布裁员名单
2.年休假补偿问题
3.额外公积金发放问题
4.调整住房公积金比例
回应
详细裁员人数
反馈
减少裁员人数
依据
被裁员工的工资成本占公司支出比例很小
回应
公司经营困难
依据
⊙公司的财务数据
⊙广东园区用工成本飙升
倾诉
销售代表讲述员工的不容易
让步
24小时的期限延长至3天
前提
接受1200人的裁员
回应
公司裁员的标准
反馈
⊙裁员依据：
（1）法律法规
（2）员工的考核标准
⊙法律规定不得裁减的员工给予战略转移
心声
流水线工人谈就业难
让步
减少裁员90人
条件
由于用工成本上升，无法实现再补偿的额外公积金福利
反馈
公司的做法与CCTV最佳雇主的形象不符
回应
公司面临持续性巨额亏损
僵局
⊙裁员人数
⊙年休假补偿金
劳方
资方
时间

第四章

背景信息的掌握

——××煤矿公司劳资谈判

如何不把工资协商的案例谈得千篇一律呢？关键就在于对案例中背景信息的理解和把握，从而进入具体情境当中。

一、案例

XX煤矿公司背景

XX 煤矿是一家中型国有企业。煤矿业是当地的支柱产业，政府的关注程度很高，近年来一直在大力推行煤矿企业的兼并重组工作。在此背景下，一方面，煤矿企业开始逐渐重视员工福利，政府也给予了极大的支持；另一方面，煤矿工人也逐渐意识到可以以怠工、停工要求权益，促使公司正视劳方需求。

谈判事由

煤矿员工要求公司加薪或者给予更多福利照顾，如未能达到员工满意效果，则以怠工、停工威胁来达成目的。虽然此次之前有过几次协商，但都是无果而终。具体的事件和焦点有四项：

（1）由于多次协商无果，同时五名员工不满矿长排班安排，与矿长争执发生口角，矿长将五名员工停职。

（2）井下机械设备出现过几次无法运作的情况，但经简单修理一下可以使用。

（3）井下时常出现小事故，虽未有人员受伤，但员工感到不安，希望增设安检人员保障他们的生命安全。

（4）低温、有毒补贴虽已符合国家标准，但比起本行业其他企业并不高，同时员工认为公司这些年的高额利润应该满足员工对补贴的需求。

劳方要求

工会主席要求公司尽量满足员工的要求，员工坚决要求公司提高福利待遇，如果不能达成协议，员工有可能采取停工。作为谈判主要成员的工会主席不愿意看到两败俱伤的结果，而是希望公司与员工都能有良好的发展。根据劳资双方先前的协商结果，劳方拟定了协商的内容大纲与可能协议细目，大纲如下所列：

井下采掘人员起薪提高幅度	**现为 1400 元/月**
提高井下辅助人员薪资幅度	现为 1200 元/月
提高矿工的年休假幅度（工作未满五年员工）	现为 10 天
提高矿工的年休假幅度（工作满五年员工）	现为 15 天
增加机械维修师编制	—
增加安检人员人数	—
低温、有毒有害条件下的补助	目前没有
矿长的命运	—
五名员工的命运	—

资方要求

作为资方代表，总经理认为要考虑到公司目前的发展状况。同时，由于近年来政府对煤矿企业的监管力度加强，公司在安全与员工福利上也一直非常重视并且投入很大。随着煤矿资源的不断减少，公司的产量已大不如从前。基于公司的发展状况，员工薪资及福利不宜做出大幅度调整。然而资方也不希望和工会搞僵关系，希望缓和员工与公司的关系，为公司创造出更多的利润。所以资方的谈判原则是：公司利益为大，员工福利同样要考虑。

请劳资双方结合上述背景信息各自拟定谈判方案，运用相关谈判技巧展开谈判。

二、本章相关基础知识

1　最低工资问题

我国实行最低工资保障制度

基本内容

劳动者在法定工作时间或依法签订的劳动合同约定的工作时间内提供了正常劳动的前提下，用人单位支付劳动者的工资不得低于当地最低工资。

正常劳动，是指劳动者按依法签订的劳动合同约定，在法定工作时间或劳动合同约定的工作时间内从事的劳动。

不同标准

- 全日制就业劳动者 → 月最低工资标准
- 非全日制就业劳动者 → 小时最低工资标准

不包含在最低工资中的项目

1. 延长工作时间工资。
2. 中班、夜班、高温、低温、井下、有毒有害等特殊工作环境、条件下的津贴。
3. 法律法规和国家规定的劳动者福利待遇等。
4. 用人单位为劳动者缴纳的社会保险费和住房公积金不列入工资总额之中，应排除在最低工资之外。
5. 用人单位通过伙食费、住房等贴补支付给劳动者的非货币性收入亦不包括在最低工资标准之内。

案例　最低工资标准范围解读

背景　李明为某厂推销员，双方合同为三年，合同约定完成销售基数才能发给基本工资，基本工资为1000元，在完成该销售定额的基础上，每完成1000元的销售额可获得8%的提成。企业每月给李明260元的交通补助和伙食费。李明性格内向，推销能力不强，第一次做业务，业绩非常不理想，3个月下来都没有完成定额。

纠纷　由于李明既没有基本工资也没有业务提成，收入远远低于当地的最低工资980元。李明认为公司的工资制度太苛刻，交通补助和伙食费都远远不足以支付其跑业务的费用，因此他要求企业按最低工资标准支付工资。企业方拒绝。李明不服，向劳动争议仲裁委员会提起诉讼。

裁决　劳动争议仲裁委员会经审理裁决如下：企业按当地最低工资标准支付李明3个月的最低工资，不包括交通补助、伙食费和加班费。鉴于该厂不按当地最低工资标准支付工资，应同时支付李明25%的经济补偿金。裁决企业于该裁决生效之次日一次性予以支付。

解析　通过本案例，我们将把最低工资构成的三个基本条件分述如下：

- 最低工资要以月为单位。所谓月最低工资是以每个月为计算单位的，千万不能理解为每年的月平均最低工资，更不能以年薪除以12来计算。
- 要明确工资构成项目，确定最低工资时，明确哪些要列入，哪些要剔除。
- 最低工资必须以货币形式计算。

用人单位低于最低标准发放工资的情况

例外　由于本人原因造成在法定工作时间内或依法签订的劳动合同约定的时间内未提供正常劳动的，不适用于最低工资规定。

80%　在规定的医疗期内由企业按有关规定支付其病假工资等可以按低于当地最低工资标准支付，但不能低于最低工资标准的80%。

差额　劳动报酬低于最低工资标准的，用人单位应当支付其差额部分；逾期不支付的，劳动行政部门责令用人单位按应付金额50%以上100%以下的标准向劳动者加付赔偿金。劳动者也可以选择要求用人单位支付其差额部分，同时加发相当于差额部分25%的经济补偿金。但是，赔偿金和补偿金两者只能选其一，而且赔偿金的支付需要经过特别的程序。

解约　劳动报酬低于当地最低工资标准的，劳动者可以解除劳动合同（不受服务期约定的限制），并要求用人单位支付解除劳动合同的经济补偿。

延展知识补充

工资指导线

概念：工资指导线是政府对企业的工资分配进行规范与调控，使企业工资增长符合经济和社会发展要求，促进生产力发展的企业年度货币工资水平增长幅度的标准线。

构成：工资指导线包括工资增长基准线、上线和下线。基准线是指企业货币平均工资平均增长幅度，代表了一般的水平；工资增长上线也可称为预警线，是指企业货币平均工资增长允许达到的最高幅度；企业货币平均工资增长应达到的最低幅度，可以是零增长也可以是负增长。

平均工资

概念：平均工资指企业、事业、机关单位的职工在一定时期内平均每人所得的货币工资额。它表明职工工资收入的高低程度，是反映职工工资水平的主要指标。

计算方式：计算公式为：职工平均工资=报告期实际支付的全部职工工资总额/报告期全部职工平均人数。
解释：平均工资由单位工资总额除以年内（季度内）平均职工人数得出。根据现行统计制度，工资总额是本单位在一定时期内直接支付给本单位全部职工的劳动报酬总额。

2 工资的基础知识

工资总额的相关概念及构成

定义 工资总额是指各单位在一定时期内直接支付给本单位全部职工的劳动报酬总额。工资总额的计算应以直接支付给职工的全部劳动报酬为根据。

构成 工资总额由六个部分组成：
（1）计时工资。（4）津贴和补贴。
（2）计件工资。（5）加班加点工资。
（3）奖金。（6）特殊情况下支付的工资。

劳动者的以下收入不属于工资范围

1. 单位支付给劳动者个人的社会保险福利费用，如丧葬抚恤救济费、生活困难补助费、计划生育补贴等。
2. 劳动保护方面的费用，如用人单位支付给劳动者的工作服、解毒剂、清凉饮料费用等。
3. 用人单位与员工解除劳动关系时支付的一次性补偿费。
4. 按规定未列入工资总额的各种劳动报酬及其他劳动收入，如根据国家规定发放的创作发明奖、国家星火奖、科学技术进步奖、合理化建议和技术改进奖、中华技能大奖等，以及稿费、讲课费、翻译费等。

基本工资的相关概念

劳动者工资

- 基本工资：基本工资是劳动者所得工资额的基本组成部分，它由用人单位按照规定的工资标准支付，较之工资额的其他组成部分具有相对稳定性。
- 其他工资：其他工资是基本工资以外的、在工资构成中处于辅助地位的工资组成部分，常见的有奖金、津贴、补贴、加班加点工资等。

注意事项

用人单位不可以将基本工资作为缴纳社会保险费的基数。用人单位为劳动者缴纳的各项社会保险，均必须以用人单位的工资总额作为缴费基数。

工资效益对经济效益影响的分析

step 1 → 正确计算工资效益

工资效益即每百元工资利润额：每百元工资利润率= $\frac{\text{利润总额（元）}}{\text{工资总额（百元）}}$

注：需要指出的是，在计算中利润总额必须采用实现利润，因为实现利润反映企业真实经济效益指标，反映了职工的劳动成果。

Step 2 → 分析工资效益变化对利润总额变化的影响

说明：这一步骤是对工资效益和利润总额的动态指标进行综合分析。

1 工资效益与利润总额的关系

利润总额=每百元工资利润额×工资总额（百元）

2 它们之间的动态关系为

$$\frac{\text{报告期利润总额}}{\text{基期利润总额}}=\frac{\text{报告期每百元工资利润额}}{\text{基期每百元工资利润额}}\times\frac{\text{报告期工资总额（百元）}}{\text{基期工资总额（百元）}}$$

3 工资效益变化引起的利润总额的变化

工资效益引起的利润变化额＝[报告期工资总额（百元）－基期工资总额（百元）]× 报告期工资总额（百元）

4 工资总额变动引起的利润额变动

工资总额变动引起的利润额变动＝[报告期工资总额（百元）－基期工资总额（百元）]×基期每百元工资利润额

通过上述公式，即可获得工资变动与利润变动的关系，由此可得到工资集体协商时所需的资料。

有关工资问题的若干注意事项

界定 劳动者的总劳动报酬并非都属于工资，用人单位应当区分工资和非工资收入，这涉及加班费的计算基数和经济补偿金的计算基数。

80% 用人单位应按照不低于当地最低工资标准的80%向劳动者支付病假工资。

扣除 因劳动者本人原因给用人单位造成经济损失的，用人单位可按照劳动合同的约定要求其赔偿经济损失。经济损失的赔偿，可以从劳动者本人工资中扣除，但每月扣除的部分不得超过劳动者当月工资的20%。若扣除后剩余工资部分低于当地最低工资标准，则按最低工资标准支付。

未签订书面劳动合同的工资标准

1. 劳动合同对劳动报酬标准没有约定或约定不明确的，用人单位与劳动者可以重新协商。
2. 协商不成的，适用集体合同规定。
3. 没有集体合同或者集体合同未规定劳动报酬的，实行同工同酬。

三、谈判过程及分析

谈判开场白

工会主席：首先，非常感谢各位资方代表的到来。我们今天的谈判主要是想就五个问题与资方进行协商。

第一，井下采掘人员和辅助人员工资涨幅问题。第二，维修师编制和安检人员人数问题。第三，安全防护补助问题。第四，对于涉及冲突人员处理问题。第五，职工年休假增加问题。

首先我们从工资涨幅问题谈起。我们的要求是，井下采掘人员的薪资从1400元涨至2400元，辅助人员的薪资由1200元涨至2200元。请问资方有什么意见？[100]

工资涨幅问题谈判

总经理：工会的同志已经提出了要求，我们先确定一下，第一个议题就是就这两类工人的薪资问题，对吗？

工会主席：对。

总经理：有两种工人，我们先来看一下采掘工人的起薪，可以吗？

工会主席：可以，先讨论井下采掘人员的起薪问题。

总经理：工会提出的井下采掘人员工资提高幅度是多少？

矿工代表：由1400元提高到2400元。

总经理：请工会说一下提高的依据，可以吗？[101]

工会主席：依据2011年我省颁布的《提高井下从业人员最低工资标准》，将现行的井下采掘人员、井下辅助人员每月最低工资分别调整为1800元和1600元，所以，我们现在实行的1400元和1200元的工资标准实际上是违法的。同时依据规定，每小时的工资最低标准，分别是10.35元和9.2元，我们按照工人每天八小时工作时间来计算，最终得出2400元和2200元的工资标准，我觉得这是十分合理的。[102]

总经理：感谢工会方提出的依据。我想请人事经理来解释一下公司的起薪情况以及我们对劳方提出的薪资调整议题的看法。

人事经理：您好，我想就您的要求做一个回应，就我们掌握的

分析：

[100]从谈判策略的角度分析，企业最敏感的就是涨工资问题，所以一个有经验的劳方代表，应该遵循先易后难的原则来进行谈判，比如有关生产安全方面的问题，资方代表是比较容易接受的，所以可以先商议这些问题，在这之后再谈涨工资的问题会好一些。更重要的是，谈薪资涨幅问题时一定要提出合理化建议。例如，提出如何提高生产效率、如何节约原材料等，一定要让资方代表明白，职工增加工资的要求，是基于企业生产效率提高或降低企业生产成本的基础上实现的，同时也是在企业的经济效益得到提高的基础上实现的。这样讲的话，资方代表会比较容易接受。如果一上来就直奔涨工资这种“敏感”话题，劳资双方就很容易陷入僵局，在有限的时间内，其他议题就没有机会谈了，这是双方共同的损失。

分析：

⑩资方在这里询问依据的方式很值得借鉴。实际上，在谈判中，面对对方提出的要求，本方都可以这么问。这样做的好处是：第一，防止对方胡乱提要求，漫天要价。第二，通过倾听对方的依据，了解对方需求的缘由，从而更有针对性地回应对方的请求。第三，在倾听对方依据的同时，还应该注意寻找对方依据中的破绽和漏洞，比如，适用范围是否得当等，从而削弱对方依据的可信度。

⑩在劳资双方第一次交锋中，资方以询问涨薪依据为由，首先发难。劳方的回应十分出色，充分说明劳方是有备而来的。有数据说明，有法条支持，有客观的计算。其中“违法”二字更是触发了资方的敏感神经。在这轮劳资双方的交锋中，劳方不仅有效化解了资方的质疑，而且还很有侵略性地直指资方目前的违法行为，所以，在本轮劳资双方的交锋中，劳方略胜一筹。

S省煤矿井下人员最低工资标准变化趋势

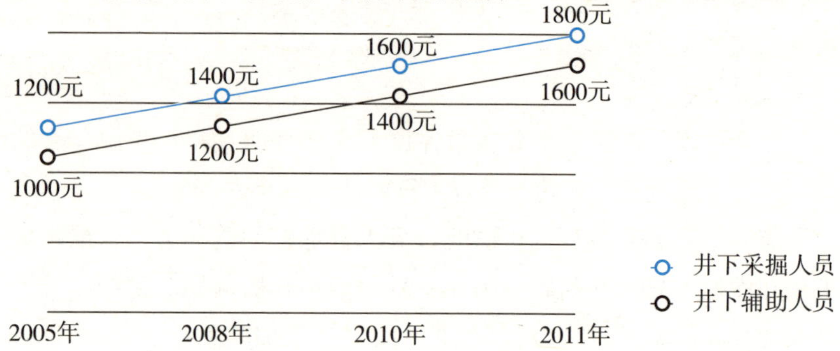

本地区的最低工资标准是1125元。今年企业工资指导线下限是4%，上限是22%，所以您提出的涨1000元钱的要求是不是有点高了？我们的薪资水平与销售额密切相关，所以我想请销售经理谈一下，咱们公司的销售情况。

销售经理：咱们煤矿每年产量在100万吨左右，今年的煤炭价格指数由年初的199.5元降至目前的169.9元，下降了29.6元，公司主营业务成本同比增长30.2%，利润同比下降14.4%。

人事经理：依据今年发布的《煤矿现代化矿井标准》，矿工薪资年增幅将不小于10%。不过这仍与劳方提出的提薪要求有相当的差距，而且这个条例是针对生产规模在150万吨以上的企业，我们是中型企业，每年大概只有100万吨的销量。所以，我们就更没有理由实行劳方提出的如此大幅度的提薪要求了。[103]

工会主席：不好意思，我想纠正您刚才说的一个问题。虽然本市职工的最低平均工资是1125元，但是我省对煤矿井下从业人员，包括井下采掘人员和井下辅助人员的薪资做了特殊的规定，分别是1800元和1600元，公司现在1400元和1200元的工资标准完全没有达到法定的要求。所以目前公司的工资发放是处于违法状态的，而且我们提出的要求并不过分，因为我们是按照工人每天八小时工作时间计算的。

矿工代表：我再补充一点。从我市整体行业利润水平来看，2012年1—5月，我省规模以上工业实现的利润是414.3亿元，而在传统行业中，煤矿行业的利润非常高，实现了400.8亿元的利润，并且它的利润贡献率也很高。如果全年销售额是961.9亿元，而企业利润率为3%的话，那么企业的年利润是3.21亿，即使按照一个企业五千人来算，按照我们的要求来说，每年共增加工资支出1800万元，也只占了企业利润的5.6%。所以工资由原来的1400元提高到2400元以及由1200元提高到2200元的要求是不过分的，希望企业方认真考虑一下。[104]

总经理：针对劳方提出的要求，我想先就一个问题解释一下，工会方认为我们的工资是违法的，实际不然，我们采掘人员的起薪是1400元，这是他的基本工资。[105]

工会主席：我认为资方对起薪的概念有点混淆。起薪有两个概念，一个是最低工资，一个是员工到这个行业刚刚工作时的工资。我们谈的是工资，而不是最低工资。请对方区别一下，好吗？

总经理：这个问题，人事经理会给你们一个满意的答复。我想先谈一下工资标准制定依据的问题。我省的工资指导线是6%，它的基准线是13%。依据企业目前的承受能力，采掘人员的起薪涨幅幅度只能定在10%左右，即140元。这是基于我们企业现在的经营模式并且在遵守相关法规的基础上制定的。[106]

矿工代表：大家都知道，我省是煤矿大省，根据统计局在2011年对煤矿行业调查的结果看，采矿行业职工的年平均工资为64784元，月平均工资为5399元，同比2010年增长了23.63%。而企业在前几年一直没有上调我们的工资，所以我们希望资方能够考虑一下涨薪的问题。

工会主席：我市2011年城镇非私营企业在岗职工平均工资的增幅是大于全市工资指导线最高上限的，煤矿采矿行业的工资涨幅也是高于全市工资涨幅上限的。所以单纯从工资指导线来考虑工资涨幅，我们认为是有失偏颇的。此外，我们现在的薪金实际上是低于法定标准的，我们的谈判资料上写得很清楚，1200元是井下辅助人员的全部薪资。[107]

财务经理：我想先说一下井下采掘人员的薪资情况，目前他们的起薪是1400元，但这并不是他们的全部工资，因为员工的工资还包括奖金、津贴、补贴等。这些加起来的工资绝对不止1400元，应

分析：

[103]资方在这轮发言中，提到了三个主要观点来试图说服劳方。第一，对于最低工资标准及工资涨幅指导线而言，公司的做法并没有什么不妥之处。第二，煤炭价格下降，成本激增，利润下滑。第三，公司规模较小，涨幅应该适当。对于第一个论据，资方的人事经理显然把该省的最低工资标准与本省井下人员的最低工资标准搞混了。前面的标准选错了，后面的工资指导线的增长幅度就更是无从谈起了。对于第二个论据，成本激增的原因有很多，人工成本只是其中之一，影响利润的因素有很多，企业方应该具体讲明缘由，这种“简单粗暴式”的论证说服力会大打折扣。对于第三个问题，并没有说小企业的工资涨幅一定要低于大企业的工资涨幅。所以资方的第三个论据同样禁不起推敲。总之，资方从三个方面对劳方进行了回应，由于漏洞比较多，所以效果并不是特别好。

分析：

⑩④劳方在这轮发言中，从两个层面进行了论证，第一，强调了煤炭行业的最低工资标准相对于其他行业是有差异的，不能用所有行业的标准来衡量煤炭行业的最低工资水平。第二，从宏观层面分析了公司的利润和人工成本，突出人工成本对于公司而言并不是一笔很大的开销。整体上讲，劳方在本次发言中的表现非常好，逻辑清晰，可信度较高。唯一不足的是少了利用企业内部资料来论证的部分，毕竟企业是有差异化的，只是用宏观数据来论证并不能说明企业的全部问题。

⑩⑤正如工会主席所说的，总经理对起薪的概念有点混淆。资方在本轮发言中，试图将起薪偷换成基本工资的做法被瞬间揭穿了。

该可以达到比较高的工资水平。[108]

工会主席：我想请问企业方，井下采掘人员的平均工资大概处于什么水平？

财务经理：4000 多元。

工会主席：我们从最低工资标准来看，井下采掘人员和辅助人员分别为1800 元和1600 元，只相差200 元，所以他们的薪资差别不应该很大。如果井下采掘人员的平均工资是4000 多元而辅助人员的工资却只有1200 多元的话，这么大的差距很容易让人怀疑数据的真实性。

矿工代表：而且我们同样质疑资方给出的4000 多元的平均工资的真实性。我们怀疑企业方给出的工资水平是否只计算了井下采掘员工，因为如果包含其他管理层的话，他们的薪资水平会拉高我们的平均水平。我们三位员工都是从矿工一线过来的，我们的工资并没有那么高的水平。我们肯定拿到的是底薪 1400 元，即使加上其他的一些福利，总额也没有达到4000 元的水平。[109]

总经理：感谢劳方提出的理由和建议，我们会给予认真考虑。经过公司一番商讨，我们愿意将井下采掘人员的起薪幅度上调 10%，劳方提出的标准有点太高了。

工会主席：我们提出来的要求真的不高，因为它只是达到了法定标准。

矿工代表：我们同行业周边的煤矿企业起薪也达到了 2600 元，这是行业的平均水平，但是我们的薪资却与行业的薪资相差太远了。所以我们希望企业方能够对此进行认真的考虑。

工会主席：您提出的增幅 10% 还没有达到 2010 年行业增长水平的一半，这实在让我们难以接受。

总经理：请财务经理跟他们解释一下。

财务经理：您说的是周边企业，但周边企业的情况并不能代表咱们公司的情况，目前我们的销量和产量都下降，而成本却在不断上升，事实上我们的成本同比上升了 30.2%，与之相对应的是，我们的利润下降了 14.4%。所以我们希望大家在薪酬问题上互相体谅一下，我们的让步是上涨 10%，劳方对此是否同意？[110]

工会主席：您刚才说的成本和利润的问题，我们并不赞同，因为我省是煤矿大省，煤炭行业的利润达到了96.7%，就拿咱们企业来说，它的利润也达到3.21亿，即使利润下降，我们仍然会保持较高的利润，实际上，我们的工资只增加1800万，这只占了利润的5.6%，您难道不愿意拿出5.6%的利润来为我们员工增加工资吗？

人事经理：我们井下采掘人员的起薪可能还是达不到你们的要求，因为我们的矿产量小，没有周边采矿企业挖掘强度大，工作时间也会相对少一些。

工会主席：我们对比的都是周边的中型煤矿，甚至是小型煤矿。

财务经理：您刚刚的假设是5000人的企业，我们达不到这个标准。

工会主席：我们以5000人为例，其工资占利润比例是比较高的，如果企业规模小的话，工资支出增加额数会更小，占的利润比例也会更小，可能也就两个点或者三个点。请问，企业赚了三个多亿的利润，连两三个点都拿不出来吗？

矿工代表：而且我想补充一点，公司说受金融危机影响，我们的销量和价格双双走低，利润下滑，但真的是这样吗？国有企业的煤炭价格是遵循国家标准的合同价格，虽然受金融危机的影响，市场价格下降，但我们依然会以合同价格出售，所以我们的销量是非常稳定的，不会存在销量下降的问题。事实上，我们受到的冲击是比较小的。

总经理：劳方对市场行情的了解是很清楚的，但是企业有企业的考虑，公司财务给出来的数据是真实可靠的，请劳方相信这一点。如果劳方对此仍存在质疑的话，我们之后会再来讨论数据的真实性问题。我相信我会给大家一个合理的解释。现在我们的当务之急是商谈起薪问题。我们提出涨薪10%的建议是参照本地区煤矿业工资指导线提出的，劳方提出的要求已经超过了60%，我们目前的经营状况确实难以接受，希望劳方能够在合作的前提下，进行商谈。而且我们还有四个话题，一直纠结在质疑公司数据上对我们双方都不利。劳方对此愿意给出一些让步吗？

矿工代表：我们希望公司工资要达到法定的标准，现在以10%

分析：

⑯工资涨幅是企业达到最低工资标准基础上的工资涨幅，如果一个企业还没有达到最低工资的标准的话，谈工资涨幅是没有任何意义的。所以，资方在这轮回复中的说服力不大。

⑰劳方在本轮发言中，用行业年平均工资涨幅来支持自己观点的做法很好，具有一定的说服力。实际上，劳方代表引用行业数据进行比较的做法是一种有效阐述论点的方法。具体做法是，将本企业的协商内容和协商目标，对照本地区、本行业企业的相关资料进行对比分析，从中提取支持本方观点的论据，结合本企业的实际情况形成协商主张。

⑱从资方的发言中，我们发现资方的财务经理同样没有明白起薪的含义，依然把起薪等同于基本工资，说明资方协商团队中没有一个特别懂薪酬的人，总经理在前面犯过的错误，不仅没有人及时纠正，而且还把错误的观点当成正确的观念。所以，

在准备集体协商阶段最好进行分工处理，一个人负责薪酬方面的知识，一个人负责福利方面的知识等，让所有人都有自己负责的领域，这样做的好处就是，不仅拓宽了团队专业知识的广度，而且也让团队具有了相关专业知识的深度。将广度和深度结合起来的协商团队在谈判席才更有战斗力。

⑩⑨发言中劳方对于平均工资的质疑很有必要。实际上，从资方的回答来看，他们对平均工资的范围界定很有问题。这个平均数是谁的平均数，具体平均数的数值是多少，资方都没有给出一个明确的答复。凡是涉及平均数的时候，一定要将所含对象的范围和数值界定好，否则很容易犯平均数谬误的毛病，以平均数假象为根据引申出一般结论的错误论证。所以，在集体协商时，当听到平均数时，一定要问一下对方，这个平均数到底是谁的平均数。

的工资涨幅计算的话，我们只能增加工资 140 元，并没有达到法定的标准。如果公司还是坚持 10% 不肯做让步的话，我们就会寻求劳动仲裁机构的帮助，甚至我们会上诉，以获得法律保障的赔偿。资方很清楚，一旦出现这样的状况，公司所承担的成本将是不可估量的，并且对公司未来的发展也是十分不利。所以我希望公司认真考虑，不要再以 10% 如此低的价格来跟我们讨论了。我希望公司再做一点让步，至少要达到法律的标准。

总经理：我再次重申一遍，我们的起薪不是最低工资标准，虽然我们的起薪在最低工资标准之下，但是我们的薪酬结构不是单一的。在整体薪酬上我们是符合法定标准的。而我们提出起薪上涨 10%，其相应挂钩的绩效，还有和起薪挂钩的奖金都会向上涨，所以工资的实际涨幅不可能只是 10%。鉴于劳方这么强硬态度，资方有必要做出一些让步，我们愿意涨幅 12%，劳方对此的意见是?[111]

矿工代表：经过短暂磋商，我们要求公司把工资总额，包括一切的福利奖金都增加 12% 的份额，我们要求公司将此公示出来，让所有的员工都知道，并且和我们签订书面合同，明确协商结果。

总经理：我们协商就是为了签合同。

工会主席：也就是说对方同意了，是吧?

总经理：我们的建议是起薪上涨 12%，福利绩效会按照公司的规定上涨。

工会主席：涨幅是多少?我们需要一个具体的涨幅。[112]

总经理：具体的涨幅，请财务经理解释一下。

财务经理：员工的起薪涨幅 12%，而绩效是根据起薪的标准通过相关公式计算后得到一定的增幅，所以不可能达到整体增幅均为 12%。

矿工代表：如果以起薪为标准，我们是不是可以理解为起薪增加 12%，绩效也增加 12% 呢?

工会主席：对，也就是说我们总体工资要加 12%。

总经理：凡是以底薪为基础的工资，都可以得到相应比例的增加。

矿工代表：与底薪挂钩的有哪几项工资，我们需要明确一下，不然我们让步到12%就是无效的。

总经理：员工回去查一下自己的工资表，你们对于薪资的构成应该比我更清楚。

工会主席：公司财务方面应该给出详细的数据，这应该是财务回答的问题。

总经理：我们现在谈论的是底薪上调12%，和底薪挂钩的涨幅财务会随后公示出来，我们就这一点达在协议，同意吗？

矿工代表：不好意思，我们只知道工资是多少，并不知道具体的构成情况，所以希望公司能给我们明确的数据。

工会主席：这个问题已经商议20分钟了，为了双方能够达成更多的协议，我们做出让步，但是起薪增长不是12%，我们希望是15%，行不行？

总经理：刚才我们谈的12%，你们是同意的。

矿工代表：12%要跟其他奖金挂钩。

财务经理：我们刚才谈论的一直是起薪，并不是增加绩效。

工会主席：我们现在提出来的新条件是起薪增加15%。

矿工代表：如果不和我们其他奖金绩效工资挂钩的话，我们要求底薪提高15%。

工会主席：并且和起薪挂钩的其他工资也应相应增长。如果资方同意的话，我们赶紧进入下一个议题，可以吗？

矿工代表：而且这是公司为我们缴纳社会保险的底薪，所以我们希望能够再提高。

总经理：既然劳方的要求也是在工资指导线的范围之内，所以我们管理方也要表示出一定的诚意来。

工会主席：我们双方就这一问题达成妥协了，是吗？

总经理：我们可以就这一点达成协商一致。

工会主席：好的，我们现在就辅助人员薪资进行商讨，现在1200元是其全部薪资，这根本不符合国家1600元的标准，所以我们要求辅助人员薪资提高到2200元，请资方给予考虑。

人事经理：我们现在就井下采掘人员起薪的幅度已经达成了一致，您现在又要跟我们谈薪资的提高幅度，那之后年假以及维修师

分析：

⑩财务经理再次抛出的成本上升，利润下降所以工资涨幅有限的“简单粗暴式”的论证。和前面的说法几乎一模一样，这说明资方储备的论据很不充分翻来覆去就这两招，很容易让人产生江郎才尽的感觉。劳资双方在准备时，应该深度挖掘相关资料。对待一个问题，应该从多个角度来进行准备。如果只是简单粗暴地用利润下滑来解释涨幅有限的话，会使本方谈判的说服力大打折扣。

⑪集体协商进行到这里资方总经理对起薪的概念还没有正确的理解，导致资方谈判一直都很被动，所以做出退让是必然的结果。同时，由于资方一直没有有力的论据对劳方进行反驳，以至于在退让幅度上只能“任人宰割”了。

分析：

⑫工会主席的这个跟进非常必要，谈判中会出现很多“模棱两可”的承诺，如果在谈判中不弄明白，在事后执行的时候出现纠纷就会变得非常麻烦。

编制的增加，我们还能够达成特别满意的结果吗？[113]

矿工代表：起薪是我们应得的工资，并不能因为后面的商议项目，我们就要做让步。

总经理：起薪问题我们已经达成一致了，至于辅助人员的工资，我希望你们好好查一下条款。

矿工代表：我们想问一下企业认为的标准是什么？

总经理：鉴于辅助人员工作很辛苦，我们愿意把他们的全面薪资提升 20%。这是我们能够做出的最大让步了，因为工资指导线的最高额也就在 20%。不知道劳方对此的意见是？

工会主席：工资指导线是以合法为前提的，您现在还没有达到最低工资标准，谈何工资指导线？

总经理：我希望劳方能够明确条款依据并表示出一些诚意来，关于我们现在提出的全面薪资提升 20% 的建议，劳方的回应是？

矿工代表：非常感谢企业方能够为劳方着想，我想明确 20% 的增长是针对薪资整体的增长吗？

总经理：是的，我们谈的是整体薪资的提高。

矿工代表：整体薪资提高 20%，是吗？

总经理：对。

矿工代表：非常感谢企业为员工做出这样的努力，我们同意这一项。

矿工代表：我们重申一下刚才达成的协议，井下采掘人员起薪提高 15%，井下辅助人员总体薪资提高 20%。

总经理：是的。

矿工代表：好的，我们下面来讨论维修师编制的问题。

维修师编制问题谈判

工会主席：我们的建议是，依据机械种类的不同按比例区分，我们要求增加五名安检人员，资方有什么意见？

总经理：非常感谢工会主席提出的建议。对于增加五名安检人员的要求，我们希望劳方能够指明安检人员安排在哪些部门，定岗定员的依据是什么。关于机械维修师的编制问题，我们一直按照国家规定执行，不过鉴于目前小事故频发的情况，我们会考虑增编的问题。

工会主席：我们目前没有机械维修师，所以我们要求增加此项编制。矿产行业的安全问题非常重要，所以我们急需增加安检人员，以降低矿难发生的风险。请资方给予尽快答复。

人事经理：劳方的要求是增加五名安检人员，是吧？我这里的一份我省煤矿管理标准明确规定，煤矿应当具有与其生产规模相适应的各类工程技术人员及相关专业的管理人员。参照公司生产的规模，我们应该配置不少于50人的维修人员，实际上我们一直有50人以上的机械维修师团队来确保我们的煤矿安全运营。

工会主席：但是据我们掌握的资料，企业现在并没有机械维修师，要不然我们不会提出增加编制的要求。

矿工代表：我们目前的维修师，都是机械的生产厂家给我们配备的，他们只有出现问题的时候才会来，这样会很不及时，我们的工作也很难有进展，影响了企业的整体生产。所以我们希望增加维修师的编制。企业刚才提到所谓的维修师并不是真正意义上的维修师，这些维修人员很大一部分是由我们的矿工来担任的，而这些矿工大部分在知识水平和知识结构上很难掌握比较专业的技术，都是经过简短的培训就来上岗的。这实际上是企业的一种不负责任的行为，因为在发生重大问题的时候，我们根本无法及时有效应对。所以我们提出的增加维修师及安检人员的编制，其实不只是对我们的一项工作保障，更是与企业在今后发展中的双赢。所以希望企业方能够认真考虑一下。

总经理：我们也十分重视劳动安全问题，针对目前部分机械师由矿工来替代的现象，我们承诺会给予改善，请对企业有信心。

工会主席：请您给出具体改善方案。

总经理：我们会通过增加原有维修师的培训时间，聘请一部分专业的机械维修师来解决此问题。

工会主席：也就是说咱们公司会聘请一些机械维修师，对吗？[114]

总经理：我们会的，这是我们做出的承诺，因为劳动安全生产问题一直都是困扰企业发展的大问题。至于增加安检人数的问题，我们一直是按照国家标准来安排的，劳方突然提出增加安检人数的

分析：

⑬人事经理试图以其他议题为筹码，尽量减少本次工资涨幅，但是在起薪违法这件事上，资方没有拿出任何实质性的反击，导致涨薪这件事成了“理所应当”的事情了。资方在这里没有任何可以依靠的砝码。造成这种情况的原因前面提到过，谈判前的准备不充分，对于“起薪”这个词理解偏差，导致在整个薪酬涨幅问题上资方全面溃败。

⑭再次称赞一下这位工会主席的跟进意识，同样一句话，通过疑问句的方式，就让不确定的事情变成了板上钉钉的承诺，这就是问句的力量和学问。

请求可能会产生冗员，这显然不利于企业的发展。

工会主席：企业方的确给我们提供了一些安检人员，但数量仍然不够，公司近几年小事故频发，虽然没有人员伤亡，但是也造成了很恶劣的影响。增加安检员人数就是为了在最大程度上保障我们的安全。所以请企业给予认真考虑，我们现在还剩五分钟，请资方赶紧给出方案。

总经理：我再次重申一下，劳动安全问题是大问题，让工人能够满意的工作一直是我们企业的宗旨，所以我们会尽快规范机械维修师的编制问题，聘请更专业的机械维修师来保证我们的机械正常运营。在安检人员方面，我们会考虑劳方提出的增加5名安检人员的请求。

矿工代表：企业现在已经同意增加5名安检人员了？[115]

总经理：是的，我们同意此项建议。[116]

安全防护补助问题谈判

工会主席：下面我们来谈安全防护补助问题，我们建议低温有毒补助为每次下井25元。

总经理：劳方是认为我们目前的补助没有达到国家规定的标准吗？

矿工代表：我给企业方提供一个数据，我省县上的煤炭行业的工资基值是750元，每下井一次他们的津贴是22元，我们在行政级别上比它们高一级，而他们都已经达到了22元的标准，所以我们提出25元的标准并不为过。[117]

总经理：我认为补助的依据应该参照与我们同等规模城市的标准。

工会主席：是的，我们现在虽然有补助，但是水平是远远低于平均水平的。

总经理：请劳方认真考虑一下，我们目前正处于经营困难时期，25元的请求确实有点高。

矿工代表：公司是否同意22元的补助呢？我们需要尽快做决定，因为时间已经不多了。

分析：

⑪⑤劳方再次使用了问句策略，让资方“考虑”增加5名安检人员的想法变成了现实。在谈判中，当对方出现思想松动的时候，一定注意乘胜追击，尽可能达成更多的事项。

⑪⑥纵观本场谈判，总经理主要就做了两件事，这两件事都是首席代表应当注意的。第一，对起薪这个词的错误理解，导致资方整场比赛陷入绝对的被动。第二，无条件的让步。在集体协商中让步不可避免，但是让步是有条件的让步，做出让步一定也要以让对方“做点什么”作为对等条件，不然就是失败的退让。比如，针对此次谈判，既然工资涨到法定标准这件事没有谈判余地，资方可以重新设计绩效考核体系，让绩效好的人可以拿到更高的工资涨幅，否则只能拿到最低工资标准的工资，这样一来，通过涨薪企业也拿到了相应的“好处”，即业绩的增长，而不是像本次谈判一样，白白满足了工人的各种需要却没有任何“收获”。

人事经理：国家有高温津贴，但是并没有规定低温有毒津贴，我市也没有这方面的地方法规。

矿工代表：可以给您一个全国性的法规，1993 年国家出台了化学工业有毒有害岗位津贴实施意见，当时是每人每次 3 元，现在已经到了 2012 年，您算一下通货膨胀，其实我们没有向您要 30 元已经算很好了。

人事经理：化学工业跟煤炭工业能比吗？

工会主席：但是化学工业有一些工作环境跟煤矿工业是相似的。[118]

人事经理：我们可以给予低温有毒条件下的员工补助。但劳方提出的 25 元的标准，我们不能接受。

财务经理：而且我们在其他方面的补助已经达到比较高的水平。比如说对困难家庭给予一定关怀，员工过生日的时候发放小礼品等。所以在低温有毒条件补助上，咱们应该互让一下。

矿工代表：资方可以接受的范围是多少？

总经理：我们可以接受的范围是 5 元。

矿工代表：我们希望能够提高到 10 元。

工会主席：每次下井国家规定的最低标准为 20 元，您才提供 5 元的补助？

矿工代表：我们降到 20 元可以吗？因为我们每一次下井都是有生命危险的，如果您提高了补助金额，员工对工作会更有积极性。

（由于谈判时间已到，此次谈判到此结束）

专家点评：下面谈一下我对这场谈判的感想：第一，劳资谈判谈什么。国家明确规定的最低标准，实际上劳资谈判是不必谈的。我们应该主要谈国家规定之上的部分，你们谈判的焦点应该是公司在满足最低工资标准以上的涨幅问题，但是却用了很多时间来谈什么是最低工资标准，这可能也反映了我们国家的劳资关系的一些现实问题。

第二，劳资谈判实际上它是一个信息量的较量问题，在劳资关系中，掌握企业的信息比较多的应该是资方，实际上本次谈判中劳方用了很多企业外的信息、企业内的信息。比如说你的起薪低于最

分析：

⑪⑦劳方的例子举得很好，很恰当，很有说服力。

⑪⑧谈判中的对比原则是找同行业、同类型、经营状况类似的企业进行类比，劳方使用化工企业作为对比对象，虽然有一部分相似的地方，但是差异性依然很大，其实，劳方不如换一种策略，使用感情感化法来促使目标的达成。请一位矿工代表讲述一段下井时遇到危险经历可能更具有说服力。

低工资，为什么低于最低工资，很多非常基础的信息都没有公开。通过谈判，大家可以思考一下，实际上劳资沟通是集体谈判非常必要的一个阶段。很多问题实际上在劳资沟通阶段都能解决，我们的谈判实际上大多数内容应该是劳资沟通的内容。

第三，我们设计的谈判模拟议题并不多，但是你们却没有发挥出在谈判时应该运用的技巧。

第四，资方的总经理出面太多，但总经理在真正的谈判中不会频繁去主动发言。

第五，我认为模拟谈判大赛办得非常有意义，因为我国劳动关系里边最难的一块就是集体谈判。而且我们讲了这么多年的集体谈判，实际上很难落地。实际上我们目前遇到的一个很大的问题就是人力资源部和工会的人员都不懂怎么去谈，我认为在教学环节，尤其在劳动关系高校开展这样的模拟大赛，引导学生理解劳资关系协调过程当中集体谈判的重要性，非常有意义。我想你们以后如果进入企业人力资源部，或者成为工会劳方的代表，将对我们国家集体劳动关系的协调起到很大的作用。

谈判分析：本案例有几个特点：第一是项目比较多，共有九项之多，在短短 40 分钟很难谈完，因此就涉及议题的排序和取舍的问题。像这样的案例，首席代表要依重要性和紧迫性有所取舍，很显然 5 名被辞工人和矿长的命运属于谈判的导火线，属于紧迫性强的议题，应该先谈。工资增长涉及一线员工的切身利益，也应该先谈。第二个特点是背景交代得比较详细，不但告知了所在地区的行业规模，还介绍了当地煤炭企业劳资关系发展的趋势。因而，需要在谈判前做大量的准备工作，才能更好地分析利用这些背景资料，进入情境。本次谈判氛围融洽，双方的表现比较符合案例给出的情境。但是也有一些根据案例的背景可以改进的地方。例如，双方对于井下工人最低工资的争议双方都做了工作，但是又都没有做细致。井下辅助工人的工资增长高于一线工人，这多少有些意外，资方在此让步没有原则。这也反映了资方对井下矿工工作情况理解的欠缺。

比赛过程综述

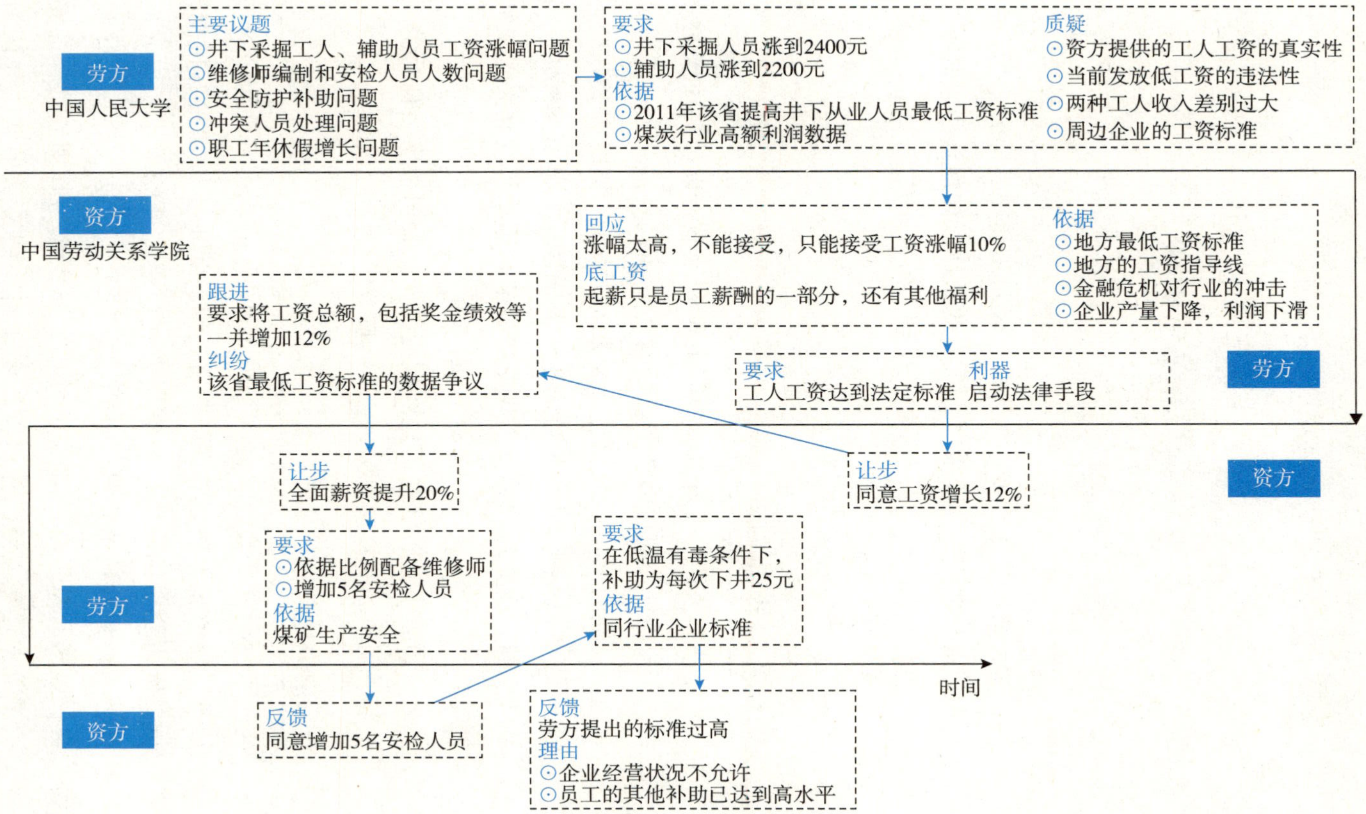
劳方
中国人民大学
主要议题
⊙井下采掘工人、辅助人员工资涨幅问题
⊙维修师编制和安检人员人数问题
⊙安全防护补助问题
⊙冲突人员处理问题
⊙职工年休假增长问题
要求
⊙井下采掘人员涨到2400元
⊙辅助人员涨到2200元
依据
⊙2011年该省提高井下从业人员最低工资标准
⊙煤炭行业高额利润数据
质疑
⊙资方提供的工人工资的真实性
⊙当前发放低工资的违法性
⊙两种工人收入差别过大
⊙周边企业的工资标准
资方
中国劳动关系学院
回应
涨幅太高，不能接受，只能接受工资涨幅10%
底工资
起薪只是员工薪酬的一部分，还有其他福利
依据
⊙地方最低工资标准
⊙地方的工资指导线
⊙金融危机对行业的冲击
⊙企业产量下降，利润下滑
劳方
要求
工人工资达到法定标准
利器
启动法律手段
资方
让步
同意工资增长12%
跟进
要求将工资总额，包括奖金绩效等一并增加12%
纠纷
该省最低工资标准的数据争议
让步
全面薪资提升20%
劳方
要求
⊙依据比例配备维修师
⊙增加5名安检人员
依据
煤矿生产安全
要求
在低温有毒条件下，补助为每次下井25元
依据
同行业企业标准
时间
资方
反馈
同意增加5名安检人员
反馈
劳方提出的标准过高
理由
⊙企业经营状况不允许
⊙员工的其他补助已达到高水平

第五章

让步的艺术

——×地铁公司劳资谈判

在我们知道自己和对方的谈判区间及其交叠部分之后，各种数据和理由就都变得不重要了，重要的是你该如何让步，既不过于礼让，让对方占尽好处；也不过于贪婪，致使谈判难以达成。

一、案例

地铁公司背景

X 地铁公司已发行股本全部由 Y 地区政府财政局注册的公司所持有。X 地铁公司目前业务以经营地铁和机场铁路为主，每日载客量已由初期的 40 万人次增至 250 万人次以上。同时 X 地铁公司还经营其他相关商务活动，包括出租铁路沿线的广告位和商店经营权，物业发展、物业管理和投资物业的租务管理，策划和兴建未来的地铁支线等。

公司董事会成员由 Y 地区政府委任，公司董事会任命的执行总监就公司业务的管理直接向董事会负责。

谈判事由

工会要求管理层改善员工的薪酬和休假制度，认为公司自运营以来，已取得了较好的经济收益，但员工的工资却没有得到提高。员工作为公司的一员，应该享受到企业发展的成果。同时，公司计划实行弹性轮值班的工作制度，员工认为这会导致工作强度加大，最多时每天需要工作 10 小时。员工认为管理层这样的安排是为了节省开支，但已经严重影响了自己的正常生活，并认为公司不合理的工作时间安排导致的疲劳工作是造成工作事故频发的主要原因。地铁工作人员现有的休假制度是工作年满五年的员工享受 21 天休假，工作不满五年的员工享受 14 天休假。但员工普遍反映年休假时间过短，希望可以延长休假时间。企业工会主席深知公司员工工作压力大，经过收集资料向公司总经理提出要约邀请，希望为员工争取工资、年休假等方面的权益。

劳方要求

第一，改善员工薪酬和休假制度。

第二，正副驾驶员、车站工人薪资提高幅度如下：

员工类型	职工年工资增长率
正驾驶员	7%—11%
副驾驶员	6%—9%
车站工人	10%—12%

第三，车站人员的休假调整幅度如下：

车站人员休假调幅增加（工作未满五年）	**4—7 天（现为两星期）**
车站人员休假调幅增加（工作满五年）	2—5 天（现为三星期）

第四，取消车站人员的弹性轮值班制度。

资方要求

资方同意提高职工工资，但是需要将工资增幅控制在一定范围之内，避免由于提高职工工资影响公司的正常发展。工资的增长率越低，资方越满意。

请劳资双方结合上述背景信息各自拟定谈判方案，运用相关谈判技巧展开谈判。

二、本章相关基础知识

1 职工代表大会制度

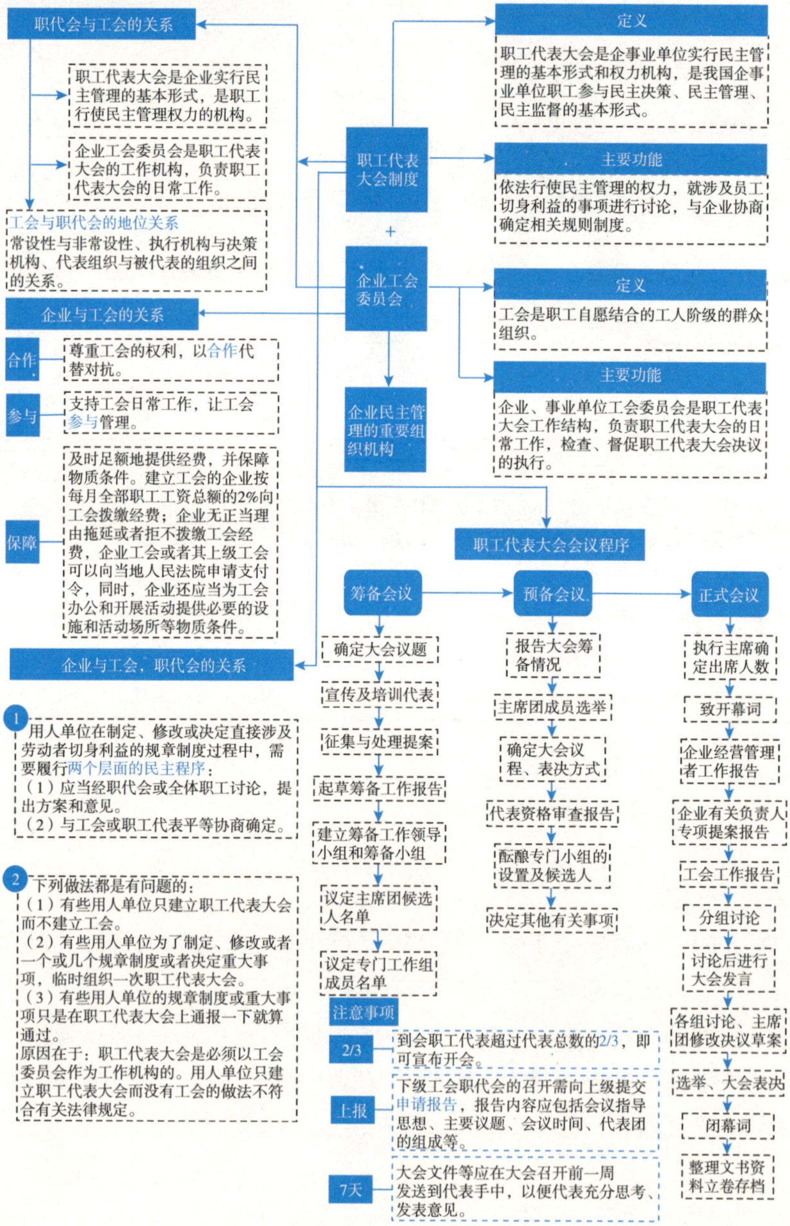

2　集体协商意向书

概念

集体协商双方在深入接触和有效沟通的基础上，就协商意向有关问题达成共识后，一方以意向书的形式向另一方发出集体协商的要求后，另一方以答复书的形式表示“确认”或“接受”的法律文件。

法律效力

一份集体协商意向书中往往既包括订立有效的集体合同的约定，又包括含义不甚明了的一般性条款，还包括纯备忘性质的记录。其效力应当结合集体协商意向书的功能范围加以区别。

文本结构

集体协商意向书的结构一般分为标题、正文、签订三部分。

其中正文由导言、主体和结尾三部分构成。

（1）导言

一般写协商双方的单位名称，因何事项进行集体协商，以及协商的指导思想，继而用“协商双方就有关事宜，达成如下意向”一类承上启下的惯用语导出主体部分。

（2）主体

主体是集体协商意向书的重点内容，一般写协商双方的意图及初步协谈后达成的倾向性认识、比较认同的事项，多采用分条列项的形式写作。各项条款之间的界限要清楚。各条项的内容要相对完整。

（3）结尾

一般应写明“未尽事宜，在签订正式集体合同时予以补充”之类的语言，以便留有余地。

注意事项

⊙要真实的表达职工方或企业方集体协商的事项。

⊙表述语言要适应意向书的特点。写作时应注意使用留有余地、富有弹性的语言，不把关键问题的条款尤其是数字写得太具体、太精确以免被动。

⊙态度要端正，不要以为集体协商意向书约束力不强就可以随意签订，损害自己的形象。

⊙集体协商意向书不要写有违法和违规的内容，也不要承诺属于上级部门和其他部门才能解决的问题。

参考文本

________公司工资集体协商意向书

________总经理（董事长）：

为构建企业和谐稳定的劳动关系，维护职工合法权益，促进企业发展，根据《劳动法》《劳动合同法》《工资集体协商试行办法》等有关规定和职工要求，结合本企业实际，建议协商双方就本年度的职工工资调整等事项进行集体协商。为使集体协商顺利进行，特提出如下建议：

一、协商的时间和地点

1.时间：建议定于_____年_____月_____日进行集体协商。

2.地点：协商地点建议在_______会议室。

二、协商的内容

1.工资分配制度、工资标准和工资分配形式；

2.职工年度平均工资水平及调整幅度；

3.奖金、津贴、补贴等分配方法。

三、协商代表的确定

按照有关规定，建议双方各选_____名协商代表。我方首席代表_____，其他协商代表_____、_____、_____。

四、为便于协商的顺利开展，请企业方提供上年度的以下资料：

1.公司上年度和当年的销售收入；

2.工资的资产负债表；

3.公司资产损益表；

……

以上资料请在协商会议召开前的5日内，提供给职工方首席协商代表，所涉及的商业秘密，本方协商代表将严格遵守保密规定。

五、请贵方自收到本意向书的15日内做出书面答复。

附：职工方工资集体协商代表资格认定书（略）

________工会委员会（章）

年　月　日

关于开展集体协商的答复书

_______公司工会：

你会于_____年_____月_____日发出的《集体协商意向书》已收悉，现就意向书中的有关事项作如下答复：

1.同意意向书中提出的建议协商的内容。

2.具体协商的时间和地点拟定于：__________。

3.企业方协商代表确定为：总经理_____为首席代表，其他代表是：_____。

4.企业方已将有关资料准备完毕，届时按规定提交。

以上答复如有异议，请及时沟通。

此复

（公司公章）

（总经理签字）

年　月　日

分析：

⑪⑨谈判对象是有感情的人，而不是对外界环境没有主动反应的机器。所以适当的寒暄无疑会拉近彼此的关系。不过有些美中不足的是，劳方依旧是以工资涨幅问题作为第一个议题来谈，这个问题虽然很重要，但是如果能先谈一些更容易达成一致的话题，最终结果可能会更好。

⑫⓪劳方的工会主席当机立断否定对方观点的做法很好，这也是一种谈判策略，即不管对方的提议如何，上来首先要否定对方的提议。因为这样坚决否定的口气，会让对方觉得本方要价已经跌破底线了，会做一些适当的调整。

⑫①谈判进行到这里，劳资双方关于工资涨幅问题暂时陷入僵局。有两个问题需要注意。第一，资方以投资巨大为由来压低工资涨幅的说法是不合理的，因为在地铁项目启动前，公司就已经有人工成本的预算了，不能说投资大，人工成本就应该压低，两者并没有直接关系。第二，劳方提出工资涨幅时，一定要提出相应的理由和依据来。

三、谈判过程及分析

谈判开场白

工会主席：大家好，很荣幸今天能够代表职工与各位经理就职工的工作条件进行协商。公司员工经常向我反映，认为公司的诸多制度存在弊端，不利于工作的正常开展，也影响到了员工的工作积极性，今天我们有机会坐在这里进行协商谈判。希望今天双方互相尊重互相信任，最终达成一个让双方都满意的结果，让咱们公司的形象和职工的未来都会越来越好。

首先，我们来谈一下关于正副驾驶员和车站工人薪资提高幅度的问题。我们的要求是，正驾驶员的工资提高 11%，副驾驶员的工资提高 9%，车站工人工资提高 12%。[119]

工资涨幅问题谈判

总经理：感谢劳方提出的有益建议。关于工资涨幅问题，我想请财务经理给大家详细解释一下。

财务经理：大家都知道，现在地铁运行尚不足一年，并且还处于运营初期，所以员工工资上调幅度不宜过高，同时我们的投资非常大，总投资额达 236.42 亿元，今明两年的成本更是超过了 18 亿元。公司的运营收入仅仅只能勉强维持基本的运营成本。所以员工提到的 11%、9%、12% 的涨幅公司目前很难承受。不过考虑到物价上涨以及通货膨胀等因素，我们也愿意为员工们上调工资，以保证员工的实际收入不会降低。我们认为比较合理的工资上调方案应该为：正驾驶员工资提高 6%，副驾驶员工资提高 5%，车站工人工资提高 9%。这是比较符合我们双方利益的方案。

工会主席：刚才财务经理提的方案，我们是绝对不可能接受的。[120]

副总经理：我希望我们的员工能够现实一点，我们 2012 年才开始运营整个地铁，现在一年都不到你们就提出这么高的涨幅要求，公司实在不能理解员工的这种想法。[121]

工会副主席：刚才咱们副总经理说得特别好，他说协商员工工资涨幅问题应该结合一下现实，而现实是咱们公司刚成立不久，员工人心特别不稳，许多员工对咱们公司目前对员工的态度表示不满。如果公司继续使用强硬态度，不能满足工人工资增长需求的话，那恐怕带来的不只是工人的损失，更有对公司的恶劣影响。所以我希望资方能够从工人切身利益出发，提高相应的工资增幅，以便稳定人心，增强工人的忠诚度。我相信，如果公司主动给员工加薪，公司未来发展一定会越来越好的。[122]

财务经理：正是因为考虑到员工可能的情绪问题，我们才决定在运营初期就为员工进行工资调整。我们整个地铁投资高达236.42亿元，我们的日搭乘人数长期在100万人次左右徘徊，最近才迈上250万的日搭乘人次，人均票价仅为2.9元，可公司每张票的成本却高达5.9元，可以说整个地铁项目目前都处于亏损运营状态。所以对于11%的工资涨幅，劳方没有考虑到公司的承受能力，所以我希望员工可以再仔细思考一下，就公司目前的状况，公司到底可以承受多少工资涨幅。

工会主席：您举了很多的数据，也有一些分析的结果，但是我觉得对公司经营状况在一线的工人应该更有发言权。[123]

员工代表：就像您刚才说的，公司处于运营初期，所以我们也体谅公司在财务方面的压力，但是就日搭乘人数而言，我们在运营初期就已经从刚开始的40万人增至250万人次，一下就增长了6.25倍。我们员工每天在站台上看到来来往往的乘客，心里感到特别开心，大家特别高兴这么多人来乘坐我们的地铁。通过从公司公布的一些数据来看，我们公司的利润率是12%，完全可以拿出很小部分的行政开支来为我们这些员工改善一下工资的待遇，您觉得呢？

工会副主席：而且随着客流量的增加，职工的作业量也相应增加了几番。员工的工作量增加了，如果工资的涨幅不够，我想这也不符合多劳多得的标准，对不对？

人事经理：关于劳方的疑问，我想说劳方谈到的客流量激增的问题，我们现在的确出现了运营扭转的情况，所以我们一定会给大家涨工资的，但鉴于以前公司一直处于亏损状态，导致我们只能提

分析：

[122]本次谈判是在地铁行业的背景下展开的，地铁的大部分员工是要在公司干很多年的，由于是公共交通的缘故，所以地铁的运营是相对稳定的，基本不存在员工人心不稳的说法，所以劳资双方在阐述论点时，应注意充分考虑公司背景的特殊性，减少不切合实际的论述。

[123]劳方不要急着说自己的理由，资方讲述理由的信息量非常大。所谓“言多必失”，劳方应该抓住资方论述中的一些细节加以追问，这对占据谈判的主动权非常有利。同时，劳方还应该强调，由于地铁行业的特殊性，车票收入并不是公司的唯一收入来源，相关地段的房地产开发以及广告收入都是地铁公司的盈利途径。所以仅仅从在车票成本过高不能说明全部问题。

供有限的涨幅。因为现在公司还处于运营的初期，所以我们也会特别关注员工的感受和意见。实际上，公司的每一名员工对于我们来说都非常重要，我们会认真考虑员工的诉求，我们依据财政状况制定出了相应的加薪方案。只是目前公司财政状况的确吃紧，希望员工能够体谅一下公司，降低加薪幅度。公司在将来效益好的时候会给员工更多的福利。

副总经理：我再补充一下，咱们公司刚刚运行了一年，我们连成本都没有收回来的情况下，劳方就提出11%的巨额工资涨幅，公司是绝对承受不了的。我希望员工能从一个长远的角度来看待工资增长，而不能为了贪图一时的利益而忽视公司的长远发展。我希望劳方把这个要求往下降一降，11%是我们绝对不会接受的。[124]

指导员：我来说两句吧。首先说明一下我的身份，我是本地区上级工会派下来的指导员。既然资方用数据说话，那我们也用一组数据来说明一下问题，今年工资的增长指导线应该是4.5%—16.5%，基准线应该是11.5%这样的水平。我们理解公司运营层面的困苦，所以经过协商，我们同意把原先要求的涨幅统一下降0.5%，公司领导有什么意见？[125]

总经理：考虑到员工的不容易，公司愿意在公司提出的方案上再上涨一个百分点，但这已经是我们涨工资的极限了，我们无法再承受更高额度的增长了，所以希望劳方认真考虑一下。[126]

工会主席：总经理对于咱们员工的体谅，我们很感动。公司目前的情况我们很是理解，但是咱们公司这一年确实是有实质性增长，正是因为咱们公司处于运营初期，所以我们才更应该稳住员工的心，保留住员工的热情。从这个角度来看，公司不会让这一部分人寒心，是吧？

副总经理：劳方说得没有错。我们会认真考虑劳方的建议，但是我们应该从长远角度来考虑。劳方一下涨那么高，会导致公司和员工的利益双重受损。

工会副主席：我觉得资方副总经理说得特别好，我们应该从长远的角度来看待这个问题，公司中像车站工人那样的工种，他们不是直接可以上岗的，他们是需要一定培训的，也就是说公司要支付一定的培训费用，如果招聘新员工，我们会有招聘成本，员工离职

分析：

⑫④一般而言地铁的投资回报期为9－10年，所以短期内亏损是很正常的。我们不可能在成本全部收回来的情况下再去谈工资涨幅问题，所以本次谈判因为行业的特殊性，劳方具有一定的谈判优势，应该充分利用。实际上因为行业的不同，谈判策略也会有很大不同，这就要求我们在谈判前期准备阶段应该依据行业特点准备材料，就本次谈判而言，用经营亏损来作为限制工资涨幅的理由，很显然“杀伤力”是远远不够的，因为地铁行业有别于一般行业的特点就是前期不盈利。需要具体问题具体分析。

⑫⑤劳方的让步是理性的，谈判是妥协的艺术。谁也不退让，最终的结果只能是两败俱伤。在让步时应注意掌握火候，不要做无谓的退让，总体上应体现对本方谈判发展有利的原则。

⑫⑥劳方积极主动的让步初见成效，资方相应地也做出了让步，这就是让步的力量。

会有离职成本。所以如果公司不通过涨薪的方式稳住人心，技术工人的流失，将会给公司带来巨大的损失。

副总经理：劳方的苦衷我们能够理解，但公司目前的财政状况只能拿出那么多钱了，如果劳方执意要涨工资的话，那咱们公司可能就此倒闭了。到那时候，我们面临的可能不是工资涨幅问题，而是失业的问题了。

工会副主席：我们是国有企业，并且根据常识，地铁公司是不可能倒闭的。我们设一条地铁线，一定是考虑到它长远的营利性，而不是随随便便拍脑瓜子做出来的决定，对不对？

副总经理：所以我们提出了各上涨一个百分点，这已经是我们能做出的最大让步了。员工的苦我们能够理解，但是员工也要为公司的长远发展考虑。我们年年都要给你们涨工资，所以我们的涨幅是应该有所控制的，而且我们现在正处在运营初期，成本都没有收回来，哪有那么多钱来给你们涨那么多工资。

工会主席：副总的这个情绪我们可以理解，我希望双方都能平息一下情绪，我们的副主席可能也有一些激动，因为咱们这是自从组建工会以来第一次集体谈判，所以我希望咱们还是在一个和谐的氛围当中，不要争得面红耳赤，毕竟公司的发展是咱们企业管理层和员工共同创造的。我觉得可能管理层过多考虑了运营成本问题，但是在对员工的关注上，公司可能还做得不够，现在让咱们员工代表说一下她的感受！

员工代表：各位资方代表好，我是来自车站的，所以我来简单说一下车站工人的情况。我们来公司竞聘的时候，岗位要求应聘者具有电气工程与自动化、电气一体化专业本科以上的学历，有五年以上的轨道交通行业经验。可以说，我们都是高素质人才，在人才竞争日趋激烈的今天，我们选择了咱们公司，我们愿意同公司一起共同奋斗，但奋斗的同时我们也希望公司能不能给我们一些实惠，让我们拿到与我们能力相对等的薪酬。[127]

副总经理：我们已经给员工涨工资了，而且还多涨了一个百分点，我们已经拿出十足的诚意了，如果劳方继续纠缠下去的话，我们是没办法继续谈下去的。因为财务状况是客观的，不是你诉苦就

分析：

⑫⑦员工代表用故事感化人的策略很好，但与目前中国地铁职工的学历构成有点不符。所以用这个例子还不是十分典型，不如讲讲一线乘务人员辛勤劳动感人故事有“杀伤力”。从事后看，劳方用高水平员工的策略效果并不明显。

分析：
⑫⑧劳资双方的胶着状态一直没有被打破时，劳方再次先发制人，做出了比较大的退让，退让幅度还是比较合理的，基本处于劳资双方初试报价的中间值。是一个双方都能接受的结果，其中对于正驾驶员的工资涨幅，劳方还多退让了0.5%。这一点实际上可以当做后面谈判的筹码，从其他条件上换取更多利益。

能有所改善的。

人事经理：我来为员工解释一下公司制定这么高录用标准的原因。第一是我们要对所有旅客负责，第二是员工在我们这里可以更好实现自己的价值。今天为什么我们工资只能上涨这么多，原因财务经理已经说得很清楚了。

工会主席：现在我们想针对涨薪的问题进行30秒的短暂讨论，您看可以吗?

财务经理：可以。

（双方30秒讨论中）

工会副主席：经讨论，我们最终的方案是，正驾驶员年工资增长为8%，副驾驶员年工资增长率为7%，车站工人年工资增长率为10.5%。[128]

总经理：感谢劳方能够为公司的长远发展考虑，我们同样也愿意为员工多考虑一些，所以我们同意劳方提出的最终方案。

年休假问题谈判

副总经理：下面我们来谈一下年休假的问题，我想请人事部经理给大家简单说一下我们的方案。

人事经理：我们的方案是，工作未满五年的车站人员年休假增加两天，工作已经满五年的，我们同意年休假增加一天，劳方还有没有意见?

工会主席：我们的意见是工作未满五年的增加四天，工作满五年的增加两天，这就是我们的底线。

财务经理：我非常理解员工的辛苦。关于年休假问题，一方面，员工是带薪休假，所以涉及人工成本的问题。另一方面，由于地铁行业具有特殊性，我们要保证它365天不间断的运营，所以如果员工年休假一下子就增加四天的话，对地铁的运营可能会造成一些不利的影响，我们也希望工会主席不仅仅站在劳方的角度思考，也要考虑地铁作为公益事业对于社会的影响。

指导员：在这里我说一句公道话。正是因为地铁行业的特殊性，我们才要特别重视它的安全问题。实际上，我们的驾驶员、维修工人以及车站人员他们是具备很高资历的人，他们大多数已经是 40 岁左右的人了，只有充足的休息时间才能保证他们有充足的精力去做好工作。这份工作关乎每一个人的生命安全，我希望公司领导层能够站在这样的高度去考虑一下问题。

人事经理：非常感谢指导员能从社会责任高度来分析这个问题。关于年休假问题，大型企业工作未满五年员工年休假最多的才 15 天，我们现在是 14 天，而刚才我们在 14 天的基础上又加了一天。也就是说现在我们已经达到了工作未满五年员工享受 15 天年休假的最高值。工作满五年员工在大中型企业现在最多的是享受 21 天的年休假，而我们原有已经是 21 天了，刚才我方也已经同意再增长一天，已经超出标准了。我们非常理解员工的心情，但同样也希望劳方可以考虑一下我说的这些问题。

副总经理：我再补充关于年休假的一个常识，工作一到 10 年的员工是五天，工作 10 年以上的才是 10 天，所以我们给予员工 15 天和 22 天的年休假已经是相当多了。

指导员：我同意副总经理关于法律条文的解读，但我想资方可能是忽略了一条法律条款。《职工带薪年休假条例》第五条规定，单位根据生产、工作的具体情况并考虑职工本人意愿，统筹安排职工年休假。所以必须结合地铁特殊行业以及员工的意愿来决定年休假的天数。[129]

人事经理：正是因为考虑到地铁的特殊性质并依据相关法律规定，我们才对工作已满一年不满 10 年员工的年休假从五天延长到了 15 天。这已经是非常超出标准的了，我希望劳方能够接受我们的让步。

总经理：劳方关于法律的解读，我也是非常认同。我们制定年休假的标准依据是两个，第一是相关法律法规，第二是公司的性质及实际运营情况。首先，法律规定是五天和 10 天。我们已经完全符合法律的规定。其次，考虑到实际运营情况，公司现在处于起步发展阶段，如果我们给员工更多假期的话，那公司就会缺少人手，无法保持正常的运营。

员工代表：我们对目前的年休假天数仍然不是很满意。我们每

分析：

⑫⑨指导员其实误读了相关规定。法条对年休假的本意是，年休假根据公司情况，可以集中安排，也可以分段安排，如果实在不能休假的，应该给予 3 倍的工资补偿。资方居然对法律条款没有进行核实，导致后面总经理还认同了劳方的解读。在集体协商中，对一些关键性条款，一定要亲自看一看，分析一下法条的本意是什么。断章取义的理解，只能是对法条的误读。

分析：

⑬劳方员工代表提出乘客安全这一“杀手锏”恰到好处地打破了僵局。地铁行业因为特殊性，保障乘客安全是第一位的。劳方在此处再次利用了行业特殊性，争取到了谈判的主动权。

天要保证250万乘客的安全，这么大的一个工作量，如果我们因为一点小差错而出了大事的话，这将对公司的形象造成严重的打击。我想说公司的每名员工都是非常热爱我们企业的，一旦企业需要我们，大家哪怕是已经下班回家了，我们也马上赶回来维护安全。但是我了解到公司马上要进行轮班制度，我们以后有可能有时候要工作10个小时，这对我们来说简直是一场灾难。本来八个小时的工作我们已经精神透支了，再加上两个小时，我们真的很难坚持这么长时间的工作。[130]

副总经理：好的。鉴于劳方员工的辛苦，我们再退让一天，这是我们的底线，绝不再妥协。

工会副主席：经过我们劳方内部协商，我们愿意接受工作满五年以上的人员休假增加两天的决定，但是也希望公司能为工作未满五年的员工增加一下他们的休假。

人事经理：我们对工作满五年的员工增加了两天休假，对工作未满五年的员工增加了三天休假，这是我们的最终底线了，我们没有必要再在这个问题上面纠缠，今天你们再考虑一下，是不是再谈谈其他的内容。

副总经理：如果不接受的话，我们绝对不会再讨论这个问题了。

工会主席：如果公司对年休假问题不能再增加的话，那弹性轮值班制度我们是不能够接受的。

弹性轮值班制度谈判

副总经理：关于弹性轮值班制度，让人事经理给大家介绍一下，我想大家可能对这个制度有些误会。

人事经理：我想大家可能对弹性轮值班制度有一定的误解。原来我们的地铁运营时间是在早晨六点到晚上10点的，我们实行的是两班制，也就是说每个人工作八个小时。而现在准备实行的弹性轮班制度，是10小时和六小时交替进行的。拿我来举例，如果今天我来工作，我的上班时间是六点到中午12点，一共六个小时，12点到18点我是休息的，到晚上18点到22点再工作四个小时，总共一天工作10个小时。第二天我是可以休息一整天的，第三天的上午我还是可以休息，我只需要从中午 12 点工作到下午的 18 点，一共 6 个小时。这就是 10 小时工作时间和 6 小时工作时间的交替，我们也就变成了三班制。虽然不像以前一样固定的每天工作八个小时，但是对我们的员工来说，无论工作时间上还是休息上都是有所改善的。所以希望劳方能够理解这个制度，我觉得这个方案是我们最能够达成协议的一点。

员工代表：我特别感谢人事经理能够为我们员工这么考虑。但是我们员工也有自己的考虑。您看您解释这个轮班制度都这么复杂，我们员工每天的生物钟都是固定的，我想我们很难适应这个轮班制度。

人事经理：我作为管理人员对这个制度比较熟悉。所以现在我这样跟您算一笔账，原来每人工作八个小时，两天的话就工作 16 个小时。如果按照弹性轮值班制度，那么员工三天才工作了 16 个小时，而且工作 10 个小时也不是连续进行的。我想这对双方都是非常有利的，所以我希望员工能够理性地去考虑一下我们提出的弹性轮值班制度。

员工代表：按您说的，今天上班，明天休息，后天又上班，我的生物钟和作息时间都是相当混乱的。我们希望有正常作息的生活，我们也希望资方能理解这一点。

人事经理：我们的方案并没有打乱员工正常的作息时间，我们是更合理优化了大家的工作时间，所以我希望大家能够认真地去考虑一下这个问题。回到我们刚才讨论的年休假的天数问题，我们再想确认一下，劳方是否同意我们做出的最终让步方案。如果同意的话，我们今天就可以签协议了。

副总经理：我们提出的弹性轮值班制度现在尚未运行，所以大家的担心我们也是非常理解的，我相信经过一段时间的运行，大家会逐渐适应这个制度，如果在运行一段时间之后，大家还是不满意的话。我们会考虑取消这个制度。

工会主席：我们商议的年休假问题，其实与弹性轮值班制度本质上是一回事。公司如果不能让员工休息好的话，那工作出了问题，责任由谁来承担？我希望公司能够考虑到这一点，要么取消弹性轮

分析：

⑬¹经过几轮交涉，弹性轮值班制度问题基本上很顺利地谈下来了，基于双方共同利益的，薪酬条款之外的议题可以先谈，以便节省时间来谈比较难谈的薪酬议题。

⑬²总体上讲，本次谈判劳方获益较多，基本掌握了谈判的主动权。我们也可以从一个侧面看出行业特殊性对谈判策略的影响是十分巨大的。劳方在本次集体谈判中一直处于谈判的优势地位。

⑬³在集体协商意向书的结尾，一般应写明"未尽事宜，在签订正式集体合同时予以补充"之类的语言，以便留有余地。

值班制度，要么给员工更多的休假，以保证地铁的安全运行。

人事经理：今天我们在工资涨幅问题上已经达成了一致意见，我们在年休假问题上已经做出了巨大的让步，所以我希望劳方也可以从企业长远发展的角度出发，做出一些让步。

副总经理：弹性轮值班制度，咱们的人事经理已经解释得相当清楚了。它不是让员工连续地工作，而是分时段去工作。更何况咱们的制度还没有开始执行，我们需要试用六个月时间，之后我们会根据试用期间的反馈来决定最终是否使用弹性轮值班制度。

工会副主席：经过我们进一步的协商，我们同意企业方提出的弹性轮值班制度，不过我们觉得六个月的试用期有点太长了，所以我们希望将试用期缩短到两到三个月，不知道企业方是否同意。

副总经理：好的。那我们就确定为三个月，三个月之后我们来看一下效果。如果劳方没有异议的话，那我们现在就签署一下协议吧。[131]

工会主席：我们再确认一下今天谈判的结果。第一，工资的增幅为正驾驶员 8%，副驾驶员 7%，车站工人是 10.5%。第二，年休假的调整为未满五年的在现有基础上增加三天，满五年的在现有基础上增加两天。第三，弹性轮值班制度我们试运行三个月。资方没有什么意见吧？[132]

副总经理：我们同意。

人事经理：我们非常高兴今天能够达成协议，那现在我们来签一下协议吧。

工会主席：我们只是代表工人来谈判的，今天谈判的结果还要经过职工代表大会的同意，所以我们签订的只是一个初步协议。

副总经理：我明白您的意思。根据法律相关规定，协议应当是由资方来出具，并且请劳方来签订的。所以现在让人事经理把方案给您拿过去，您看一下，如果没有异议的话，请在上面签字。

指导员：这好像不太符合法律规定吧。因为我们必须回去经过召开员工代表大会，全体通过协议以后才可以做出最终的方案，不是他们几个说了就算数的。

副总经理：我们签订的只是意向书，不是最终的合同。

指导员：那没问题，现在签字吧。[133]

专家点评：总体而言，双方表现的还是不错的，至少是比较和谐的，最后劳资双方在很多方面都达成了一致。双方更加配合了，避免了劳方或资方出现一枝独秀的状况。以上就是我对劳资双方的总体评价。

关于企业职工以外的人参与谈判的问题。在本次谈判中，我们看到劳方这一次派出了上级工会代表，上级工会代表实际上是企业职工以外的人，根据我国法律规定，各方确实可以推选出，或者说邀请本单位以外的专家作为本方代表来参加。在现实生活中，如果上级工会代表想要参加此次谈判的话，那必须得到职代会的同意，如果没有经过职代会同意的话，他是不可以直接作为员工代表坐在这边的。

前面有一个队邀请了律师，那个律师虽然说他是企业的法律顾问，但是我们知道，律师一般不是企业的职工，他与企业之间只是劳务关系，并不是劳动关系。所以律师如果参与到现场谈判的话，一般来讲都要经过一方专门的授权、委托，必须得有委托手续。

关于带薪年休假问题。在谈判过程中我发现资方更多地强调法律规定的标准是不超过 15 天，但是集体谈判是一种利益协商，不是权利协商，也就是说可以在法定标准之上进行协商，只要不低于法律标准就可以。

以深圳沃尔玛集体谈判为例，谈判的最后结论就是，任何来到沃尔玛工作满一年的员工都可以享受 10 天以上的带薪年休假，这实际上比法定标准要高一些。所以集体谈判只要是在法定标准之上的，我们就不要再谈法律标准了。

轮值休假问题。因为地铁属于特殊行业，所以这个时间根据规定平均下来只要不超过八小时就是可以的。另外，我还需要提醒大家的是，地铁是交通行业。交通系统的职工与资方进行谈判的时候，很多时候资方会很害怕。实际上，在国际上资方对待交通行业工人行动的态度是非常慎重的，有时候甚至会受到政府部门的限制。原因在于，如果资方没有满足劳方提出的要求的话，那劳方可能会采取怠工行动。地铁行业一旦怠工的话，很有可能会影响到乘客的利益，引起社会公众的关注。所以在国外这种交通行业的集体谈判政府都非常关注，有时候在谈判之前，政府就要进行强烈的干预。因为交通行业属于特殊行业，如果劳资双方谈崩的话，很可能会引起很大面积的社会问题。所以在本次谈判过程中，我觉得资方会因为行业的特殊性而在谈判过程中存在顾虑。正如劳方在谈判过程中提到的，如果相关工作人员身体不适的话，那由他所造成的安全隐患，将会对资方产生非常大的影响。在这个案例中，劳方由于行业的特殊性，具有一定的谈判优势及主动权。

谈判分析：本章案例的一个显著特点是数字化地确定了双方的谈判目标。在此类谈判当中，搜集资料和证据变得不那么重要，而在了解对方底线的情况下，采取适当让步策略是这类谈判的重点。该策略包括：一方面适当地争取己方利益，另一方面又不至于过于贪婪而达不成协议。本次谈判中双方也很好地做到了这一点，在双方底线交叠的地方顺利达成了协议。

比赛过程综述

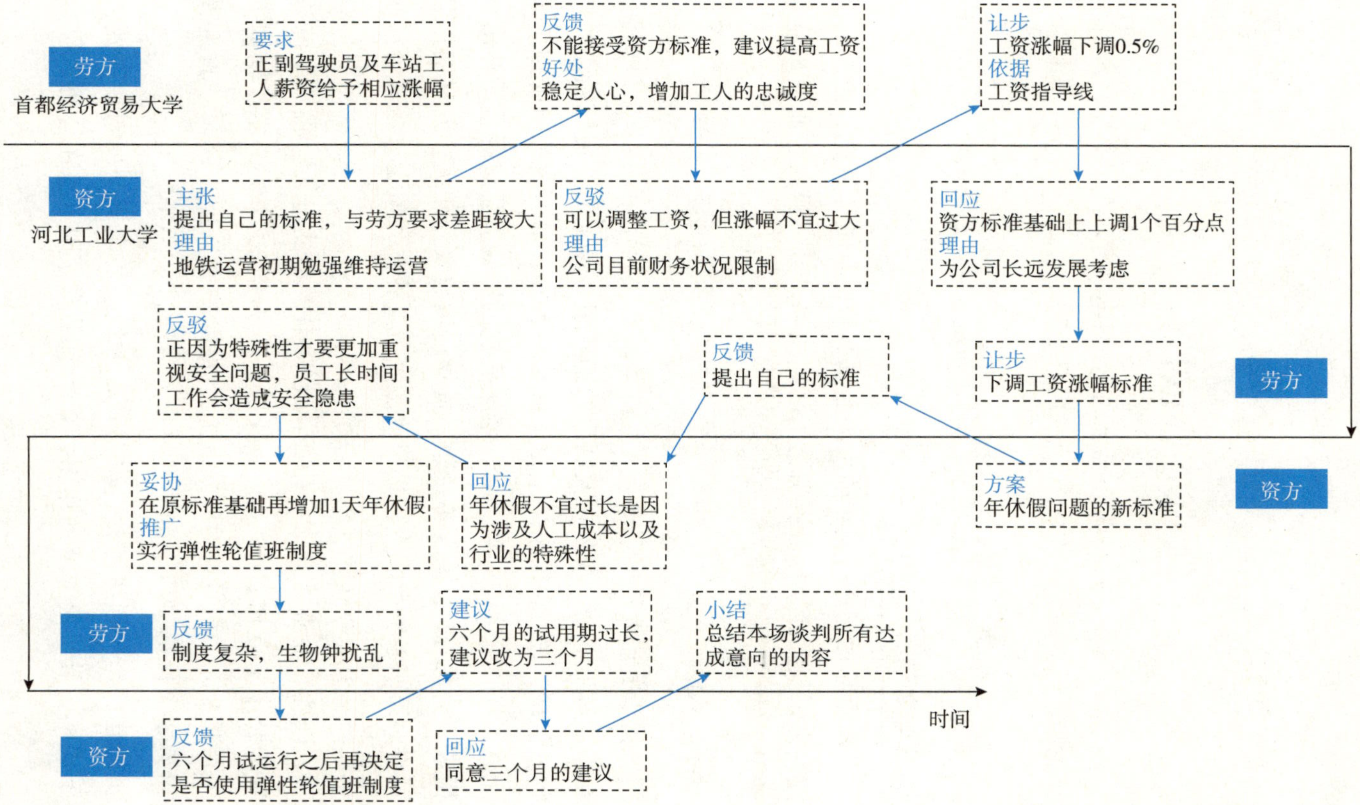
劳方
首都经济贸易大学
资方
河北工业大学
要求
正副驾驶员及车站工人薪资给予相应涨幅
主张
提出自己的标准，与劳方要求差距较大
理由
地铁运营初期勉强维持运营
反馈
不能接受资方标准，建议提高工资
好处
稳定人心，增加工人的忠诚度
反驳
可以调整工资，但涨幅不宜过大
理由
公司目前财务状况限制
让步
工资涨幅下调0.5%
依据
工资指导线
回应
资方标准基础上上调1个百分点
理由
为公司长远发展考虑
让步
下调工资涨幅标准
劳方
方案
年休假问题的新标准
资方
反馈
提出自己的标准
回应
年休假不宜过长是因为涉及人工成本以及行业的特殊性
反驳
正因为特殊性才要更加重视安全问题，员工长时间工作会造成安全隐患
妥协
在原标准基础再增加1天年休假
推广
实行弹性轮值班制度
劳方
反馈
制度复杂，生物钟扰乱
资方
反馈
六个月试运行之后再决定是否使用弹性轮值班制度
建议
六个月的试用期过长，建议改为三个月
回应
同意三个月的建议
小结
总结本场谈判所有达成意向的内容
时间

第六章
你真正的对手是谁
——H 食品加工公司劳资谈判

一、案例

H食品加工公司背景

H 食品加工公司四年前由一家国有食品厂改制而来，改制后企业迎来了新发展，斥巨资引进国际先进生产线，目前企业生产经营情况不错，订单饱满，效益稳步增长，获得了巨大利润。

谈判事由

由于公司近几年获得了巨大利润，如果不给员工增长工资的话，会引起员工不满，在公司改制后的四年里，员工的工资已经逐渐增加。但是，职工方提出的工资上调幅度过高，导致与公司管理层未能就工资问题达成一致。随着金融危机的影响，公司资金周转出现困难，货款的回收情况不理想，货物运输也受损较大，并且明年公司将对第四条生产线进行扩建改造，需要两亿元资金，这对公司来说是一笔不小的数目。

因此，企业方认为员工工资上调幅度不能过大，将工资涨幅定为技术工人增长 11%，一线操作工人增长 10%，二线辅助工人增长 9%。同时，对于员工社会保险缴费问题，公司一直遵循相关规定执行，但承诺会进一步加以改进。关于员工增设工龄工资的建议，公司将进行一次调查，考量工龄工资制度对于企业人工成本、员工流动率的作用，如果效果明显则考虑在公司实行。

劳方要求

1. 员工社会保险缴费问题

（1）公司存在某些职工未办理社会保险问题，要求公司补办社会保险。

（2）对于部分职工社会保险缴费基数过低的问题，要求公司进一步加以改进。

2. 增设工龄工资

公司现阶段员工工龄工资的设定标准为：

在本公司连续工作满一年的员工每月工龄工资为 50 元。
在本公司连续工作满两年的员工每月工龄工资为 100 元。
在本公司连续工作满三年的员工每月工龄工资为 150 元。
在本公司连续工作满四年的员工每月工龄工资为 180 元。
以此类推，之后在本公司工作每增加一年，每月工龄工资相应增加 30 元，累计 10 年封顶。

3. 工资增长幅度问题

员工类型	职工年工资增长率
技术工人	11%
一线操作工人	10%
二线辅助工人	9%

资方要求

公司认为职工方提出的工龄工资方案设定过高，不利于公司的工资方案的实施，应该对工龄工资，特别是三年以下工龄的公司员工的工龄工资作较大削减，体现老员工在工龄工资上的优越性。同时，将公司新制订的工龄计算方案作为设置工龄工资的先决条件。

请劳资双方结合上述背景信息各自拟定谈判方案，运用相关谈判技巧展开谈判。

二、本章相关基础知识

1 工龄工资问题

工龄工资制度

工龄工资又称年功工资，是企业按照员工的工作年数计算员工报酬的一种工资支付方式。

直线型工龄工资

- 优点：计算简单，统计方便
- 缺点：
  - ⊙没有划分社会工龄和企业工龄。
  - ⊙没有根据员工的劳动贡献予以分配。
  - ⊙在标准不高的情况下拉不开工龄工资的标准。

抛物线型工龄工资

抛物线型工龄工资的作用

- **有利于体现论功行赏的原则**：以较低标准考虑社会工龄，同时侧重于企业工龄的分配，明显拉开了新老员工的工龄工资差距。
- **有利于减少员工的流动率**：实行“抛物线型”工龄工资，提高了员工的跳槽成本。对减少员工流动率有一定帮助。
- **有利于打破论资排辈的现象**：新老员工同样的标准，老员工没有特权，有利于打破论资排辈的现象。
- **有利于提高员工积极性**：抛物线型工龄工资将工龄分为成长期、成熟期和衰退期。体现“青年员工渐长，中年员工快长，老年员工慢长”的原则。

实施办法

员工总工龄 = 企业工龄 + 社会工龄

- 社会工龄：制定线型分配政策
- 企业工龄：按不同年份分阶段执行不同的分配标准

遵循原则

1. 企业工龄工资标准与员工边际贡献率挂钩
2. 企业工龄工资标准高于社会工龄工资标准

工龄工资制度的注意事项

1. 不能单独依赖工龄工资来留住员工

企业应该转变观念，制定合理的薪酬政策，体现人文关怀。

2. 薪酬激励应充分体现员工贡献价值

企业可采用分段式工龄工资。
即员工工龄工资 = 社会工龄 + 企业工龄 + 特殊贡献附加
其中：社会工龄以固定系数表示，企业工龄以员工的技能等级为基础，特殊贡献附加以员工历史业绩附加为依据。

3. 以工龄工资制度带动相关福利开展

企业应注意开发与工龄工资性质类似的其他外在福利，例如年休假、特殊性福利、已婚职工福利房等，借此扩展工龄性薪酬的作用。

2 社会保险缴纳问题

社会保险的构成及缴费比例

社会保险是国家强制保险，为员工办理社会保险是用人单位的法定义务

1. 养老保险
2. 失业保险
3. 医疗保险
4. 工伤保险
5. 生育保险

"五险一金"缴纳比例参考一览表

	养老保险	失业保险	医疗保险	工伤保险	生育保险
企业	20%	6%	2%	1%	0.5%—2%
工人	8%	2%	1%	0	0

住房公积金

企业和个人分别在不超过上一年度月平均工资12%的幅度内可以不计征税收

特别说明：不同地区缴纳社会保险的比例有所不同，具体适用时参照当地规定执行

图解工薪收入中社会保险及住房公积金构成（月薪10000元为例）

单位缴五险

含养老、医疗、失业、工伤、生育保险，约为税前工资的30%左右，各地比例不同

单位缴公积金约为员工税前工资的5%—12%

单位总支出 14410元

个人税前工资 10000元

3210元	上缴社保机构
1200元	上缴公积金管理机构
322.7元	上缴税务机构
1023元	上缴社保机构
1200元	上缴公积金管理机构
7454元	到手工资

注：个人所得税=（应纳所得税-扣除标准）*适用税率-速算扣除数

应纳税所得=税前收入-（个人社保缴费+公积金缴费）

比较 社会保险VS商业保险

	社会保障	商业保险
保障对象	全体公民或劳动者	自愿参加的社会成员
运营目的	保障社会利益及稳定	获取利益
实施方式	国家强制执行	自愿参加
保费来源	个人、企业、政府共同承担	个人承担
法律适用	属于劳动法范畴	处于经济法范畴

常见问题

Q_1 双方约定免除缴纳社会保险可以吗？

A_1 不可以，因为缴纳社会保险是法定义务，即便双方约定以现金形式补偿取代缴纳保险也不合法。

Q_2 办理社会保险的时间是如何规定的？

A_2 用工单位应当自用工之日起30日内为其职工办理社会保险登记。

Q_3 用人单位对处罚不服的该如何处理？

A_3 用人单位对处罚决定不服的可以依法申请复议，对复议决定不服的，可以依法提起诉讼。

Q_4 未依法缴纳社会保险的处理办法是什么？

A_4 若未依法缴纳社会保险，最好先协商处理，并根据当地的社保政策予以补偿或赔偿。

Q_5 未依法缴纳社会保险的范畴是什么？

A_5
- 用人单位从未缴纳社会保险的行为
- 用人单位欠缴社会保险的行为
- 用人单位未足额缴纳社会保险的行为
- 用人单位未按规定险种缴纳社会保险的行为

三、谈判过程及分析

谈判开场白

工会主席： 今天非常高兴，企业方能够接受工会的要约，在这里与我们就企业现阶段存在的一些劳动关系问题进行集体谈判，在维护劳动者权益和兼顾公司长远发展的前提下达到双方的共赢。下面我们来谈一下本次谈判的三个方面的议题。

第一，关于社会保险缴费的问题。第二，希望企业能够增设工龄工资。第三，工人的工资增长幅度的问题。

首先我们想针对社会保险缴费问题先与企业进行协商。我们主要有两个方面的诉求：第一，企业还存在部分职工未办理社会保险，我们希望企业能够予以补办。第二，部分职工存在缴费基数过低的问题。我们希望资方能够给予适当的调整。[134]

社会保险缴纳问题谈判

总经理： 感谢劳方提出的问题。首先，关于有部分员工至今没有办理社会保险的问题，原因我们双方都是知道的，当时我们已经告知了所有的员工，是员工自愿放弃的。因为社会保险不仅要由企业缴纳，员工也要缴纳一部分。[135]

工会主席： 实际上，这部分没有缴纳社会保险的员工以前错误地认为缴纳社会保险没有用，但现在随着法律意识的加强，员工越发意识到社会保险的重要性。所以我们希望企业能够为这些员工补办社会保险，因为这也是国家的强制性规定。

财务经理： 好的，对于劳方的请求，我们会按照相关法规为这些员工补办社会保险。当然，应该员工自己缴纳的，我们也会每月按照国家标准从他们的工资里面扣除。[136]

工会主席： 好的。咱们就补办社会保险的问题已经达成了共识，接下来我们谈第二个问题，也就是员工反映的缴费基数过低的问题。通过我们的内外部的调查和研究发现，部分职工的社保缴费基数是按照本市月平均工资 60% 缴纳的，这符合法规规定的最低标准。但

分析：

[134]工会主席的开场白传达了本次谈判的目的和主要议题，并表示了对资方能够来谈判的感谢。总体上讲是不错的，强调了共同利益，拉近了彼此间的距离。

[135]社会保险是国家强制要求的，企业不能因为员工自愿放弃，就不给上。企业的做法实际上是违法的。劳方可以利用资方“有错在先”的事实，在谈判时为职工争取更多的利益。

[136]在社会保险缴纳问题上，国家规定得很清楚，所以劳资双方在此问题上没有出现什么异议。谈判效率很高，节省了谈判时间，而且也成了劳资双方达成的第一个共识，便于后面谈判的开展。

是结合咱们企业的经营状况和职工工资水平，我们认为应该以职工个人上年度月平均工资为缴费基数，因为职工个人的社保缴费基数是按照员工上年的月平均工资作为缴费基数的，用人单位也应依照职工的实际工资水平确定缴费基数。

财务经理：我不知道工会方有没有做过这样一笔计算？在原有工资保持不变的情况下，如果我们同意工会方提出的要求，那么员工应缴纳的将近20%的部分也会随着基数的上涨而上涨，员工是不是真的愿意每个月实际拿到的钱变得少了呢？

员工代表：感谢财务经理。我是咱们公司的员工代表。我们已经和所有的员工进行了沟通和交流，代表的是我们整个公司所有员工的利益。所以这点请放心。

总经理：您说劳方已经跟所有员工进行了充分的沟通。但我想问一下，您知道按照2011年的CPI增长指数，我们20岁员工交了钱之后，在他60岁可以领取这个钱的时候，他的购买力是现在的多少吗？

员工代表：我觉得这种特别专业的问题咱们先别讨论，咱们应该回到今天谈判的主题上来。

总经理：这不是什么特别专业的问题，我们对于提高社保金缴费比例需要认真考虑。我可以给你一个数据，在2011年国务院计划将CPI控制在4%，但是结果是5.4%。按照5.4%来算，40年后我们的实际购买力是现在的八分之一，而社保金当中员工需要缴存的比例大概占到了三分之一。如果增加我们年轻员工的社保金上缴比例的话，每个人的实际购买力是在下降的。

财务经理：我们的意思就是说，在不违反法律的前提下，最大限度保证员工在实际生活中能拿到最好的实惠。如果把基数调得过高的话，其实是对员工不利的。另外，职工代表提出已经与广大职工商议过了，我们想请问有没有纸质证明或者其他能够证明的东西呢？

员工代表：其实是这样的。我们经过调查，有部分职工确实在企业没有改制之前，年度月平均工资是低于本市职工月平均工资60%的，当时按照国家法规的规定，缴费基数按照本市职工月平均

分析：
⑬⑦资方在这里提出让员工代表出示全员签字的书面协议的做法是不合适的。因为这应该是由职代会的方式来解决的，并不是缴费基数提高与否的前提。

⑬⑧劳资谈判主要是谈法律规定以上的部分。企业按照60%作为缴费基数是没有问题的。但应该注意按60%缴费的前提是什么，现在企业经营状况良好，员工的平均收入已经高于社会平均工资，如果还按照60%去缴纳的话，就不合理了。

⑬⑨在关于缴费基数问题上，劳方是具有谈判优势的。正如前面说，企业按60%的标准去缴纳社保本身就是不合理的，劳方既然已经指出了企业方的错误，就应该坚持为职工争取相应的利益。在谈判中一定切忌"蜻蜓点水"式的谈判，该谈明白的问题一定要讲清楚，搁置到下次谈判，只能增加谈判的不确定性。在这轮劳资双方的较量中，劳方"不败而败"，资方"不胜而胜"。

工资的60%计算，这是没有问题的。但是改制之后，我们的经济效益得到了很大提高，员工工资也相应得到了很大提高。现在员工的工资已经完全高于上年度本市职工月平均工资，我觉得现在应该在缴费基数上做相应的提高。

运营经理：经过协商，企业方同意对缴费基数进行提高，但前提是员工代表能够出示全员签字的书面协议。[137]

工会主席：我觉得企业方不能因为员工要求涨才涨，因为社会保险是否完善是一个企业是否先进的重要标志，尤其像我们这样在食品行业内部中上游水平的企业，更应该注意社会形象。

财务经理：我们并没有存在不合理之处，我们是严格按照国家社保规定进行缴纳的。[138]

生产经理：而且我们不是说员工要求涨我们才要去涨，我们之前也想涨，但是基于一些员工的意见和对员工实际收入的考虑，才没有涨。咱们接下来探讨工龄工资的问题，好吗？

工会主席：好的。关于上调社保缴费基数的问题咱们达成了部分共识，可以在接下来的过程中继续跟企业进行商讨。就社会保险的问题，对于应办社会保险却没有办理的员工，咱们将进行补办，这点企业方已经确认了，对吗？

总经理：关于社会保险的问题，我站在公司的立场上把它明确一下。首先，有部分职工没有参与社会保险，我们会从这个月开始帮他上缴社会保险。其次，对于有部分职工缴费基数过低的问题，我刚才已经给劳方算了一笔账，你们显然事先没有做好这个工作。我希望你们能把这个数字给大家解释清楚，然后我们重新开一次职工代表大会。如果全员通过的话，我们再对上缴社保缴费基数的问题进行商议。

工会主席：我想再声明一下，我们是完全按照国家政策规定提出来要求的，员工现阶段社保缴费基数过低是因为以前员工工资过低造成的，现在咱们的工资线已经增长了，咱们的缴费基数就应该与社保缴费一起增长。这个问题咱们先暂且搁置，下次再议。[139]

生产经理：咱们已经达成一致。

工龄工资问题谈判

工会主席：接下来咱们谈本次会议的第二点，增设工龄工资的问题。对于增设工龄工资的标准，我们已经在会前把我们的初步方案发放给企业方的各位代表了。在这里我简单介绍一下，我们希望企业方设立的工龄工资标准是：在本企业连续工作满一年、两年、三年、四年的员工每月的工龄工资标准分别是50元、100元、150元、180元。之后在本公司工龄每增加一年，每月工龄工资就相应增加30元，然后累计10年封顶。[140]

生产经理：劳方提出的方案的确对减少员工流动率有很大作用，所以我们同意增设工龄工资的制度。我们的方案是员工工龄在一年、两年、三年的，其工龄工资分别是每月10元、20元、30元，之后工龄每增长一年其工龄工资每月增加8元。我们在国企改制之后，虽然利润有一些上升，但是金融危机对我们公司的影响还是很大的，我们资金周转不灵，运输情况也受损。所以企业是尽了最大的努力来给大家发工龄工资。请问劳方，50元、100元的工龄工资标准有什么依据吗？

员工代表：据我们了解，金融危机对进出口行业的影响比较大，但对食品行业，特别是对我们企业的影响是很小的。据调查，我们同行业的企业都设有工龄工资，而且涨幅很大。我们提出设工龄工资的请求实际上也是为企业方着想，因为企业可以用很少的成本来留住核心员工。[141]

财务经理：不知道大家是不是真的了解食品行业设置工龄工资的现实情况。据我们了解，虽然每个企业都有自己的工龄工资制度，但是很少有企业设置的工龄工资会如此之高。基本上我们看到的工龄工资数据都是在10元左右，也有一些是个位数的。所以我们提出的方案其实是很合理的。另外，金融危机的影响对我们企业的影响还是挺大的。所以我们财务部门确实已经做了很好的预算，最后才确定了每月10元、20元、30元的工龄工资方案。

工会主席：感谢财务经理提供的信息。实际上，我们提出的标准是与企业近几年盈利增长幅度相匹配的。至于财务经理谈到了受

分析：

[140]劳方提出的要求有点过高了，与现实情况差距有点大。虽然开始提要求的时候可以适当“虚高”一些，但要把握好这个“度”，否则双方提出的要求差距太大，很容易出现僵局的情况，不利于双方的进一步协商。

[141]劳方在谈判前对工龄工资调查的不够，导致当资方问到工龄工资依据的时候，只能用金融危机对本行业影响小、企业需要留住核心员工等理由来回避掉工龄工资标准依据的问题。所以在谈判中己方提出诉求一定要有理有据，切忌“想当然”提出一些与现实差距太大的要求，这样会造成本方论据公信力整体下滑。

[142]作为一线工人的代表，他有一个得天独厚的条件，就是可以知道公司生产经营状况如何，通过出货量和一些原材料的使用量，可以大概估算一下，公司每天的营业额是多少，成本大概是多少。劳方应该用一些数据来证明自己的观点，这样会更有说服力。另外，金融危机前后的出货量对比数据也可以说明金融危机对企业的影响到底有多大。总之，劳方应该多用具体事例和数字来说明问题。

分析：
⑭③资方强调工龄工资的激励作用很好。但其实可以进一步强调一下工龄工资“额外”的作用。工龄工资又称年功工资，工人干的时间越长，相应工龄工资越多，它的作用远不止是鼓励老员工。更深一个层次的作用是让老员工在安心工作的同时愿意传授给新员工他们的隐性知识，即生产经验。这对公司效益的提高是极其重要的。所以，如何恰当使用工龄工资是企业需要认真思考的问题。

⑭④资方的论证逻辑有问题，由于竞争，订单价格会被压低，这一点没错。但问题是成本的假设是不合理的，当竞争压力压低产品价格的时候，有的企业高歌猛进，有的企业却一败涂地，差别就在于成本管理。当价格被压低的时候，企业可以从两个方面入手：一是对原材料等外部成本进行控制。二是对管理成本等内部成本进行控制。产品价格的降低并不是影响工龄工资数额的直接因素。

金融危机的影响，公司资金周转不灵等原因，我想试问一下财务经理，工龄工资的付出到底能占企业总成本的多少，我觉得其实并不存在资金非常困难的问题。另外，正如工人代表所说，食品是人们生活的必需品，其实金融危机对食品行业的影响并没有像其他行业那么大。所以我们觉得企业完全有能力去提高工龄工资的标准，下面由我们的一线工人代表来简单谈一谈他对公司效益的一些体会。

员工代表：各位资方代表，大家好。我是一名流水线工人，我看到的一些实际情况并不像公司财务经理说的那样，公司出入库的原料和成品的吞吐量实际上是并没有减少，我们每天的工作量也并没有减少，甚至时常有加班的情况。我想问一下，这是怎么回事？[142]

人事经理：首先我们需要明确一下工龄工资的意义何在。它应该是起到激励的作用，是为了鼓励老员工，保护他们对我们公司的忠诚度。[143]

工会主席：这一点我们也非常同意。

财务经理：对于刚才劳方提到的效益问题，我想请员工注意一下，那就是并不是只要有产品我们就有利润，实际上我们还有亏损的风险。当然企业现在是盈利的，但是并不能说企业的产品越多，所以我们的利润就越多，这是不符合实际情况的。

此外，现在周边地区的同行企业其实在迅速的扩张，所以我们面临的竞争压力非常大，只要有竞争，在成本不变的情况下我们订单的价格就会因竞争压力而被压低。所以我们现在面临的竞争压力和资金压力都是非常巨大的，我们已经给大家提出了一个相对合理的方案，但不知道为什么我们之间的分歧还是这么大。[144]

生产经理：现在咱们员工不要再质疑财务经理的工作了，我想请问一下对方代表，对于工龄工资能做多少让步呢？

工会主席：刚才财务经理有句话我觉得说得特别好，她说我们的企业现在是在盈利，虽然金融危机影响波及面很广，但是我们的企业依然在盈利，作为公司的一员，我觉得这是很值得自豪的一件事。我们对企业今后的发展非常有信心，我们也相信企业会给工人建立更多更好的福利，我们的企业是关心、重视工人的。我想这也是在座所有人共同的希望。

总经理：首先关于公司关心工人，有没有跟工人分享利润，我觉得你们在开场的时候已经说得很明确了。在四年之前，我们的平均工资低于本地社会平均工资的60%，而现在已经远远超过了本地社会平均工资水平。所以说，公司已经很好地与全体员工分享了公司利润。我们对员工的奖励制度是要看未来，而不仅仅是看现在和过去。在过去四年里，咱们公司确实有了巨大的发展，但经济危机确实对我们造成了很大影响。国家统计局网站上其实有很明确的数字表明，在2012年，宏观经济景气指数一直是在下降。

工会主席：我插一句，总经理给我们提供了一些非常宏观的数据，作为一名普通的劳动者，我们并不太了解这些东西。企业方一直认为我们提供的工龄工资标准太高，我们可以适当与企业方进行协商。但我们认为，既然公司明年将针对第四条生产线进行扩建改造，这表明企业现在的发展势头迅猛，公司盈利的前景也是非常可观的。咱们企业一直都处于同行业的中上游水平，不设立工龄工资确实有一点说不过去，不符合企业在同行业中的形象。

生产经理：我们同意设立工龄工资，现在请劳方代表说一下让步的条件。

工会主席：我们同意将我们提出的工龄工资方案进行适当调低，但是希望以后每年都固定对工龄工资进行谈判。

生产经理：你们的具体方案是什么，首先是调低多少？

工会主席：如果现在企业方能够接受前三年每个月的工龄工资都为30元，之后工龄每长一年每月工龄工资都增加20元，10年封顶。之后再根据企业的效益，每年对工龄工资进行重新探讨，这样的标准，不知道企业方有什么意见？

总经理：我觉得之前你提出来50元的标准说明了你不了解行情，现在又提出了一个30元的方案，说明你们之前没有充分做好工作。但是我们为了做好员工流动率控制，决定用30秒钟商讨一个新的方案，请你考虑一下，可以吗？

员工代表：总经理，能容我说一句话吗？我只是食品厂的一个普通工人，我没有太高的学历，你给我拿出来一堆指数，我不懂。

生产经理：给我们30秒讨论一下。

工会主席：我们工会方已经有诚意地调低了标准，但企业方却一再质疑我们的诚意。

财务经理：首先，非常感谢劳方做出这么大的让步。根据劳方提出的条件，我们现在提出一个新的方案。具体是指 2^x+10 的抛物线工龄工资，按这种算法得出的工龄工资，第一年是 12 元，然后 18 元、28 元、42 元、60 元、82 元、108 元、138 元、172 元，10 年是 210 元，10 年以后的工龄工资都是 210 元，不知道各位代表对新的制度有没有什么想法？

人事经理：这对于我们年限比较久的员工是非常有利的，员工工作的年限越多你得到的工龄工资就越多，正好符合我们工龄工资的意义。

工会主席：我觉得企业方人事经理说得非常好。这个方案体现了工龄工资的价值，所以我们暂时可以接受企业提出来的这个方案，但是根据企业的盈利状态，我们还是要求以后每年都必须在集体谈判中重新商定工龄工资。

财务经理：劳方已经同意我们 2^x+10 这个抛物线工龄工资方案了，对吗？现在我们有三个附加条款：首先，员工连续请假超过 15 天或年内请假累计超过 30 天，该员工工龄按新员工待遇执行，并重新计算工龄。第二，员工辞职后又复职，原工龄取消，按照新入职时间重新计算工龄。第三，试用期不计算工龄。

这三个附加条款，劳方可以接受吗？

员工代表：我想问一下，员工连续请假超过 15 天，或年内请假超过 30 天者，如果是出于某些特殊原因的话，有没有一些相应的规定？

生产经理：这个是有的，特殊情况须向总经理申请批准。

总经理：我想补充一下，刚才这个不是附加条件，它是我们的厂规。我在这里重申这三条规定是因为它会牵扯到工龄工资的计算。

员工代表：既然是厂规，我们作为员工会遵守企业的规章制度，这点我们同意。

财务经理：感谢我们的员工代表。

员工代表：我希望企业能够以书面形式把附加条款公示出来。

人事经理： 我们到时候会公示给大家，请劳方放心。

员工代表： 好。

工资涨幅问题谈判

工会主席： 就工龄工资的问题，我们已经做出了一些让步并达成了共识。下面我想就工资增长幅度与资方开始探讨。今天我们工资增长幅度谈判针对三类工人：技术工人、一线操作员工以及二线辅助工人。我们的工资涨幅要求分别为：技术工人14%，一线操作工人12%，二线辅助工人10%。这个标准我们是根据本市工资增长基准线以及咱们企业近年来的经营状况来划定的，本市的工资增长基准线最低是6%，最高是15%，我们提出来的这些要求完全符合政府的政策导向。

财务经理： 感谢员工给我们提出的方案。但有个情况我想跟大家说明一下，我们现在是国有企业，需要对工资总额进行控制，国有企业工资总额的一个最基本的条件是"两低于"，即工资总额的增长速度要低于经济效益的增长，职工平均工资增长的速度要低于劳动生产率的增长速度，上级部门每一年都会给我们一个工资总额线，我们是不可以超过这个线的。公司的财务数据显示，我们去年的经济效益增长并没有达到14%，所以即便我们现在答应大家了，我们这个申请也批不下来，我们不可能满足你们的要求。[145]

生产经理： 刚刚咱们员工在探讨社会保险问题的时候也提到说公司在近几年都连续给员工大幅度涨过工资。我觉得现在14%、11%、10%的标准不太合理，希望员工们能协商之后再降一些。

财务经理： 按照我们税收的增长速度得出的经济效益增效及工资增长幅度，我们认为工资总额增长必须控制在12%以内。

工会主席： 企业方认为针对这三类员工工资增长比例应该是多少呢？

生产经理： 技术工人为9%，一线操作工人和二线辅助工人是8%。考虑到技术工人掌握一些技术，而且工作有创新性，我们对其的涨幅要高于一线和二线工人，这也是对员工特殊技能的考虑。

员工代表： 我们提出这个标准同时也是为了企业着想，我国劳

分析：

[145] 资方提出来的"两低于"原则实际上由四个变量构成：企业当年提取工资总额增长幅度，本企业实现利税增长幅度，职工实际平均工资增长幅度，本企业劳动生产率增长幅度。其中劳动生产率的增长是核心论据，劳方应该牢牢抓住这一点，因为它是劳资双方都能认同的工资增长来源。劳资双方在协商中针对提高企业的劳动生产率措施进行必要协商，是提高工资增长幅度的关键内容。

动力市场已经由供大于求转换为供等于求甚至供小于求这个情况，我们了解到企业明年要对第四条生产线进行扩建改造，在劳动力减少的情况下，公司提高员工工资，是不是对劳动力更有吸引力呢？

人事经理：首先对于劳动力需求的问题，我们还是挺自信的，因为公司一点都不缺人，我们效益非常好，很多人都想来我们企业，这一点请员工不用担心。

生产经理：作为生产经理，我想对第四条生产线扩建改造进行解释。第四条生产线扩建改造并不是说要多招人，而是在现有人数的基础上扩大我们的生产量，这样可以提高产量和利润，利润提高之后才能给员工多发钱，这也是为员工们考虑。

工会主席：产量的提高是不是意味着员工工作量的提高呢？工作量的提高是不是也意味着工资要涨？

总经理：我们对生产流程进行了改造。

生产经理：我们花两亿元资金对生产线进行改造，引进先进的设备，可以在相同工作量的情况下提高生产率。

员工代表：资方一直在强调我们是国有企业改制过来的，但是既然企业已经改制了，为什么员工的工资还是按照原来国有企业的工资制度发放工资。而且我们既然斥巨资引进国际先进生产线，难道我们不应该根据市场的基准来给员工增工资吗？

财务经理：国有企业改制是从以前计划经济体制下的国有企业改制为现在市场经济体制下的国有企业。

员工代表：对，我强调的就是市场。

财务经理：我们是国有控股的国有企业，企业必须完全遵守国家有关法律规定。

生产经理：只剩五分钟了，请员工再做出一些让步，因为我们已经做出巨大的让步了。

工会主席：我们已经在工龄工资设定上做出了巨大让步，我觉得企业方也应该拿出诚意来。我们提出来的标准并不过分。一方面，我们的方案符合国家工资增长指导线的要求。另一方面，员工的工资增长率与企业的效益是相应的，公司应该考虑我们在同行业中的形象。

财务经理：劳方提出的14%的工资涨幅肯定是不可能的，即使我们现在答应了，到时候也通不过上级的审查。时间已经不多了，请问各位工友现在依旧坚持原来14%、12%、10%的增长标准吗？

工会主席：综合各种因素，我们要求技术工人工资涨幅增加12%，一线操作工人增加10%，二线辅助工人增加9%，企业方有什么意见吗？[146]

总经理：你知道工资基准线是什么时候提出的吗？

工会主席：去年。

总经理：去年CPI是5.4%，今年前三个季度预计CPI是3%。

员工代表：总经理总是拿CPI来跟我们说话，可是我们员工关心的是企业的效益。

生产经理：考虑到各个不同工种工作职位、工作内容不同，我们现在能够做出的最大让步是三类工人工资涨幅分别为：技术工人10%，一线操作工人9%，二线辅助工人8%。[147]

财务经理：我们在引进了生产线之后，利润和劳动效率应该都会有提高。如果明年我们效益更好了，或者经济形势更好了，我们可以继续商谈涨工资的事。

工会主席：我们觉得应该再稍微上调一点，三类工人工资涨幅分别为：技术工人11%，一线工人10%，二线辅助工人9%。

生产经理：我们虽然有盈利，但我们的利润并不是全部都用来给工人们发工资的，还要引进一些生产设备，进行一些投资，运作一些投标项目等。我们最后的工资涨幅方案还是技术工人10%，一线操作工人9%，二线辅助工人8%。

工会主席：请企业方给我们半分钟的讨论时间可以吗？

财务经理：好的。

工会主席：经过协商，我们还是不能接受企业方提出的条件，因为我们在工龄工资上已经做出让步了，而且完全是按照企业方设定的标准达成了协议。

财务经理：我们的分歧并不是特别大，我们双方能不能在现在的情况下，再做出一些让步。

工会主席：我们让步的都是工人的利益。

分析：

⑭⑥劳方首先做出了调整，下调了工资增长幅度，这有利于打破僵局，但是从另一面来思考这也是劳方的无奈之举，劳方列举出来的论据基本上都被一一否定了，但是，资方的回应并非“十全十美”，劳方代表只要认真去分析，就可以有效应对资方的论据。首先，劳方代表提的东西对于企业领导者而言触动不大，企业方关心的是企业利润的涨幅，劳方应该拿出数据或事实来证明工人对创造企业利润所做出的努力。人的因素在企业中非常重要。一方面，可以称作人事成本，另一方面，可以称作人力资源。前者是企业的负债，要求人越少越好。后者是企业的资源，要求质量越高越好。

⑭⑦资方以引进生产线、投资项目为由来影响今年职工的工资涨幅的说法是有问题的，因为任何项目都是要进行可行性分析的，但没有一个可行性分析说引进生产线的资金是利用职工工资进行的。所以，劳资双方在谈判过程中要注意去伪存真，认真分析对方的论据是不是真正有道理。

分析：

⑭前面已经分析过了，投钱买新生产线与给员工涨工资并没有直接相关关系。其实资方在这里可以用"积少成多"的算法来告诉劳方，公司目前的处境。劳方提到增长1%，企业不会在乎，实际上，如果企业规模够大，1%工资涨幅的增加都会使公司现金流出现紧张的状况，企业方利用自身信息的掌控优势，可以现场给劳方算一笔账，按照目前薪资水平，工资上涨1%，企业的人工成本到底增加多少。一个数字可能胜过现在的千言万语。

财务经理：这同样也涉及企业的成本，企业每年都在给员工涨工资，如果每年都涨这么多的话，那别的工人怎么办？

员工代表：我们的企业一直在盈利，我相信这么大的企业也不在乎提高1%吧？[148]

总经理：我想提醒一下劳方代表，今年我们刚用了两个亿去买新的生产线，资金比较紧张，我们明年再谈工资的涨幅，可以吗？

生产经理：如果员工再降一点，表现出一点诚意的话，我们可以再考虑。

员工代表：我们从14%到11%，已经做出了大于3%的让步了。

（由于谈判时间已到，此次谈判到此结束）

专家点评：我给咱们的组委会提一些建议，比赛规模应该再扩大，活动应该频率更多一点，我们设计的案例应该更多一点，这对于锻炼大家的能力非常有好处。不管是什么样的谈判，不管在谈判中大家的语言多激烈，最终我们要看结果。这场谈判虽然最终工资问题没有达成一致，但是应该是比较圆满的，起码在谈判过程中我们双方都能够从企业发展的角度，互相去体谅，前几项都谈成了。

我还想针对这场比赛提出几点建议。

第一点，我们协商的基础是国家法律，我们要遵循法律已经规定的东西。比如说社保基数的问题，60%是不违法，但是实际上60%是企业经济效益不好的情况下才可以按下限去给员工缴纳社会保险。企业员工的平均收入已经高于社会平均工资了，还按60%去缴纳社会保险，这显然不合理。这场比赛双方都很和谐，但我们应该知道自己在谈判过程中存在的缺陷是什么。

第二点，职工的意愿。我国现在实行的是企业民主管理制度，刚才经理提出来了，有些职工不愿意上调社保缴费基数，能不能让职工联名写一个大家签名的东西。其实作为企业的管理人员不应该提这个问题，应该通过职代会来解决问题。同学们请记住，谈判的最终是协商合同，协商代表的申述，都要走民主程序。民主程序是什么？就是企业职工代表大会。

第三点，在协商中双方都应该考虑什么，要考虑企业的可持续发展问题，劳方提出的工龄工资基数问题提得过高了。只有符合企业实际的方案，企业才会考虑参考。工资增长幅度的问题，我们应该考虑，今年增加12%、14%，明年涨不涨？工龄工资的基数一下就涨到30元、50元、180元了，以后怎么办？所以双方都应该从企业发展的角度来考虑企业可持续发展的问题，这也是我们谈判的基础。

还要再提一点，协商的关键是协商前的沟通和交流，请大家记住，在真正协商谈判前，沟通交流的时间比我们谈判的时间要长得多。谢谢大家。

谈判分析：本案例和上一个案例都给出了谈判的目标，但本案例双方目标交叠的区间，也就是双方可达成协议的区域，是一个点。双方不可能在这一点以外的任何地方达成协议。这就增加了谈判的难度，使谈判难以达成一致。果然，本组谈判双方以一个百分点的分歧没有达成协议，这对双方都是损失。如果某一方能在最后几分钟调整一下策略，做最后的退步和权衡，那么结果可能就是双赢。谈判需要克服的就是“较劲”心理，一个百分点的分歧，我可以让，对方为什么就不能让？于是我也不让。这么做卡死了对方，也损害了自己。谈判者经常忽略了一个事实：你谈判的对方不是你的竞争对手，而是其他赛场上和你处于同一阵营的伙伴。因此，两败俱伤是最差的结局，比较理性的策略应该是：在谈判的最后几分钟迅速估计对方让步的可能性，并且做出最后的调整。

比赛过程综述

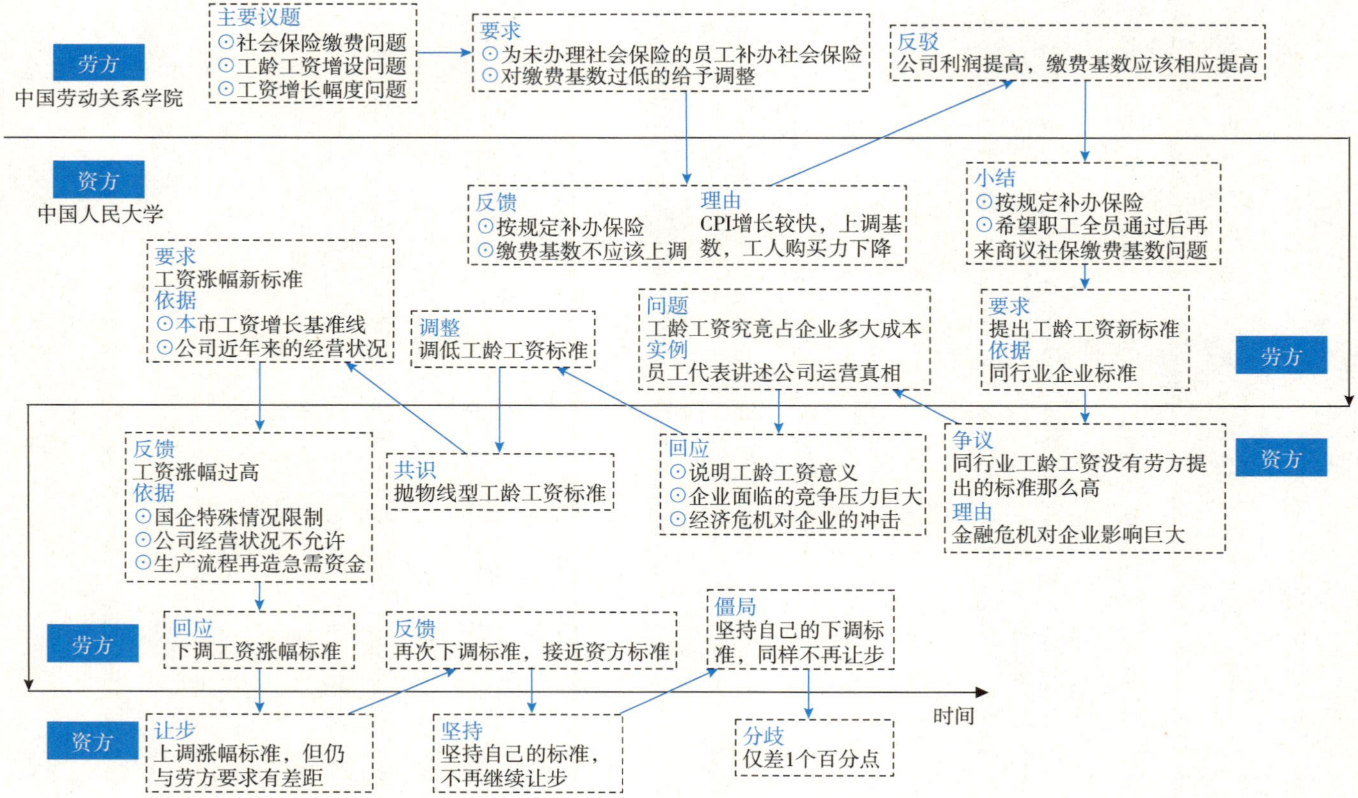
劳方
中国劳动关系学院
主要议题
⊙社会保险缴费问题
⊙工龄工资增设问题
⊙工资增长幅度问题
要求
⊙为未办理社会保险的员工补办社会保险
⊙对缴费基数过低的给予调整
反驳
公司利润提高，缴费基数应该相应提高
资方
中国人民大学
反馈
⊙按规定补办保险
⊙缴费基数不应该上调
理由
CPI增长较快，上调基数，工人购买力下降
小结
⊙按规定补办保险
⊙希望职工全员通过后再来商议社保缴费基数问题
要求
工资涨幅新标准
依据
⊙本市工资增长基准线
⊙公司近年来的经营状况
调整
调低工龄工资标准
问题
工龄工资究竟占企业多大成本
实例
员工代表讲述公司运营真相
要求
提出工龄工资新标准
依据
同行业企业标准
劳方
资方
反馈
工资涨幅过高
依据
⊙国企特殊情况限制
⊙公司经营状况不允许
⊙生产流程再造急需资金
共识
抛物线型工龄工资标准
回应
⊙说明工龄工资意义
⊙企业面临的竞争压力巨大
⊙经济危机对企业的冲击
争议
同行业工龄工资没有劳方提出的标准那么高
理由
金融危机对企业影响巨大
劳方
回应
下调工资涨幅标准
反馈
再次下调标准，接近资方标准
僵局
坚持自己的下调标准，同样不再让步
时间
资方
让步
上调涨幅标准，但仍与劳方要求有差距
坚持
坚持自己的标准，不再继续让步
分歧
仅差1个百分点

第七章

像管理者那样思考

——F 食品公司劳资谈判

一、案例

F食品公司背景

F 食品公司生产经营状况良好，订单饱满，效益稳步增长，在近几年的发展中，斥巨资引进了国际先进生产线。公司通过研发创新，改进产品，创新品牌，获得巨大利润，逐步成为行业中的知名企业。

谈判事由

在公司发展过程中，已经考虑到员工对于公司的巨大贡献，在近五年内逐步提高了职工工资和福利待遇。员工的工资日益增加，但员工普遍感觉工资增长幅度不大，已经不能跟上物价上涨水平。近年来，各大公司逐渐重视员工福利，将营运利润合理与员工分享，F 食品公司员工也逐渐意识到不应该忽视自己的权益，要求公司给予合理调薪和福利待遇，并发起集体谈判要约，与公司协商。

劳方要求

1. 一线、二线员工工资上涨

近期公司准备进一步扩大和改建现有的生产线，公司有改善员工工资福利的能力。随着物价水平上涨，员工的生存压力越来越大，公司应该适当提高一线操作人员和二线辅助人员的工资涨幅，减轻员工生活压力。劳方将工资涨幅标准定为：一线操作工人增长 18%，二线辅助工人增长 15%。

2. 技术工人的底薪上调

企业技术工人底薪仅为10万元，远远落后于其他企业12万元的平均标准。劳方希望资方能够重视对企业更重要的技术员工，将其底薪上调至12万元。这样在减少了核心员工流失率的同时也可以保证了企业不断发展的动力。

3. 建立工龄工资制度

本企业在同行业处于中上的地位，应该建立并完善职工工龄工资制度。工龄工资制度不仅有利于降低员工流失率，更有利于鼓励老员工为企业贡献自己的经验，提高企业劳动生产率。劳方制定的工龄工资方案为：（1）在本公司连续工作满一年的员工每月工龄工资为50元。（2）在本公司连续工作满两年的员工每月工龄工资为100元。（3）在本公司连续工作满三年的员工每月工龄工资为150元。（4）在本公司连续工作满四年的员工每月工龄工资为200元。（5）依此类推，之后在本公司工作每增加一年，每月工龄工资相应增加50元，累计10年封顶。

4. 设立食品安全复检员一职

近期公司发生了食品安全未达标、产品被退回的事件，此类事件会对企业造成重大信誉影响，需要企业方对于这个问题给予足够的重视。企业食品安全检验员人手明显不足，经常超负荷工作。因此劳方提出要求增加食品安全复检员一职，分担检验员的部分工作，对食品安全进行全面监控，保证企业的安全生产。

5. 员工劳动时间的调整

本公司流水线作业，员工工作强度大，长期工作造成员工精神紧张。公司的现有工作时间规章虽然没有违反相关法律法规规定，但是也应结合本公司的实际情况进行调整。流水车间的工作环境较差，长时间超负荷工作会极大损害员工的身心健康。因此劳方提出：公司工作时间实行轮班制度，在保持工作效率的前提下，给予员工更多的休息时间。

资方要求

1. 一线、二线员工的工资上涨

公司认为劳方提出的工资上涨幅度过高，是不现实的。由于受金融危机的影响，公司的资金周转不灵，货款的回收情况亦不理想，运输状况受损较大。公司明年将对现有的生产线进行扩建和改造，需要10亿左右的资金，所以员工工资上调的幅度不能过大。公司方面将工资涨幅目标定为：一线操作工人增长13%，二线辅助工人增长10%。

2. 技术工人的底薪上调

公司意识到技术工人对于公司的重要意义，已经在近五年中逐步提高其工资水平及福利待遇。但是由于目前金融危机对公司的影响甚大，公司的经营状况开始下滑。故本次谈判不考虑提高其底薪。

3. 建立工龄工资制度

关于增设工龄工资问题，公司经过了调查，认为设置工龄工资对于企业具有积极作用，可以考虑建立工龄工资制度。公司从企业人工成本管理的角度出发，认为合理的工龄工资方案为：（1）在本公司连续工作满一年的员工每月工龄工资为40元。（2）在本公司连续工作满两年的员工每月工龄工资为80元。（3）在本公司连续工作满三年的员工每月工龄工资为120元。（4）在本公司连续工作满四年的员工每月工龄工资为160元。（5）依此类推，之后在本公司工作每增加一年，每月工龄工资相应增加40元，累计十年封顶。

资方要求补充规定：

（1）员工连续请假超过15天或年内请假累计超过30天者，取消工龄，按新员工待遇执行并重新计算工龄。

（2）员工辞职后又复职，原工龄取消，按照新入职时间重新计算工龄。

（3）试用期间不计算工龄。

4. 设立食品安全复检员一职

关于劳方提出的设立食品安全复检员一职，公司方面认为没有必要。近来公司偶发个别产品未达标准，被退回的情况。公司经调查研究，已经对于相关员工做出解除劳动合同的处分。并且，公司人力资源部门已经着手准备了关于食品安全的职工培训，并在近期将会逐步开展。对于食品安全专员的单独培训也将在近期准备。因此，公司在食品安全方面已经完全可以避免未达标准的问题再次发生，故设立食品复检员的要求不予支持。

5. 职工劳动时间及休假的调整

关于劳方提出的员工工作时间问题，公司认为现行的制度是严格依照新出台的劳动法有关规定执行的，不需要调整。

请劳资双方结合上述背景信息各自拟定谈判方案，运用相关谈判技巧展开谈判。

二、本章相关基础知识

1　员工持股计划

定义及分类

定义　员工持股计划（Employee Stock Option Plan,简称ESOP）是指通过让员工持有本公司股票和期权而使其获得激励的一种长期绩效奖励计划。

分类

员工持股计划

- 非杠杆型
  - 概念：非杠杆型的员工持股计划是指由公司每年向该计划贡献一定数额的公司股票或用于购买股票的现金。这个数额一般为参与者工资总额的25%，当这种类型的计划与现金购买退休金计划相结合时，贡献的数额比例可达到工资总额的25%。
  - 要点：
    - ⊙由公司每年向该计划提供股票或用于购买股票的现金，职工不需做任何支出。
    - ⊙由员工持股信托基金会持有员工的股票，并定期向员工通报股票数额及其价值。
    - ⊙当员工退休或因故离开公司时，将根据一定年限的要求相应取得股票或现金。
- 杠杆型
  - 概念：杠杆型的员工持股计划主要是利用信贷杠杆来实现的。
  - 要点：
    - ⊙银行贷款给公司，再由公司借款给员工持股信托基金会。
    - ⊙信托基金会用借款从公司或现有的股票持有者手中购买股票。
    - ⊙公司每年向信托基金会提供一定的免税的贡献份额。
    - ⊙信托基金会每年从公司取得的利润和其他资金，归还公司或银行的贷款。
    - ⊙当员工退休或离开公司时，按照一定条件取得股票或现金。

员工持股计划的主要特征

1. 持股人或认购者必须是本企业工作的员工。
2. 员工所认购的本企业的股份不能转让、不能交易、不能继承。
3. 员工持股股份可通过以下四种方式形成：
   一是员工现金认购方式认购企业股份。
   二是员工透过员工持股专项贷款资金贷款认购本企业股份。
   三是企业将历年累计的公益金转为员工股份划转给员工。
   四是奖励红股形成员工持股。
4. 员工持股计划参与人以二次利润分配参与公司利润分享计划。即以工会或职代会社团法人名义享受公司利润分配，再由专职机构（员工持股管理委员会）按员工个人持股数额进行二次利润分配。

员工持股计划的操作流程

方案制定阶段 → 方案执行阶段

方案制定阶段：可行性分析/相关调查 → 选聘中介机构 → 公司价值评估 → 股权设置，确定持股比例 → 制作审批材料，进行审批

方案执行阶段：设立职工持股主体 → 持股融资安排 → 员工认购 / 选择战略投资者 → 谈判，签订持股合同 → 执行持股合同，职工持股完成

实施案例

案例　联想员工持股计划

困境

1. 产权问题成为联想集团发展的瓶颈。
2. 计算机信息行业的高度竞争带来的新老交替问题。

联想员工持有联想控股35%股权的分配方案

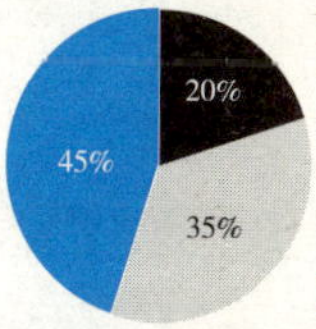

■1984年、1985年创业时的骨干15人持有
■核心员工（主要是1988年6月1日前的老员工）160人持股
■未来骨干员工（包括现在的员工）

35%分红权的意义

1. 红利的多少完全取决于企业的效益，这使全体联想人都关注企业的发展，而不是一味地关注个人的得失利益。
2. 为联想的新老交替提供了可靠的制度保障。老员工得到了认可，新员工有了更多的晋升空间。

联想员工持股计划的实施

- 1984年：1984年中科院计算机所投资20万元建立
- 1993年：1993年由所办变为院管公司；1993年向中科院提出管理层和员工占有35%的分红权的方案
- 1994年：1994年中科院批准该计划；同年香港联想于联交所上市
- 1998年：1998年联想更名为联想集团控股公司；将35%的分红权转变为股份计划启动；确定中科院拥有65%联想员工拥有35%的股权
- 1999年：1999年集团内部员工持股计划启动；员工持股计划实施

点评

1. 联想的员工持股计划不仅妥善解决了早期创业人员的历史贡献问题，而且恰当地考虑了企业的发展前途，因而是一个比较公平、合理的股权改革方案。
2. 剩下的45%并没有固化到具体人身上，而是根据做出贡献的大小分配给以后有特殊贡献的员工，这部分即是联想的“未来激励股”，其形成的激励机制，既有利于留住公司现有的人才，又能吸引新人才的加盟。

2 工资增幅的测算

劳动分配率法

定义 劳动分配率是指在一定时期内企业人工成本总额占同期工业增加值总额的比率。

说明 对一个企业而言，在生产经营比较稳定的情况下，其劳动分配率应相对稳定，职工工资总额与人工成本总额之比也基本稳定。为了简化计算，一般把上年或企业生产经营比较稳定的年份作为基期，按照企业新增工业增加值的多少和基期劳动分配率指标，确定当期工资集体谈判增资目标。

计算公式

$$工资增加额=\frac{基期职工工资总额}{基期工业增加值总额}\times 当期工业增加值增长额$$

实例

某企业生产经营形势比较稳定，2011年工业增加值总额为3000万元，职工工资总额360万元，劳动分配率为12%。在2012年，企业方确定的年度生产目标为工业增加值总额达到3600万元，工会在制定工资集体谈判增资目标时，就可以将增值目标确定为：

$$工资增加额=\frac{3600000}{30000000}\times 6000000=720000万元$$

适用范围

这种工资测算方式适用于企业利润增幅不大但产品产量、销售收入等有所增长的企业。

劳动效率法

定义 用一定的系数测算职工劳动效率的提高，从而测算职工工资合理增长数的方法。

说明 我们可以综合分析职工通过劳动对劳动生产率提高所做的贡献，来确定谈判时职工工资水平。

计算公式

$$职工工资水平（工资总额）增长目标=基期职工工资水平（工资总额）\times 劳动生产率增长率\times 浮动系数$$

适用范围 有些原材料供应和产品销售“两头在外”的外商投资企业和部分私营企业，工会不容易掌握企业的真实产值、销售和利润数据，就可以采用这种办法对工资集体谈判目标进行测算。

实例

某外商投资企业，随着采用新的生产工艺、采取培训提高职工劳动技能，2010年企业的劳动生产率较2009年增长了35%，经分析，职工活动对劳动生产率提高的贡献占40%。年人均工资水平12000元，工会在制定工资谈判目标时就可以将职工工资水平提高目标确定为：

职工工资水平提高目标=12000元×35%×40%=1680元

减亏增资法

说明 在一些生产经营比较困难的企业，企业职工的工资长期不进行调整，严重影响职工的劳动积极性。为了调动大家的积极性，共同努力促进企业解困，必须在职工工资收入方面得以体现，即职工的工资随着企业实现减亏扭亏而增加。

计算公式 工资增加额=减亏总额×K其中K为减亏增资比例，0<K<1,即每实现减亏一个单位所增加工资量，具体数值由工会代表职工与企业协商决定。

适用范围 这种方法主要适用于生产经营比较困难，但企业领导班子民主意识较强，能够与职工共渡难关、经过共同努力扭亏有望的企业。

实例

某企业经营困难，由于市场竞争激烈，长期处于亏损状态，职工工资水平较低。为了走出困境，2012年年初，工会与企业行政谈判决定，经过大家的共同努力，每月实现减亏10000元，企业拿出3000元为职工增加工资，即K=0.3。在2012年年底，企业实现减亏180万元，基本实现了扭亏，职工工资增加为：

180×0.3=54万元

风险分担法

说明 由于市场因素变化较快，经营决策上存在一定的风险，可能会出现企业经营收入与增加值不同步的情况，为降低风险，在进行工资集体谈判时要综合考虑企业人均销售收入增长率和人均工业增加值增长率等因素，合理确定工资调整额。

计算公式

$$工资增加额=基础工资总额\times\frac{销售增长率+利润增长率+工业增加增长率}{3}$$

适用范围 这种方法主要适用于市场变化较快、企业经营风险较大的企业。

实例

某企业由于经营决策失误，产品滞销，销售收入增长率为-5%，利润增长率为-10%，但职工由于劳动技能提高，进行生产所创造的工业增加值增长率为21%。企业上年度工资总额为860万元，作为工会在进行当年度工资集体谈判时，企业强调经营亏损，工会考虑职工劳动贡献等因素，最后职工工资调整目标为：

$$工资增加额=860\times\frac{（-5\%）+（-10\%）+21\%}{3}=17.2（万元）$$

物价指数法

说明 根据政府发布的城镇居民消费价格指数进行工资调整，一般情况下，职工工资增长数必须高于城镇居民消费价格指数。

计算公式 职工工资水平=上年度职工工资水平×居民生活费用指数

适用范围

这种方法主要适用于居民生活费用价格指数变化较大的年份，在企业生产经营比较稳定、具有调整支付职工工资能力的企业。

实例

某企业生产经营情况变化不大，但2010年某市居民生活费用价格指数为109%，职工年度工资水平为5300元。在进行2011年度工资集体协商时，就以居民生活费用价格指数为依据进行了工资调整，职工整体工资水平得以提高。

职工年度工资水平=5300元×109%=5777元

工资指导线法

说明 根据企业年度生产经营状况，参照政府当年发布的工资指导线的预警线、基准线、下限标准，提出本企业工资水平的调整目标。

计算公式 工资水平=上年度工资水平×指导线标准

实例

政府在2002年发布的工资指导线为：预警线15%，基准线9%，下限标准6%。该市在进行2003年工资集体协商时，普遍结合企业近年来生产经营情况，参照这三条线标准进行调整。

工资加劳动分红法

说明 在股份制企业中，按劳分配与按生产要素分配的问题已经成为股份制企业工资集体谈判的重要问题，一些企业经营者占大股，因而有意压低职工工资或降低人工成本中其他工资性支出，以扩大按资分配比例，损害职工利益。在指导股份制企业工资集体协商中，工会应提出工资加劳动分红的分配方法，即：职工的工资坚持以按劳分配为主体，根据职工劳动生产率的提高不断提高职工基本工资水平；另外，在企业税后利润分配中，根据各生产要素对企业利润贡献的大小，共同参与企业利润分配，专门拿出一定的比例（税后利润的5%—20%）用于劳动要素分红。

计算公式 劳动报酬 = 个人年度工资 + 年度工资分红 ×劳动分红比例

三、谈判过程及分析

具体过程及分析：

谈判开场白

工会主席： 各位资方代表，大家好。我们希望今天双方能够本着互利共赢的态度来进行此次谈判。下面请我们的工会副主席说明一下劳方的要求。

工会副主席： 首先，我们要求建立工龄工资制度。具体内容如下：第一，在本公司连续工作满一年的员工每月工龄工资为 50 元。第二，在本公司连续工作满两年的员工每个月工龄工资为 100 元。第三，在本公司连续工作满三年的员工每月工龄工资为 150 元。以此类推，之后在本公司工作每增加一年每个月工龄工资相应增加 50 元，累计 10 年封顶。

同时，一线操作工人工资增长 18%，二线辅助人员增长 15%，技术工人底薪上调为 13 万，并要求设立食品安全复检员一职。关于职工劳动时间的调整，具体调整方案为实行轮班制度，在绩效保持不变的前提下为部分员工调整休息时间，谢谢。[149]

工龄工资问题谈判

总经理： 我作为总经理，对劳方代表来与我们进行谈判，我是非常欣慰的。关于劳方提出的这些要求，我的建议是我们先从工龄工资制度谈起，工龄工资是我们新加入的一项制度，我们把这项制度谈妥之后再继续下一项。不知道劳方是否同意？[150]

工会主席： 我们也想先谈建立工龄工资制度，我想听 ·下资方的标准。

总经理： 具体工龄工资的标准，请人事经理给大家解释一下。

人事经理： 我们作为一家股份公司，结合本地区的现实情况，制定的工龄工资标准如下：工作满一年的员工每月工龄工资为 10 元，两年的为 20 元，三年的为 30 元，四年的为 50 元，依此类推，在公司工作四年之后员工工作时间每增加一年，每月工龄工资相应增加 2^{n-4}，

分析：

⑭⑨劳方的开场白整体来讲还是不错的，基本介绍清楚了本次谈判的主要议题，但是有两点需要注意：第一，开场白部分是增进劳资双方感情的重要阶段。所以，一些拉近关系的客套话还是要讲的，开门见山固然好，但是出于礼节性的赞美一下对方，可能效果会更好一些；第二，对于具体的要求，劳方最好先让资方先提出具体的方案，因为一个有经验的谈判者都知道，一般在谈判中首先提出的方案都会被否定的。所以劳方可以让资方提出具体的方案，自己只提出主要议题即可。但也不是所有情况都是这样，应依据情形做出相应改变，如果必须要提出议题，本方可以将条件适当提高些，以便提高议价空间。

分析：

⑮⓪谈判是一个双方博弈的过程，如果只强调自己的那一部分，谈判很难有所进展。资方总经理在发言中特意强调了"这项制度相对而言更切合我们员工的利益"。这对于劳资双方达成协议非常有帮助。

⑮①资方工龄工资方案还是相对合理的，比较贴近实际情况。在劳资协商中一定要让自己的提案控制在一个接近行业标准的范围内，漫天要价除了制造僵局，什么好处也得不到。

⑮②劳方利用同行业情况来支持自己观点的做法很好，如果能将同行情况讲得更具体一点，会更有说服力。

⑮③财务经理应对劳方的请求，回答得很充分，对公司目前经营状况从多个维度进行了描述，宏观层面受金融危机影响，微观层面企业本身资金周转不灵、明年生产线改造需要巨额费用等，比较充分地说明了企业目前经营遇到的困境。

累计10年封顶。我希望听一下我们工会对此方案的意见。

员工代表：工龄工资是对企业员工的一项福利，我们无法接受如此低的福利标准。[151]

人事经理：我们建立工龄工资制度的初衷是提高员工的忠诚度，对于在公司工作年限比较长的员工，我们更倾向于给予更多的照顾。而对于刚入职的员工，他们的工龄工资相应的就会少一些，因为他们的流失率相对较高，所以我希望员工也能从这个角度为公司考虑一下。

员工代表：据我们对同行业同水平公司的了解，他们的工龄工资水平比我们要高得多，我们提出的方案一点都不过分，而且公司目前的经营状况还是不错的，所以我们希望对方再考虑一下。[152]

财务经理：作为财务经理，我想给大家介绍一下公司现在的情况。在咱们公司全体员工的共同努力下，目前公司的生产经营状况还是不错的。但受2008年金融危机的影响，公司业绩也受到了一定的影响。公司的资金周转不灵，货款的回收情况也不理想，并且运输状况受损也较大，公司的利润在下滑。而且公司明年将对现有的生产线进行扩张和改造，这需要10亿元左右的资金，这对公司来说是一笔不小的数目。所以公司现在的资金是有限的。[153]

工会主席：好的，感谢财务经理对公司目前财务状况的介绍。针对资方提出的方案，我们希望可以将工作年限三年以下员工的工资稍稍上调一些，这样有助于提高新员工的归属感，降低离职率。[154]

总经理：我们建立工龄工资制度的出发点是提高工人的归属感及忠诚度。但是我们是劳动密集型企业，员工流动性非常大。所以我们建议将工作一到两年员工的工龄工资相对降低一些，但是我们会加大三年工龄以上员工的工龄工资，具体幅度我想请人事经理跟大家说明一下。[155]

员工代表：既然这个行业的流动性大，资方还将第一年的标准定这么低，这不是在增加企业的离职率吗？[156]

总经理：公司的目标是将员工留下来。我们大幅调高三年工龄以上员工工龄工资就是为了给员工希望，激励他们更好更长久地在公司工作。一个员工在公司工作的时间越长，他拿到的工龄工资就越多。

员工代表：但是按照您提出的方案，就算是任职三年到五年的员工，他们的工龄工资仍旧很低。

总经理：对的，所以我们会做出相应的调整。

人事经理：我非常能理解职工的不容易，但是我希望劳方也应该从公司的角度来考虑一下，体谅一下公司的难处。实际上，经过我们的调查，在北京地区同行业当中，尚有很多公司没有建立工龄工资制度，咱们公司现在也处于摸索的状态。员工的心声我们能够理解，我们会上调标准，但是我也希望工会能意识到，如果我们一下调得很多的话，我们之后可能 10 年都不会变动。我们的调整幅度是，在公司工作满一年和两年的员工每月工龄工资仍然是每月 10 元钱，工作满三年的员工可以涨到每月 60 元，工作满四年的员工可以涨到每月 80 元。⑮

财务经理：我们对于前两年工龄工资没有调整的原因在于员工在第一年和第二年流动性非常大。我们加大对工作满三年及以上员工工龄工资的目的在于希望员工把眼光放长远，如果能够长期在公司工作的话，员工将会得到非常丰厚的待遇。

人事经理：我们已经给予让步了，所以我希望工会也同样拿出诚意来。如果劳方一直不予让步的话，我们的谈判就会陷入僵局，这对于双方都是不利的。⑮

员工代表：我从事相关行业工作的朋友他们的工龄工资比现在你们提出来的标准要高很多。如果您的标准还是不调整的话，两三年后我们就会跳槽，也许我们很多工人就会通过朋友的介绍去同行业的其他公司，因为他们的起步工龄工资非常高。⑮

总经理：既然这位代表说到同行业其他企业工龄工资的水平较高，那不妨请具体说说相关情况，让咱们作为参考。

财务经理：员工不是只依赖工龄工资生活的，相比同行业企业，我们的工资水平还是非常高的。

工会主席：企业方是否考虑过，由于不同工龄的员工的工龄工资差距过大会造成新员工的不满，这显然对公司的发展相当不利，所以我希望企业方能够认真考虑一下。

人事经理：各位劳方代表，我认为平等是相对的。如果新员工

分析：

⑭劳方在听了资方一大段解释后，应该提出自己的一些质疑，从而加大自己在谈判时的筹码。资方的回答虽然看上去“面面俱到”，实际上值得追问的问题还是很多的。比如金融危机对全球经济产生了不良影响，但真正对食品行业的影响究竟有多大？货款回收情况具体是什么样的？10 亿元资金的来源是什么？一连串涉及具体问题的提问，至少会打乱资方谈判的节奏，重新夺回谈判的主动权。

⑮资方提出的行业特性很有说服力，工龄工资制度看上去“很美”，但具体到不同行业，使用效果差别很大。行业特点是劳资双方在谈判前准备过程中特别要注意的一点。不存在劳资谈判的万能技巧，我们需要具体问题具体分析。

⑯劳方这位代表基本没有明白工龄工资的作用。对于短期流动性大的员工，要靠整体薪酬的提高和配套其他福利的方式来吸引，提高前几年的工龄工资只能加剧员工的短期行为。同时，这对老员工也是相当不公平的。

分析：

⑮⑦资方首先做出了让步，这在一定程度上缓和了前期劳资双方争执不下的局面。另外，资方做出的让步基本上处于劳资双方都可以接受的范围内，是一个比较合理的方案。

⑮⑧资方的让步策略运用得很不错。让步是有条件的让步，让步是为了加快共赢的脚步。实际上，前一个问题的让步会成为后一个问题谈判的重要砝码。合理的让步是本方获取更多利益的必要手段。

⑮⑨引用身边朋友的情况来支持自己论点的做法很好，但是一定要注意客观性，起步工龄工资设置很高本身就值得商榷，所以讲述相关朋友工龄工资的真实性将大打折扣。如果资方加以质疑，进一步问细节问题，劳方将变得非常尴尬。

和工作 10 年员工拿同样的工龄工资，那才是最大的不平等。我们已经做出极大的让步了，所以我们希望劳方同样做出一些让步。

工会副主席：咱们公司作为行业知名企业却只愿做出如此小的增幅，让我们丝毫没有看到企业方的诚意，我们的很多底层员工工资相对而言是非常低的，这种 10 元、20 元的涨幅对他们来说只是杯水车薪。当然，我们也能体会到企业方的不易，所以我们经过商议后决定，做出一定的让步。具体方案是，第一年月工龄工资是 40 元，第二年是 80 元，第三年是 120 元，依此类推。这是我们所能做出的最大让步了。

人事经理：首先我可以明确一点，公司愿意为大家增加工龄工资。但您刚才说 10 元对于底层员工来讲是杯水车薪，我想说 40 元对于他们来说依旧是杯水车薪，这 40 元钱对一个人的生活也没有什么实质性的改变。更重要的是，我们的员工不能依靠工龄工资来活着。出于员工这么多年来对公司贡献的考虑，我们愿意再次做出一些让步，我们新的方案具体如下：第一年每月工龄工资为 20 元，第二年每月工龄工资为 20 元，第三年每月工龄工资为 100 元，第四年每月工龄工资为 150 元。这真的是公司能做出的最大让步了。希望劳方能够给予理解。

员工代表：新员工与老员工从事同样的工作，但最后拿到的薪水却差别很大，这难免会造成新员工的心理失衡，他们的工作效率可想而知。

副总经理：新员工和老员工的差别在于他们在公司工作年限的不同，他们对于公司的忠诚度也是不一样的。但是不论新员工还是老员工，公司都会依据你们的表现给予同等的报酬，工龄工资的差别不代表我们对新老员工贡献率有差别，只要对公司的发展有益，我们都会给予丰厚的奖金激励。

员工代表：但是我现在的工龄工资还是特别少，我感到心里特别的不平衡。

副总经理：工龄工资少是因为你在公司工作的年数少，如果你在公司工作的年数多了，工龄工资自然就会多了。而且对于新员工而言，他们的未来发展还是一个未知数，我们需要看到他们的实际行动来证明他们的能力以及对公司的忠诚度。

工会主席：我们认真考虑了资方的方案，经协商，我们同意你们提出的前两年工龄工资为每月 20 元的说法，但是从第三年开始我们提出的每月 150 元和 200 元的标准就不能改了。我们的底线就是这样了，希望资方给予认真考虑。

总经理：各位劳方代表，您看这样可不可以，对于工作满三、四年的员工，我们的工龄工资标准上调至每月 120 元和 160 元。这样可以吗？

人事经理：这已经是我们能拿出的最大限度让步了，如果还不能达成一致的话。我们只能进行下一个议题的讨论了。

工会主席：经讨论，我们同意资方的更改方案。

副总经理：好，非常感谢工会对公司决定的支持。

工会主席：下面我们来谈一下主要的核心问题，即工资问题。

总经理：对于刚才我们的修改方案，还有一个补充规定，请我们的财务经理说一下。

财务经理：首先，员工如果连续请假超过 15 天，或者年内请假累计超过 30 天者将取消工龄，按新员工待遇执行，并重新计算工龄。其次，员工遭辞退辞职以后又复职的，按照新入职的时间重新计算他的工龄。再次，试用期是不计算工龄的。劳方对此有何意见？

工会副主席：我们的意见是，取消连续请假超过 15 天或年内请假累计超过 30 天取消员工当年工龄并重新计算工龄的方案。

工资涨幅问题

人事经理：我们接受劳方的建议。下面我们来谈工资问题，劳方对于一、二线操作工人工资的增长幅度有什么要求？

工会副主席：我们的要求是一线工人增长 18%，二线操作工人增长 15%。经调查，本市今年企业工资指导线规定的工资增长基准线为 15%，增长上限为 22%。所以我们提出的要求是相当合理的。

人事经理：我对咱们工会副主席提到的工资指导线数据其可靠性产生了质疑。据我了解，我市统计局 2012 年新颁布的企业职工工资增长指导线绝对没有你们所说的那么高。公司具体的方案，我想由咱们的财务经理来给大家说一下。

分析：

⑯只看工资上涨的百分比说明不了什么问题，关键是看工资涨幅占公司利润涨幅的比例，还要充分考虑到物价上涨的压力，劳方如果在此处说出CPI数据及工资涨幅与利润涨幅之间比较的话，会更有说服力，实际上，劳资谈判的较量很重要的一点就是双方前期信息量准备的较量。劳资双方务必要注意这一点。撒泼可以，但没有具体事实和数据支持的撒泼只能是无理取闹。

财务经理：受金融危机的影响，最近几年公司的财务状况不是特别好，虽然公司的盈利在不断增加，但是远没有达到2008年以前的水平。目前公司所能够承担的是一线操作工人增长5%，二线辅助工人增长5%。

人事经理：我要补充一点，我们的标准完全符合2012年我市职工工资增长指导线的规定。

员工代表：我承认企业一直在给我们涨工资，但是物价也一直在上涨，所以我们根本没有感觉到生活水平有提升，反而感觉生活水平下降了。我了解到同行业企业的工资水平都比咱们公司水平高，如果公司这样下去，我想很多员工都会转投其他薪资水平更高的公司了。⑯

总经理：员工代表刚才说的物价飞涨的情况，这一点公司也是承认的。当前我们的物价的确上涨非常厉害，但是上涨的不仅是CPI，与生产密切相关的PPI也在上涨。所以我们提出的工资上涨5%的方案是综合考虑了CPI、PPI等多个指数才得出的结论。

员工代表：我们不了解那么多指数，我们只知道企业赚了很多钱，但是工人的工资却没有涨。

副总经理：公司最近五年的工资每年都在上涨，尽管目前公司资金有些紧张，但是考虑到员工为企业做出的巨大贡献，我们会竭力为员工争取最大的利益。我们非常理解员工的辛苦，没有你们的辛勤劳动，公司也不会发展壮大到现在的程度。所以咱们公司每年都尽最大的努力给各位涨工资。

人事经理：公司效益的提高与涨不涨工资没有直接的联系，而是与员工的年终奖有关，工资毕竟不是在买股票，不是说公司利润涨了，我们的工资就要跟着上涨。当然，我们会认真考虑员工的利益，我们一定会给大家涨工资，但是一定是在公司能承受的合理范围内，我们提出的方案已经是公司的底线了，并且公司刚才也给员工上涨工龄工资了，所以希望劳方能够认真考虑一下。

工会主席：刚才咱们公司高层提出了一大堆指数。其实我现在最关心的一个问题是，我们的工资是不是一定要完全按照CPI、PPI的标准来做计算，现在公司挣了这么多钱，但是却按照这些指数来上涨工资。

工会副主席：刚才在谈论工龄工资的时候，资方就告诉我们在薪资问题上会给我们一个相当优厚的条件，难道这区区 5% 的工资调整就算是相当优厚的待遇了吗？

员工代表：公司新员工的工龄工资已经很少了，如果工资上涨幅度这么小的话，那新员工真的很难维持最基本的生活，我们真的希望公司能为新员工目前的困境考虑一下。

人事经理：我需要明确一点，咱们公司制定工资标准的主要依据就是当前物价的 CPI 及其他指数。[161]

员工代表：我们不理解 CPI，我们只管我们的生活状况有没有得到保障。

总经理：各位劳方代表，咱们公司能够做大做强，离不开员工的辛勤努力，而且公司的理念一直是体贴员工，综合考虑到公司的产业属性以及目前的生产经营状况，我们能做出的最大让步是一线操作工人工资增长 8%，二线操作工人增长 7%。

工会主席：我们完全不能接受资方提出的方案，我们提出工资上涨 18% 的要求是经过职工大会认真讨论过的，是广大职工群众的心声，资方提出上涨 8% 的方案距离 18% 差距太大，如此小的涨幅，完全不能保障员工最基本的生活。

总经理：我们已经做出这么大让步了，我们希望劳方也能为企业的发展考虑一下，双方都做出一些妥协，争取最后能妥善解决好薪资问题。

工会主席：我们也是充分考虑到了公司的情况，经过认真讨论，我们做出的让步是一线工人增长 15%，二线工人增长 12%。

副总经理：我们提出的方案是，一、二线工人工资分别增长 10% 和 7%，这真是我们能做出的最大让步了。同时员工可以享受公司新建生产线的股份分红，让员工共享公司成长的成果。劳方对此有什么意见？[162]

员工代表：公司具体的分红方案是什么？

总经理：我们的具体方案是，员工享受新建生产线利润分红的 2%。

分析：

[161]资方在这里只提 CPI 来说明问题显然不够，针对劳方说的 5% 的工资涨幅，资方完全可以给劳方算一笔账，集体谈判中工资涨幅很多时候是按照“利益均沾”原则计算，即所有人都要涨薪的。不要说 5% 的涨幅，如果企业员工足够多的话，1% 的涨幅对于企业来说都是一个巨大的负担。所以资方可以当场按照工资标准计算出这样一个数据，这样可能会说话更硬气些。

[162]资方提出股份分红的举措，是解决劳资工资纠纷的一种很有效的方法。实际上，资方在面对劳方提出的涨薪要求时，可以采取很多“迂回”的战术来代替工资上涨，具体举措包括股份分红、免费工作餐、低价购买公司产品等。

员工代表：生产线改造是明年的事情，可是我们现在就要求涨工资。

人事经理：我们希望员工能够看长远一点，公司的这条生产线是斥资 10 亿元的大项目，将来利润丰厚，员工不要纠结于现在的收益而放弃未来的一大笔收入。

员工代表：我们接受分红的建议，但是分红毕竟是明年的事情，无法解决今年的问题。所以我们还是希望公司能够给员工上涨工资。

副总经理：我们已经同意给员工上涨工资了，一线操作工人增长 10%，二线辅助工人增长 7%，这是公司最后做的决定。如果你们不接受此方案的话，我想我们可以先将这个问题暂时搁置，工会也可以回去商讨后再做决定。

工会主席：我们不是不接受利润分红的意见，我们的意思是，等生产线建好了，公司有能力给员工分红的时候，我们再去接受利润分红。

人事经理：我要声明一下，我们的要约是捆绑式的，是接受工资增长 10% 和 7% 的前提下，才能享受分红待遇。不可以只选择一种。

工会主席：目前员工的生活的确困难，我们提出的 15% 的工资涨幅已经是我们的底线了，不能再少了，不然我们员工的生活十分困难。

总经理：我们给劳方提供两种方案，供你们选择，第一种方案是一线操作员工工资增长 12%，二线辅助工人增长 10%；第二种方案是一线工人工资增长 10%，二线辅助工人工资增长 7%，并外加明年生产线的 1%—2% 的利润分红。其实结合咱们公司近年的情况，我可以负责任地告诉大家，利润分红带给你们的钱要多得多。

工会主席：再商量一下好不好。

总经理：能不能达成协议，因为咱们时间很短了。

工会主席：我们能够做出的最大让步就是工资上涨 15%。

副总经理：我们的这个员工，如果你拿现在这么高的工资都活不了的话，那咱们市拿最低生活保障的人该怎么活？

工会主席：您的工资也不高啊，您是涨薪之后工资才高的，对不对？

副总经理： 咱们公司的工资除了基本工资之外，还有其他相关的福利，这些综合起来是远远高于其他公司的，如果你们活不了，那让其他公司的员工怎么活？

财务经理： 而且公司已经同意建立工龄工资制度，工龄工资也涨了，加上工资的上涨幅度，与你们提出的15%和12%的涨幅是差不多的，你们再考虑一下，我们提出的方案是很合理的。

总经理： 如果劳方还不能达成协议，那我们先将这一项搁置一下，之后如果有时间的话可以再进行商量，好吗？

工会主席： 我们再重新商议一下，可以吗？

人事经理： 我希望劳方能够抓紧时间，因为我们的时间不多了。[163]

工会主席： 我们只能谈下一个话题了，资方提出的标准实在太低了，下一个议题是技术工人的底薪上涨问题。[164]

总经理： 技术工人作为公司的中流砥柱，我们应该给予他们丰厚的待遇。目前公司给予技术工人六位数的待遇，这在公司内部已经是相当高了，所以我们不打算再做调整，不过考虑到公司整体的涨薪要求，我们可以给予技术工人利润分红。

员工代表： 一、二线员工的工资你们只给涨那么多，技术员工的工资你们也不给涨，你还让我们活吗？

总经理： 我们不是不给涨，实际上，涨底薪与涨工资是两回事。

工会主席： 现在谈涨工资，您不要提分红好不好？

总经理： 它都是钱啊。

副总经理： 而且咱们工人不是只靠工资底薪生活的，各位请注意。

员工代表： 您刚刚说不靠工龄工资活，现在又不靠底薪活，那我们靠什么活。

副总经理： 底薪只是工资计算的一部分而已，请财务经理给大家解释一下。

财务经理： 工资由底薪和职位津贴、全勤、加福利等构成。底薪上涨其实对我们工资整体是没有多大影响的。

分析：

⑯③时间压迫的策略在很多时候都非常管用，在实际谈判中，有很多重要的条款都是在最后期限前的几分钟签订的。

⑯④在集体协商过程中，劳资双方都应该注意换位思考。劳方不论什么情况都一味地强调多涨工资，那成本骤增的企业就有可能出现资金链紧张，随之而来的可能是公司的产品失去市场，企业失去竞争力，不但工资增长没有了实现，还可能使职工失去工作岗位。同样，如果企业方坚决不给职工涨工资，一味地压低人工成本费用，最后的结果是有能力的人会纷纷离开企业，正所谓“财聚人散”。所以，换位思考是实现协商一致的重要性原则。

分析：
⑯⑤数据的准确性有效性非常重要，资方引用的职工工资指导线价位的数据非常恰当，很有说服力。

工会副主席：技术工人自身拥有独特技术，所以他们应该拿那么多工资。经调查，我们发现同行业中与我们规模相似的企业，技术工人的底薪远远高于我们，他们至少在13万以上。

副总经理：我有一个相关的数据想与大家分享一下。我市统计局颁布的职工工资指导价位，技术工人全额工资大概在13万左右，而我们现在谈论的仅仅是技术工人的底薪。[165]

副总经理：总经理挺忙的，一会儿咱们还有个会，现在我替总经理总结一下咱们今天谈成的这几点。咱们工会也确认一下。

工会主席：技术工人工资还没给涨呢，您就直接结束了。

（由于谈判时间已到，此次谈判到此结束）

专家点评：非常感谢谈判双方给我们带来了一场精彩的集体谈判，对于低于工资社会平均线的企业谈涨工资的问题确实很难谈。下面我对本场比赛进行一个简要的点评。

第一，关于工资涨幅。双方应该提出支持各自涨幅的论点、论据。劳方提出涨幅要求时一定要把同行业的标准说清楚。如果已经高于同行业标准的时候怎么办，一定要把资方这么多年经营状况的数据弄清楚。公司的利润增长了多少，我应该分享多少。资方在谈判的时候也应该把劳动力市场的状况摸清楚，实际上有很多数据说明企业在同行业职工中的生活状况应该是什么样的。所以双方可以通过使用相关数据来减少谈判时的分歧，避免因为双方争议太大导致谈判无法继续进行下去。

第二，在涉及涨工资问题的时候，我们应该去考虑公司的劳动力结构和员工结构。比如公司的人员构成是新员工为主、老员工为辅的话，那么对于员工工资问题，工会和资方考虑的出发点是不一样的。而如果是以老职工为主、新职工为辅的话，整个工资的考虑又是不同的。站在双方利益的角度出发，资方可能要考虑到工资上涨速度过快所造成的刚性化问题，劳方则要考虑到新员工与老员工工资之间差距的问题。

第三，关于工龄工资的问题。资方应该在整个工资结构中考虑，这个应该跟劳方讲清楚。而劳方应该从劳动力稳定性的角度去考虑问题，特别是从资方跟劳方签订劳动合同的时间长短去判断。比如说资方为了回避员工工龄工资的问题，只跟员工签很短期的合同，而且流动率很高的话，实际上谈判思路也会不同。

第四，关于技术工人薪酬问题，我们首先要考虑工资的竞争性问题。在这场比赛中，资方其实提出了一个很好的思路——利润分红。资方最主要的是要避免工资的刚性化，如果工资上涨过快的话，那明年经济效益下滑就会导致工资回调。这对人力资源管理的难度和对企业伤害都会非常大。

总体而言，今天双方的表现很精彩，基本上把各自所代表的角色扮演得比较好。谢谢。

谈判分析：本案例中工资增长项目不是双方达成一个增资指数，而是细分为一、二线员工工资增长率和技术工人底薪调整两个部分。除了工资增长，双方的议题还包括增设工龄工资、设置食品安全复检员、工时调整等。双方都要从企业管理的角度来了解这些项目对双方意味着什么。正像哈佛大学工会培训项目负责人伊莱恩女士所说，工会领袖仅仅关心其成员的疾苦是不够的，还需要懂得经营管理，因此培养未来工会领袖的目标应该是培养工会的 MBA。在谈判过程中，如果不明白企业的运行规律、看不懂企业的财务报表、听不明白企业管理的专业术语，仅仅说“给我这么点工资，我们没法活”，这样的语言是苍白的。现实中，企业管理者也不愿意与这样的劳方代表对话，因为这样的劳方即使有对话的平台，也缺乏对话的语言。

工龄工资的意义，就在于给新员工一个留在企业工作的未来预期，而不是当前的经济激励。底薪的意义则在于这一部分不随绩效变动，因而在薪酬结构中这部分的增加有利于增强员工的工作保障感和稳定性。底薪增长和长期分红二者的比较，前者是完全刚性的，而后者是一种长期激励，作为企业整合发展的思路，劳方可以通盘考虑一下再做抉择而不是简单拒绝。这些应该成为劳方的谈判要点。新时期集体谈判中的劳方代表，也应该是精通管理的高手。

比赛过程综述

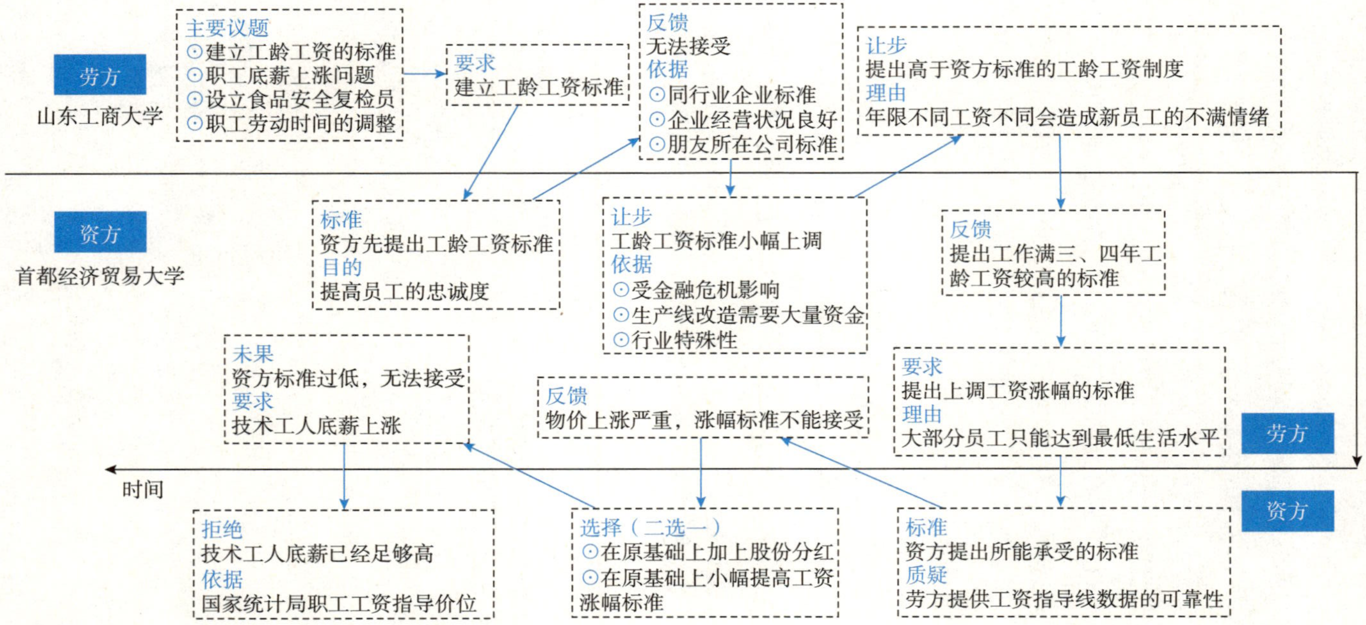
劳方
山东工商大学
资方
首都经济贸易大学
主要议题
⊙建立工龄工资的标准
⊙职工底薪上涨问题
⊙设立食品安全复检员
⊙职工劳动时间的调整
要求
建立工龄工资标准
反馈
无法接受
依据
⊙同行业企业标准
⊙企业经营状况良好
⊙朋友所在公司标准
让步
提出高于资方标准的工龄工资制度
理由
年限不同工资不同会造成新员工的不满情绪
标准
资方先提出工龄工资标准
目的
提高员工的忠诚度
让步
工龄工资标准小幅上调
依据
⊙受金融危机影响
⊙生产线改造需要大量资金
⊙行业特殊性
反馈
提出工作满三、四年工龄工资较高的标准
未果
资方标准过低，无法接受
要求
技术工人底薪上涨
反馈
物价上涨严重，涨幅标准不能接受
要求
提出上调工资涨幅的标准
理由
大部分员工只能达到最低生活水平
劳方
时间
拒绝
技术工人底薪已经足够高
依据
国家统计局职工工资指导价位
选择（二选一）
⊙在原基础上加上股份分红
⊙在原基础上小幅提高工资涨幅标准
标准
资方提出所能承受的标准
质疑
劳方提供工资指导线数据的可靠性
资方

第八章

数据，数据，还是数据

——Z 酒业公司集体协商

一、案例

Z酒业公司背景

Z 酒业公司是我国一家历史悠久的酿酒企业。经过 100 多年的发展，Z 公司产品以优良的品质、公道的价格成为老百姓宴席上广为喜爱的白酒饮品，Z 公司也成为国内中低端白酒市场的著名制造商之一。2008 年金融危机对各个行业都产生了不小的冲击。在现任总经理的重新战略布局之下，Z 公司突出重围，在竞争异常激烈的白酒市场上攻城略地。企业净利润更是历史性地突破亿元大关。

“以人为本”是 Z 公司一直奉行的管理理念。集体协商为劳资双方搭建了一个良好的沟通平台。公司有重大战略调整或有员工普遍反馈的新需求，劳资双方都会通过集体协商的形式来进行沟通。

劳方要求

首先，由于国内 CPI 上涨，居民实际购买力下降，同时公司销售额近年来迅速增加，应该给予职工工资适当调整。考虑到公司目前正处于战略转型期，资金链相对紧张，竞争对手追赶步伐加快等多方面因素，劳方代表经过反复磋商，在广泛听取广大职工意见的基础上，经过职代会同意，提出了人均工资增长 10% 的建议。

其次，公司员工工作量大，职业病困扰员工们的正常工作和生活，劳方代表提出一次把原集体合同中“公司根据效益情况，每两年组织职工进行一次身体检查”修改为“公司每年组织职工进行身体检查”，同时将原合同中“根据国家规定对特殊岗位的职工进行职业病检查”明确为“每年对特殊工种进行职业病检查”。

再次，有女职工提出将原协议中“公司根据效益情况，每两年组织女职工进行疾病检查”修改为“每年对女职工进行疾病检查”的请求。

资方要求

首先，针对工资涨幅问题。资方代表认为，公司每年都在为员工涨工资，如果员工工资涨幅过大，若干年后人工成本将无法想象。此外，公司还在工作环境、薪酬待遇、人文关怀方面做出了很多提高。经资方协商认为人均工资上涨3%是比较合理的。

其次，对于员工提出的修改协议细则的建议，资方认为劳方提出的这些建议很中肯，资方会给予认真考虑。

请劳资双方结合上述背景各自拟定谈判方案，运用相关谈判技巧展开谈判。

二、本章相关基础知识

1 非物质激励

概念及原则

概念

非物质激励是指企业采取货币以外的方式激励员工。企业可以考虑在不增加薪酬总量的情况下达到激励员工的目的。

原则

1. 差异性原则：Be difference
2. 个体激励与团体激励相结合的原则
3. 与物质相结合的原则：精神+物质
4. 规范性原则：制度是保障

非物质激励的方法

认可：上级的认可有时是对员工工作成绩的最大肯定。也是最容易被经理忽视的激励方法。认可的时效性很关键，如果使用太多，价值将会减少，如果只在某些特殊场合使用，价值就会增加。

规划：在组织内部为员工设计职业生涯可以起到非常明显的激励效应。事实上，如果内部出现职缺时总是先想到内部员工，将会给每一个员工发出积极的信息：在公司里的确有更长远的职业发展。

聚会：不定期组织员工进行团体聚会不仅有利于增强企业凝聚力，而且也有助于营造一个积极向上的工作氛围。企业可以考虑通过组织员工进行旅游、聚餐以及公司年会等形式来增强员工对企业的归属感。

体验：企业对员工进行定期体检不仅是对员工的健康负责，同时也是企业高效运转的重要保障。时刻关注员工的身体健康，会让员工感受到企业无微不至的关爱，有利于营造出一种家的氛围。

头衔：员工感觉自己在公司里是否被重视是工作态度和员工士气的关键因素。组织在使用各种工作头衔时，要有创意一些。可以考虑让员工提出建议，让他们接受这些头衔并融入其中。最基本地讲，这是在成就一种荣誉感，荣誉产生积极的态度，而积极的态度则是成功的关键。

培训：给员工培训本身就是很好的激励方式，这种培训并不一定是花钱由外部提供的，可以由经理人员讲授或是内部员工交流式培训。培训同时也是学习型组织的必要要素之一。找到员工培训需求，让员工主动参与培训是达到激励效果的关键。

休假：休假同样是一种很有效的非物质激励员工的方式。一方面可以缓解员工的疲劳，另一方面还可以作为激励一个团队高效完成任务的重要激励措施。

关爱：有人说，你怎么对待你的员工，你的员工就会怎样对待你的顾客，所以管理层善待自己的员工就显得非常重要。对员工的关爱可以体现在让制度更加人性化一点，关心员工家人的健康状况，对员工子女教育给予适当关注等。

三、谈判过程及分析

谈判开场白

工会主席：各位资方代表大家好，感谢各位领导在百忙之中抽出时间来与劳方进行工资集体协商。首先，非常感谢各位领导在过去一年的辛勤工作，在形势严峻的金融危机之下，公司在不裁员的情况下，超额完成年内销售任务。对此，广大员工看在眼里，记在心里。我们也会更加努力工作，争取再创佳绩。根据《劳动法》《工会法》《劳动合同法》等法律规定，以及上级工会相关文件要求，经公司总经理同意，双方就本年度工资调整方案和续签集体合同进行协商。今天协商议题主要有三个：一是公司年度工资调整幅度和执行时间。二是对集体合同中有关条款进行修订。三是对女职工权益保护协议中有关条款进行修改，希望能就今天的协商达成共识，然后将合同草案提交职代会审议，通过后正式签订协议。下面请工会副主席宣读《Z公司工会开展工资集体协商要约书》和《Z公司工会关于续签“集体合同”和“女职工权益保护协议”要约书》。

（工会副主席宣读两个要约书）

工会主席：请企业方代表、行政管理部经理宣读《关于Z公司工会开展工资集体协商要约书的复函》和《Z公司工会关于续签“集体合同”和“女职工权益保护协议”要约书的复函》。

（行政管理部门经理宣读两个复函）

工资涨幅问题谈判

工会主席：我们通过召开公司工会全委会和职工代表团组长会议，经充分征求职工代表意见，我们就本年度职工工资提出人均增长10%的建议，理由如下：

第一，去年国家的经济发展虽然遇到了一定困难，但全年GDP仍得到了较大增长，国家鼓励企业提高工人的福利水平，增加员工工资。

第二，在集团公司的领导下，去年公司销售额同比增长31%，企业净利润历史性突破亿元，同比增长50%，企业有能力给职工增加工资。

第三，2011年全国居民消费物价价格尽管下半年明显回落，但总体水平仍然上涨较大，物价上涨使职工的家庭消费需求增加，需要企业给职工增加工资。

第四，2011年我省职工平均工资为21312元，连续多年全省职工平均工资都比上年增加10%左右，我们公司的发展形势良好，职工工资也应同步增长。

第五，作为工会，我们会发动和组织好职工开展练兵比武、节能减排、合理化建议等方面的劳动竞赛，调动职工的积极性，作为公司为我们提高工资水平的回报。

基于以上原因，职工方提出了员工人均工资增长10%的建议，请企业方给予答复。[166]

副总经理：根据国家宏观经济政策，结合本地的城镇居民消费价格指数、工资指导线、就业状况及劳动力市场价格，从企业自身的发展及目前的经营情况考虑，企业方代表讨论后提出职工工资人均增长3%的建议。

随着企业的发展，人力资源成本、工资总额及各项基建、技术投入呈现大幅度增长态势。工资总额从2010年的2302万元增加到2012年的4175万元，增长幅度高达81.36%，职工人均收入也从1078元/月增长到1900元/月，短短三年的时间，人均工资水平增长了近1000元，为了实现企业的持续性发展，今年在基建、机器设备上的投资就高达6141万元。

总经理上任以来，一直致力于改善员工工作环境、工作条件，逐步提高员工福利待遇，近四年来员工人均收入增幅分别为9%、14.3%、28.7%、19.7%。公司通过建立人性化的人力资源管理制度降低了员工的劳动强度；通过改造公司粉碎设备，引进制曲机、加装冷风机、增设更衣室等改善了员工的工作环境；通过提供无偿工作餐、公司全员定制工作服，对特殊工种组织专项体检并配发专用防护用品，实施女职工“三期”特殊保护政策等实现了福利政策的多样化；通过成立友情爱心基金会对困难员工生活进行了全方位的关怀。

分析：

⑯劳方代表一上来就采用了“一揽子说服策略”，从宏观到微观，从物质到精神，企图一上来就说服对方涨工资，其中用了很多数据。我们乍一看劳方的论据似乎很充分，但是数据一定不能单独来看，一定要看它的发展趋势。

公司员工的收入水平、福利待遇在本地已具备足够的竞争力与吸引力，员工的人均工资也远高于全市平均水平。我们希望劳方也能看到企业的这些惠及职工的措施。[167]

工会副主席：从总经理上任以来，公司连续几年销售收入以两位数的速度增长，公司职工的收入也连年增加，职工的办公条件、办公环境不断得到改善，安全生产投入和劳动保护投入不断加大，职工的福利待遇不断得到提升，这些都深得职工的拥护。[168]

我们在征求职工对集体合同续签意见的时候，有职工提出把原集体合同中“公司根据效益情况，每两年一次组织职工进行身体检查”修改为“公司每年组织职工进行身体检查”，同时将原合同中“根据国家规定对特殊岗位的职工进行职业病检查”明确为“每年对特殊工种进行职业病检查”，请企业方予以考虑。

职工方代表：我们在征求女职工意见的时候，有女职工提出将女职工权益保护协议中“公司根据效益情况，每两年组织女职工进行疾病检查”修改为“每年对女职工进行疾病检查”，这个意见也请企业方给予考虑。

行政方代表：经总经理同意，采纳你们的意见。

工会主席：我们感谢公司为改善职工工资和福利所做出的努力，我们也体谅公司的各种难处。我们经过征求职工意见，本年度工资的增长底线就是不得低于 GDP 的增幅，即 8%，考虑到企业方一直以来对职工福利所做的贡献，我方愿意做些让步，可以对职工工资调整区别岗位，向一线职工倾斜。职能部门工资增幅不低于 7%，一线生产员工工资增幅不低于 8%。请企业方给予考量。

副总经理：以总经理为首的领导班子一直以来就把持续改善员工薪资福利待遇作为经营管理的重要目标，从以前“工资 + 奖金”单一的薪资形式，到现在形成年薪制、岗位薪资制、计件工资制、绩效工资制多形式并存的薪资制度；从以前单一的奖金激励到现在年终效益奖、目标责任奖、年终双薪、年度绩效奖等丰富的奖励机制；从以前论资排辈、收入平均主义到现在以岗定薪、以能力定薪等多形式的激励机制。我们一直在努力调动大家的工作积极性，我们同意将人均调薪比例由 3% 调整为 6%，调薪主要向一线员工倾

分析：

[167]资方代表的发言很精彩。其中包含了连续几年的工资涨幅数据（而不是只提今年的）、具体到为员工做的事情，例如通过提高劳动生产效率，降低劳动强度等（而不是大谈“我们一直很关心员工”这类空洞无力的话）。此外，还有与法律规定平均工资的对比。可以说，资方的这段论证，逻辑缜密，可信度高。

[168]劳资谈判虽然争论多于合作，但也要体现实事求是原则，实际上，劳方在此处支持赞同管理方的做法，也是一种缓和谈判紧张气氛、拉近彼此距离、促进谈判达成的重要策略。中国人特别讲究面子，你给足了他面子，可能最后会得到意想不到的收获。

斜，一线生产员工调薪比例可按8%执行。[169]

工会主席：经过我方代表协商，同意公司的意见。我们将把今天协商的成果尽快形成文字，在召开年度职工代表大会前充分酝酿、讨论，将调整修改后的集体合同（草案）、工资集体协议（草案）、女职工权益保护协议（草案）提交职工代表大会进行审议通过。[170]

副总经理：职工的事情再小都是大事，我们将一如既往地根据公司的发展状况不遗余力地提高职工的收入水平、福利待遇、生产工作条件。我们相信，我们的努力和承诺也能得到全体职工的理解与支持。我们更相信，在全体职工的共同努力下，公司一定会战胜各种艰难险阻，从胜利走向胜利，共同创造辉煌！

工会主席：我代表公司全体职工感谢领导和协商代表，请双方代表在会议记录上签字。

谈判分析：现实中比较成功的案例和模拟谈判的内容有很多差异，其中最为突出的就是对各类数据的使用。这些数据可以使谈论的观点得到有力支撑，使本方的要求更为明确具体，也使双方的谈判落实到实处，避免隔空喊话，提升谈判的效率。

这些数据按来源分成两类，一类是宏观数据，包括行业、地区甚至全国的经济社会环境指标和发展趋势，可以从媒体、公共平台获得；另一类是微观数据，包括同类其他企业的相应指标及比较，以及本企业具体的财务状况、员工的状况和诉求等。谈判前要对这些数据进行搜集归类整理。要读懂数据背后的含义、内在联系及其变化规律。

在谈判过程中要对这些数据甄别使用，有的数据是对己方有利的、可以直接使用的，有的数据是在对方提供了虚假数据或是虚张声势时适当还击的，还有一些数据是有利于对方的，除非是完全整合式的谈判否则绝不抛出。

在谈判过程中，如果对方给出的数据是本方所不掌握的，一定要仔细了解其来源、时间、指标的计量单位、统计口径等，依据自身已经掌握的数据和信息来对真实性进行客观判断，不要偏听偏信，也不要编造理由矢口否认。谈判本来就是一个双向交流的过程，不是单向度的陈词，所以装作没有听见于事无补，正视对方的要求和数据是达成协议的基础。

分析：

[169]从副总经理这段描述中，我们不难看出，这个公司散发着典型的学习型组织的味道。这说明公司的运营管理层是很开明的，员工只要提出有利于公司发展的建议，公司都会考虑采纳，所以单独提出涨工资的请求可能不会那么容易实现，但如果换个角度，多提提涨薪后，工人能为企业多创造多少利润，能节省多少成本等，可能涨工资就不是那么困难。

[170]劳资双方涨薪的思路很对，有倾向性地涨薪有时才是解决劳资矛盾的根本。对于涨工资这件事，长期高强度工作但薪水却不高的一线员工的呼声肯定是最高的，所以倾向性的给他们多一点是非常合理的。现实生活中也是这样，要求涨工资、威胁要罢工的肯定是公司中收入低晋升空间有限的员工，他们对涨工资有着最强烈的渴望，要求和公司集体谈判的往往也是他们，如果最后的结果是所有人涨幅是一样的，就很容易出现“搭便车”的情况。

比赛过程综述

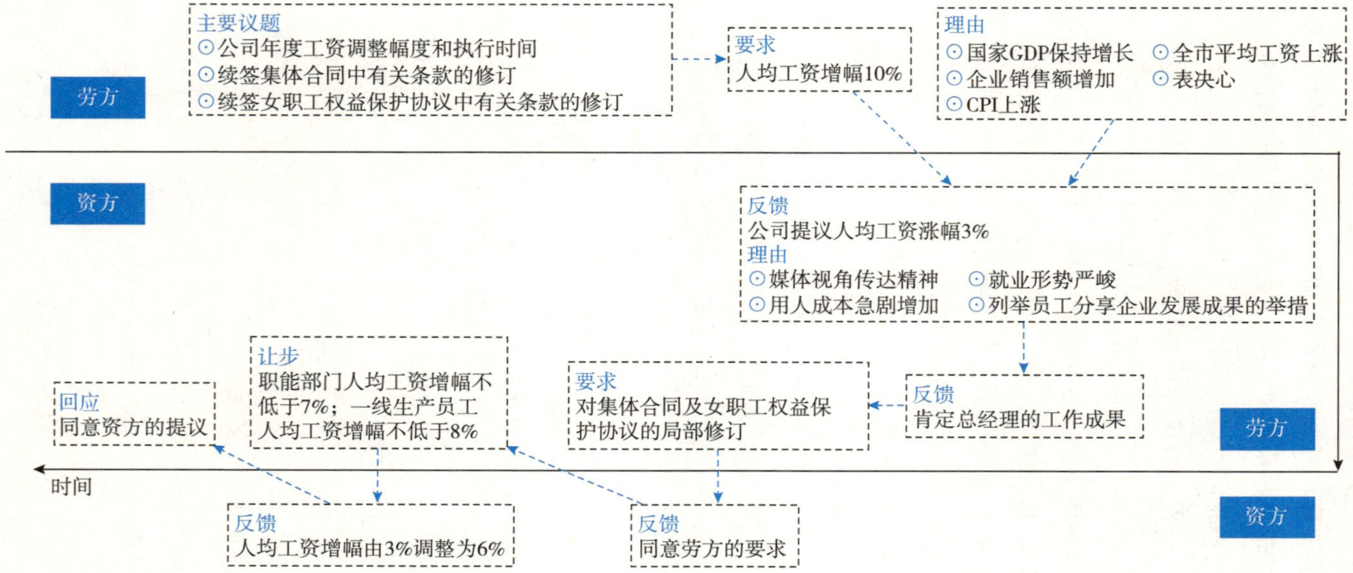
劳方
资方
主要议题
⊙公司年度工资调整幅度和执行时间
⊙续签集体合同中有关条款的修订
⊙续签女职工权益保护协议中有关条款的修订
要求
人均工资增幅10%
理由
⊙国家GDP保持增长
⊙全市平均工资上涨
⊙企业销售额增加
⊙表决心
⊙CPI上涨
反馈
公司提议人均工资涨幅3%
理由
⊙媒体视角传达精神
⊙就业形势严峻
⊙用人成本急剧增加
⊙列举员工分享企业发展成果的举措
反馈
肯定总经理的工作成果
要求
对集体合同及女职工权益保护协议的局部修订
反馈
同意劳方的要求
让步
职能部门人均工资增幅不低于7%；一线生产员工人均工资增幅不低于8%
反馈
人均工资增幅由3%调整为6%
回应
同意资方的提议
时间
劳方
资方

参考文献

[1] 于冠华主编，天津市总工会、国家职业资格培训鉴定实验基地编写．集体协商、工资集体协商指导师培训教程．北京：外文出版社，2011。
[2] 张立兴，任秉海，郑伟．零风险用工与集体协商技巧．北京：法律出版社，2011。
[3] 赵应文．工资集体协商．北京：研究出版社，2011。
[4] 范韶华．工资集体协商指导员速查手册．北京：中国工人出版社，2010。
[5] 任小平．会计信息与工资集体协商．北京：电子工业出版社，2008。
[6] 程向阳等．人力资源管理风险点提示与规避．北京：北京大学出版社，2012。
[7] 林伟贤．中国人的优势谈判．北京：北京大学出版社，2012。
[8] 石先广．社会保险法深度释解与企业应当．北京：法律出版社，2011。
[9] 牧之．谈判要读心理学．北京：新世界出版社，2009。
[10] 常凯．劳权保障与劳资双赢—劳动合同法论．北京：中国劳动社会保障出版社，2009。
[11] 宋湛．集体协商与集体合同．北京：中国劳动社会保障出版社，2008。
[12] 吴圣奎．企业劳资纠纷化解对策人力资源管理法律顾问全书．北京：法律出版社，2011。
[13] 斯图尔特．戴蒙德（美）．沃顿商学院最受欢迎的谈判课．北京:中信出版社，2012。
[14] 王桦宇．劳动合同法实务操作与案例精解．北京：中国法制出版社，2013。
[15] 刘新民．员工关系管理实务．北京：机械工业出版社，2011。

附录一

专家精彩点评汇总

集体协商最重要的是前期的沟通和交流。

——寒暄不是可有可无

劳资双方在谈判之前，要明确此次谈判的目标是什么，底线是什么，在什么程度上可以接受。

——谈判的基本功

劳资双方应抓住所代表群体的群体性特征，充分体现职业特点。

——了解己方需求

劳资双方的首席代表主要注意控制谈判进程，提高谈判效率。

——效率原则

当谈判涉及好几个主题时，劳资双方应该一个一个去明确，尽量避免就一个问题循环去谈的情况。

——明确目标

劳资双方应对谈判过程中涉及的细节问题进行深入探讨，不要进行“蜻蜓点水”式的谈判。

——要求要具体

在谈判过程中要多用数据，因为数据很能说明问题。

——有理更要有“据”

在谈判过程中，劳资双方注意寻求共同利益，体现在语言上就是多强调“我们”，而少出现“对方”这样的指代词。

——把“分配式”谈成“整合式”

劳资双方在做出重要决定之前，应注意在本方成员之间进行商议，不要自己匆忙做决定。

——组织内协商

如果遇到比较难达成一致的主题，劳资双方可以先谈容易达成一致的项目，然后再谈比较难达成一致的，以免谈判过早破裂。

——先易后难

国家明确规定的条款，劳资双方不必去谈，劳资双方需要谈的是国家规定之上的部分。

——国法不可商量

劳资谈判实际上是一个信息量较量的过程。

——谈判也是信息战

集体谈判与辩论不同。辩论主要是对抗性比较强，但集体谈判既要对抗又要合作。

——说服对方而非打败对方

不管在谈判过程中，劳资双方的语言多激烈、拿了多少数据，最终我们要看结果。

——据理还需“力争”

谈判最重要的一点是妥协。没有妥协，集体谈判不会成功。

——谈判是妥协的艺术

附录二

集体谈判的27个小贴士

1. 明确目标是前期准备中最重要的事。

2. 把目标写下来，时刻提醒自己在谈判中真正想要的是什么。

3. 当对方对你说“不可以”的时候，你不妨问一问“为什么不可以”。

4. 尊重对方才能收获更多。

5. 在谈判前，一定要问一下自己三个问题：

（1）我的谈判目的是什么？

（2）谈判对手有什么特点？

（3）需要采取哪些策略和技巧才能说服他们？

6. 不要因过于强调自己的利益，而忽视了对方的需求。

7. 可能导致谈判失败的最大原因是沟通失败，而可能导致沟通失败的最大原因是误解。

8. 打断别人说话通常对实现本方目标毫无帮助。

9. 在谈判中要善于提问，因为提问可以让对方将注意力放在他们自己身上。

10. 不要说“这不公平”，试着说“你觉得这公平吗”？

11. 你越想责怪对方，对方就越不愿意倾听。你越尊重对方，对方就越愿意倾听。

12. 你无法告诉任何人任何事，除非对方愿意倾听。

13. 在谈判中，最好先从最容易达成的项目开始。

14. 对方越急躁顽固，你越应该心平气和。

15. 在谈判中，情绪化的人会变得无法倾听，并且很难专注于自己的目标。

16. 千万不要匆匆单独做决定，要和你的团队商量。

17. 在讨论的过程中，要善于发现双方的共同价值，因为它们往往是突破僵局的关键。

18. 要懂得让步。

19. 放掉不切实际的目标。

20. 不要低估“寒暄”的力量，因为谈判对象是有感情的人，而不是对外界环境没有主动反应的机器。所以适当的寒暄会拉近彼此的关系。

21. 谈判需要一个善于梳理的总结者。

22. 尽量避免在谈判中出现以后再谈的情况，因为一旦以后再谈，不确定性会大大增加。

23. 要善于利用时间压力。

24. 不要一开始就批评对方，不要指责对方，不要把自己的意志和观点强加于对方。

25. 用逻辑的、严谨的方法建立你的论点。

26. 谈判的目的是解决问题，而不是僵化问题，所以要注意灵活性。

27. 集体协商的过程实际也是利益重新分配的过程。

附录三

模拟集体谈判大赛对劳动关系专业学生实践能力效果的评估

中国劳动关系学院　黄劲暘*

前　言

（一）研究背景和目的

本文以大学生模拟集体谈判大赛对劳动关系专业学生实践能力的效果评估为出发点，旨在确认该活动是否达到预期效果、发现活动存在的问题并提出改进意见。

大学生模拟集体谈判大赛由首都经济贸易大学劳动经济学院与中国劳动关系学院劳动关系系共同发起，联合中国人民大学劳动人事学院、北京物资学院、山东工商大学等国内开设劳动关系相关专业的高校共同完成。此项目旨在为高校劳动关系相关专业学生提供一个相互学习、交流、借鉴，促进共同进步的平台。集体谈判是劳动关系及其他相近专业学生必须掌握的一门专业技术，《劳动关系协调员国家职业标准》中也要求协调员需要具备“能够分析拟订任何一方集体谈判的谈判思路和策略”，这种分析能力必须要通过一定的实践才能得以培养。

（二）模拟集体谈判大赛介绍

比赛方案在2011年初步确定，一般由主办方确认比赛时间，评委会由来自全国各地劳动关系研究领域内的知名专家学者组成。

---

* 作者为中国劳动关系学院2010级劳动关系专业学生，2012年全国模拟集体谈判大赛学院代表队成员。

参加比赛的同学的来自各学校劳动关系专业大三学生为主。比赛由各院校分别派出资方代表队和劳方代表队，抽签决定比赛阵容，分别比赛。案例内容在比赛之前两周发至各院校，便于参赛人员进行准备。案例资料只提供案例框架和谈判目标作为参考，其余数据和相关内容由学生自己搜集。案例涉及多种类型企业和多种谈判标的物，工资奖金、休息休假和保险等作为其一般性谈判内容，其余还包括工人的辞退与否、生产设备的更新、工作场所的优化等谈判内容。

大赛每场比赛时间控制在40分钟以内，双方各4位成员参赛，资方代表队一般为：总经理、财务总监、人力资源总监、副总经理（一般负责生产）；劳方代表队一般为：工会主席、车间代表、女工代表、技术代表。期间一般由工会主席提出谈判目标并且控制节奏，双方进行博弈。

大赛以参赛双方最终能否就谈判内容达成一致为考量标准，但是更重要的标准包括：（1）队员整体表现，团队合作情况；（2）对主要信息点的掌握和把控，能否与理论相结合；（3）对谈判技巧的运用；（4）能否兼顾争取利益与保持相互的关系。最终决出最佳劳方代表队和最佳资方代表队。

（三）研究方法

本文的研究主题在于评估模拟集体谈判大赛对劳动关系专业学生实践能力的效果，研究按照“研究——分析——建议”的逻辑顺序展开。在界定出对实践能力效果的考察标准后，以该标准为基础设计好访谈结构，对某高校劳动关系专业学生进行深入访谈。访谈学生分为参赛和未参赛两部分，通过对集体谈判制度的认知、对集体谈判方法的认知、对集体谈判大赛的评价以及对集体谈判大赛的期望四个维度对二者进行对比，进而得出模拟集体谈判大赛对提升劳动关系专业学生实践能力的效果。每个维度的具体考量标准以及两类学生的对比模型如下。

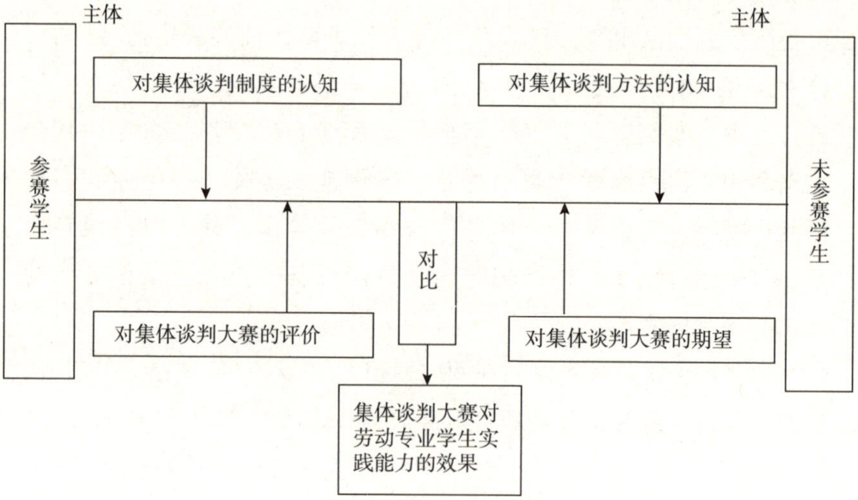

一、某高校劳动关系专业学生实证调查

（一）被调查样本的基本情况

调查样本来自某高校劳动关系专业大三学生，样本的基本特点是已经系统学习了劳动关系学、集体合同制度、集体谈判制度等相关课程，对集体谈判具有一定的理论功底，并通过组织课堂模拟劳资谈判熟悉了集体谈判的流程、相关注意事项。同时，部分调查样本参加了模拟集体谈判大赛。本次调研引入了模拟集体谈判大赛这个变量，旨在对比两类样本的实践能力有何区别。

（二）学生对集体谈判相关知识的调查结果

在对学生关于集体谈判相关知识的调查方面，我们主要获取的是关于对集体谈判制度的认知以及对集体谈判方法的认知两个维度的信息。对于集体谈判制度的认知方面，我们访谈的重点是调查样本关于集体谈判制度的基本概念，集体谈判在我国的历史渊源、立法情况以及在实践中存在的问题等。对于集体谈判方法的认知方面，我们着重了解调查样本对于谈判数据如何收集、如何使用，以及谈判时的具体技巧。

1. 对集体谈判制度的认知

【案例一：未参赛的F同学】“集体谈判制度就是对劳动者和雇主之间发生利益分歧之后通过集体谈判进行规制的制度，包括相关劳动立法和行政法规，是劳动关系三方中政府发挥作用的一项具体措施。”

【案例二：参赛的H同学】“制度嘛，就是政府出台的东西吧。集体谈判制度应该是政府用来调整劳资集体谈判的一些立法还有行政规定什么的……主要是规定集体谈判的程序还有集体谈判怎么谈比较合法”“企业应该没资格做集体谈判制度这样的制度……”

两者对集体谈判制度的认识本质上并没有太大差别，符合我国集体谈判制度现实且源于课堂讲授。虽然西方某些发达资本主义国家的劳资集体谈判制度是由劳、资、政三方共同制定的，但其执行和调控也是由政府来完成的，所以说劳资集体谈判制度是一种政府行为在一定程度上是合理的。

对于劳资集体谈判在我国的历史渊源、立法情况，以及实践中所存在的问题，两者的认识也大致相同。

在历史渊源方面，劳资集体谈判最早在我国实施是建国初期，到了20世纪50年代中期就停止了，直到社会主义市场经济体制建立，真正规范的集体谈判法律制度才开始推进，1994年《劳动法》将集体合同制度的原则性规定写入了法律。虽然集体合同制度并不完全等同于集体谈判制度，但劳资谈判却开始以集体谈判集体合同制度的名称在我国全面实施。然而在访谈中，受访学生能够清晰完整简述集体谈判发展过程的几乎没有，只有少部分人能模糊地猜想其在我国的实施时间。

在立法方面，我国有基本的法律框架，但其法律层次不高，缺乏单独的集体谈判立法。目前涉及规制集体谈判的法律及行政法规主要有：《劳动法》《工会法》《工资集体协商试行办法》《劳动合同法》《集体合同规定》《劳动部关于进行协商签订集体合同试点工作的意见》《关于贯彻执行〈中华人民共和国劳动法〉若干问题的意见》，以及《外商投资企业工资集体协商的几点意见》。

【案例三：未参赛的A同学】“《工会法》有说到吧，那个集体谈判和集体合同差不多的是么？《劳动法》《劳动合同法》中都应该有……好像还有一个关于工资集体谈判的试行办法（工资集体谈判试行办法）？差不多就这些了。”“现阶段集体谈判没有单独的立法，然后这些规定都是些原则性的规定……”

【案例四：参赛的Z同学】“有《劳动法》《劳动合同法》《工资集体协商试行办法》，还有劳动部的几个规定，我记不得了。其他就是各个地方上的规定了，（每个地方）都不一样。”“集体谈判立法缺乏独立性，都是附在其他法律上的。而且这些法律对集体谈判的法律责任没有明确，谈判（比赛）的时候很难用来向雇主施压。”

两类学生对于我国的集体谈判立法情况都有一定的了解，能够把国家层面主要的立法把握清楚。

对于集体谈判制度在我国实践中的问题上，两者的认识也无太大区别。

【案例五：未参赛的S同学】“资强劳弱，很难就工人实际利益相关的东西，比如涨工资达成协议……有时候签的合同跟法律最低标准相差不大，没有起到集体合同的作用。大概就这些了……”

【案例六：参赛的W同学】“集体谈判肯定不会像我们（模拟集体谈判大赛）一样，可以和老板平等地谈。真正的集体谈判双方在地位上，还有具体协商结果上都比较困难！”

两类学生都大致了解集体谈判制度在我国实施的基本情况以及其所存在的诸多问题。即谈判双方实力不对等，集体合同的作用还有待提高。虽然两类调查对象都不能系统描述现象和问题，但是方向和意识基本一致，没有本质区别。

综上所述，我们可以就参赛和未参赛两类学生对集体谈判制度的认知得出结论，即二者对于劳资集体谈判制度理论部分的知识并无太大的差别，模拟集体谈判大赛并不能十分有效地提高参赛学生理论水平。但是，我们也发现了一个现象，就是参加过比赛的同学会下意识地把理论方面的知识与参赛经历结合起来，形成一种对比或者反思，如“集体谈判肯定不会像我们（模拟集体谈判大赛）一样，可以和老板平等地谈。真正的集体谈判双方在地位上，还有具体协商结果上都比较困难!”“集体谈判立法缺乏独立性，都是附在其他法律上的。而且这些法律对集体谈判的法律责任没有明确，谈判（比赛）的时候很难用来向雇主施压。”我们可以认为，模拟集体谈判大赛为参赛学生提供了一个将理论知识与实际谈判交汇的平台，可以让参赛学生更好地将理论联系实际。

2. 对集体谈判方法的认识

集体谈判所依据的数据主要分为两类，即企业外部资料和企业内部资料。企业外部资料大致有四个内容：一是国家现行法律法规中有关职工权益的基本劳动标准，包括《劳动法》《工会法》《工资集体协商试行办法》《劳动合同法》《集体合同规定》以及本地区有关的地方性法规等；二是政府发布的物价指数、工资指导线数据、最低工资标准、最低生活保障标准等；三是本地区劳动力市场的供求状况；四是同行业或同类型企业的劳动标准、工资水平。企业内部资料也包括四个方面：一是本企业生产经营及财务状况，包括上一年度状况和本年度预测水平；二是近年来本企业劳动条件与劳动标准状况；三是本企业的工人成本状况；四是企业现行的规章制度。搜集信息资料有多种渠道和方法，例如查阅有关档案、资料，如查阅政府政策、法律法规，相关统计年鉴等；向有关管理人员咨询，如咨询企业人事、财务人员等，还可以咨询专家，对有关人员进行访谈等。同时，工会一方还应搜集职工的意见以及职工通过其他渠道获得的资料。

【案例七：未参赛的L同学】“法律法规，工资指导线，最低工资标准……还有企业里的各种资料吧。企业的规章制度、财务状况、负债情况、人工成本……周边同类企业的工资水平也得了解。”“法律那些应该都能查到吧，企业里面的资料问老板要去，不过别人不一定给。其他企业的资料就去问其他企业的工人，这个应该可以吧。”

【案例八：参赛的L同学】“工资指导线，当地最低工资标准，周边同类企业的工资水平，相关法律法规……挺多的，不过还要看你具体想谈的是什么，就谈判内容来准备资料。企业的财务状况这些资料也是应该搜集的，但是一般企业不愿意提供完整的资料。”

“上网查资料，企业方面的只有工会自己搜集数据来做统计，还有就是周边企业的数据，可以调查到。然后工会还要从本企业的工人中调查出数据，像劳动条件、具体诉求还有实际的工资收入，这个可能和企业账上给的不一样。”

两者对于集体谈判所应收集的资料都有了解，但参加过比赛的学生可以在实践层面上更加具体地说出其种类，并且意识到不同的情况着重搜集的资料也不同。

在对于资料和法律的理解与使用方面，两者有本质的差距，参赛学生对数据和法律能够就不同情况加以利用，且对其理解更加深入，而未参赛学生几乎不知道该如何使用。

【案例九：未参赛的S同学】“你知道这些（集体谈判所需的）资料具体该怎么使用么？”“不知道。”

“就按你的理解或者想象，你觉得该怎么用？”“没有例子，不知道该怎么说。我觉得吧，谈工资的时候就要用到工资线，然后涨工资好像是要跟附近企业比吧，上课那个案例好像是这样的。”

【案例十：参赛的H同学】“你知道这些（集体谈判所需的）资料具体该怎么使用么？”“不同的资料用的地方也不一样，这主要看你谈判的内容是什么。比如说我们遇到一个案例，就是谈解雇员工的，这时候最低工资标准还有工资情况这些数据就不是很重要，主要要看《劳动合同法》还有其他法律上关于解雇的规定，找到需要的东西然后在适当的时候抛出来……”

“你说适当的时候，能具体举个例子么？”“比如我们谈解雇员工那个案例的时候，对方（工会方）依据《劳动合同法》认为我们是经济性裁员要求付更高的经济补偿金，我们这时也依据《劳动合同法》中对经济性裁员界定不明确的地方，结合具体事实予以否定，并且反过来说工会阻挠公司与员工谈判解除劳动合同。”

“法律是这样利用的，那么有数据使用的例子么？”“就像地方最低工资标准还有员工工资统计这些数据也是需要依据谈判的内容来使用的，比如我们在谈煤矿那个案例的时候，采矿工人工资统计的结果是普遍低于当地最低工资标准的，这时一开始就要提出增长工资的要求，工资统计和最低（工资）标准结合起来就是增长工资的依据。同样的道理，物价指数、工资指导线数据这些也要和具体情况结合起来使用……”

未参赛的学生完全不知道该如何使用相关法律和数据，或者说只有一种模糊的感性认识，难以有条理、有逻辑地安排资料。而参赛学生对于其使用已经形成了自己的逻辑，受访学生不但能明确何种情况下该使用什么资料，而且能结合比赛的经历，举出实际的例子。

在谈判技巧方面，两者对于谈判技巧的了解差别不大，但参赛学生使用谈判技巧的能力明显更强。参赛学生还总结出了一些“谈判经验”，当然这些所谓的“谈判经验”并不一定能适用于真实的劳资谈判。

【案例十一：未参赛的 L 同学】“谈判技巧就是先谈简单的问题，比如最低工资标准，先营造一个有利于达成协议的气氛，然后再谈比较困难的问题，像工资增长之类的。还有就是在谈判陷入僵局的时候可以主动提出暂时停止谈判，留下余地。还有以退为进的办法，我有点记不得了。”

【案例十二：参赛的 H 同学】“先易后难，以退为进。不过真正要用起来很麻烦，不好操作。我们在谈裁员那个案例的时候，对方一上来就要谈经济性裁员那块，那对我们来说是很麻烦的问题，为了避免一开始就太激烈，我们就跟对方商量先谈保险补偿方面的内容，这是有法可依的，比较容易谈。而且比赛就赛一场，我们也不用考虑谈判的后续影响，有培训老师说，谈判相当于辩论赛，评判标准很模糊主观，只要气势上有优势就行了。

虽然比赛锻炼了学生的谈判能力，让学生熟悉了谈判技巧的应用，但学生基于比赛总结的“谈判经验”却和实践中的谈判相去甚远。一旦这种“比赛逻辑”进入了工作领域，无疑会对学生的实际工作产生不良的影响。

综上所述，在谈判中所需要的信息方面，两类样本都知道该搜集哪些数据以及如何搜集，但是对数据和法条的利用方面，两类学生就显现了明显的差距。同时，两类样本对于基本的谈判技巧都有所了解，但参加过比赛的同学中有人总结出了基于比赛的技巧，而这类技巧和真正的劳资谈判所遵循的逻辑之间存在一定的矛盾，并不适用于实践。可以说模拟集体谈判大赛有助于提高学生在谈判实践方面的能力，但是也有对学生的实践产生误导的隐患。

（三）学生对集体谈判大赛态度的调查结果

在对学生关于集体谈判大赛态度的调查方面，我们主要获取的是学生对模拟集体谈判大赛的评价以及对模拟集体谈判大赛的期望两个维度的信息。对于模拟集体谈判大赛的评价方面，我们访谈的重点在所调查学生关于集体谈判大赛的满意度以及大赛存在的问题。对于模拟集体谈判大赛的期望方面，我们着重了解的是受访学生对于谈判大赛的改进意见。

1. 对模拟集体谈判大赛的评价

两类样本都对模拟集体谈判大赛有比较好的评价，认为大赛可以帮助他们熟悉集体谈判的程序并且有助于学习到谈判信息的使用方法。同时，两类学生都认为大赛的形式并不像集体谈判，并且不约而同地用“辩论赛”来评价大赛。

【案例十三：未参赛的F同学】“你觉得模拟集体谈判大赛对你的实践能力有提高么?”“嗯，我觉得很不错。首先，比赛能让我们直观了解集体谈判的过程。虽然课上讲过，书上也有，但我学得很模糊。看了比赛强化了一次记忆，而且确实很生动。不过比赛说的内容的确不像真的……实践能力，应该还知道了一些法条在实际交涉中该怎么用吧。”

“你觉得比赛有什么不足的地方么?”“就是在下面看，完全跟不上他们比赛的思维，感觉有点乱。而且这个比赛形式就像辩论赛一样，一点都不像谈判。我觉得辩论赛对实践能力没什么促进吧，不过应该能练练胆量，谈判的时候要有在人前据理力争的能力，也算对实践能力的提高吧。”

“那如果下次还有机会，你愿意参加比赛么?”“其实这次我就挺想去的，不过害怕比赛的时候紧张。下次我很想试试，我也该锻炼一下胆量。”

【案例十四：参赛的Z同学】“你觉得比赛对你的实践能力有提

高么?”“当然是有的。程序肯定是熟悉了一遍，还有各种资料，怎么收集怎么使用，感觉学到了好多东西。还有我一直很胆小，虽然这次去比赛我也很紧张，但是我觉得这能锻炼我的胆子，在场上跟对方说到激烈的地方我就不怕了。”

“那你认为比赛有什么不足的地方么?”“就跟辩论赛一样，不像谈判。虽然我没见过真的谈判，但我看过辩论赛。这个谈判大赛就像辩论赛一样。而且我们不知道怎么算赢，比赛没有一个明确的标准，好像评委评价都是很主观的，选秀似的。还有时间很短，根本谈不出结果。还有我们用法条都是用来说对方有错的地方，这应该跟真的（谈判）也不一样。”

“以后有机会你还会参加这样的比赛么?”“我想我应该会去。这次比赛有了经验，下次应该能发挥得更好。”

参赛学生对于比赛是基本肯定的，而未参赛学生在观看比赛后也有所收获。首先，两者都认为比赛对实践能力的提高主要在熟悉流程和运用资料方面。其次，两者都认为比赛是一个提高自身表达能力、临场应变能力以及胆量气魄的平台。总体看来，集体谈判大赛对学生的实践能力，无论是参赛还是未参赛的，都有一定的促进作用。但是，两类学生无论从参与者和旁观者角度看到的模拟集体谈判大赛都和辩论赛一样，这无疑是比赛形式的问题。

2. 集体谈判大赛的期望

参赛学生都认可集体谈判大赛对于其使用数据资料能力的提升，但也提出大赛应该注重谈判意识的培养力。另一方面，未参赛的学生从观众的角度提出比赛的观赏性不强，很难理解谈判双方的谈判内容。

【案例十五：未参赛的 Q 同学】“我觉得吧，在下面看完全不知道上面在说些什么。刚开始就不是很清楚案例是什么，谈的内容是什么。就是比赛开始主持人说一遍，没有什么印象。我觉得至少开场前要给观众熟悉案例的时间吧。还有双方的资料很乱，我们下面也对这些没有概念。当然，不可能给观众说具体有些什么资料，但提示一个范围要好得多。”

【案例十六：参赛的 J 同学】“具体我不知道该怎么说，但这个辩论一样的比赛形式肯定不好，这完全不能培养谈判的意识。谈判应该是利益交换的过程，有妥协有让步。现在这个比赛感觉就是想要把对方说服似的。比赛的时候有个家伙特搞笑，下意识地对我说对方辩友……”

“具体该怎么改呢?”“这个我就不知道了，不过有一个地方，就是比赛的评判没有标准，好像评委有个标准，但是参赛选手完全不知道，比赛中都不知道怎么算是对的。所以不知不觉就变成辩论赛了。”

“你的意思是说标准?”“就是应当有一个明确的标准，还有要让选手知道这些标准。”

受访者提出了要“培养谈判意识”，这样的需求反映出模拟集体谈判大赛在培养学生实践能力方面存在缺陷。大赛注重了还原谈判过程和运用谈判资料，而忽略了谈判实践能力中最重要的谈判意识。正如受访者所说，谈判应该是一个相互妥协相互让步的过程，对抗与冲突也只是为之后的谈判制造空间，不是争个你死我活，辩论一样的比赛形式不利于谈判意识的培养。同时，参赛学生还提出了谈判没有指导标准的问题。

二、问题原因分析

通过调查我们得出以下结论：模拟集体谈判大赛提高了参赛学生对集体谈判程序的熟悉度、对法条的使用能力和与人交涉时的心理素质。但是，大赛在比赛形式和评判标准等方面存在的缺陷不利于培养学生的谈判意识，存在脱离实践的可能性。如果不切实解决这些问题，模拟集体谈判大赛很可能达不到我们预期的效果。

（一）宏观方面：集体谈判在实践中的复杂性

模拟集体谈判大赛的基础源自实践中的集体谈判，然而，我国目前的集体谈判无论在制度设计还是在基层实践中都存在着不同程度的问题，这些问题也影响到了模拟集体谈判大赛的设计。同时，集体谈判在实践中面临各种因素如社会关系、经济背景、市场情况、政策变动等的影响，这都对模拟集体谈判的过程和结果产生着影响。

集体谈判本身是一个实践性很高的活动，很难抽象成为一种单纯的比赛形式，这些都导致了集体谈判的比赛形式难以具有实践性。

首先，集体谈判在我国的实践中存在很多的问题。集体合同必须经由用人单位和职工进行“博弈”谈判之后再行确定，但是在实践中，企业在谈判过程中力量过于强大，在工资和福利待遇等方面具有较大影响力和决定权，而企业工会在集体谈判中相对较为薄弱，在谈判中很难与企业进行有效博弈。其次，实际工作中有的集体合同条款存在着“法条化”的现象。在合同形式以及具体条款上，大量照搬照抄法律法规，而较少有按照企业或区域、行业的特殊性进行细化的条款。这种照搬法律条文的合同文本虽然在内容上不违法，但在实际效力上却存在着很大问题，失去了集体谈判的本来意图，违背了集体谈判的宗旨。再次，在整个集体谈判工作格局当中，存在“重签订、轻履行”的情况。由于立法缺乏对相应法律责任的规定，企业签订集体合同较少涉及实际法律风险，这对集体合同实际效力产生较大影响。由于集体谈判在实践中存在着这些问题，使其很难制定标准来指导设计模拟集体谈判大赛，进而导致比赛在设计时一定程度上脱离实际。

集体谈判是一个复杂的过程。商品市场和劳动力市场的波动情况、企业中劳资矛盾的持续积累情况，以及地方政府的劳动关系调整政策等，都是集体谈判中必须考虑的问题，同时也是评价集体谈判成果的依据。然而比赛形式的集体谈判很难顾及这些问题。此外，集体谈判是一个动态的过程，是一个基于时间轴的连续性活动，并不只是一个时间段中的活动。一个企业的集体谈判不但要考虑其历史，同时也必须考虑之后的谈判趋势，而比赛只是一个短时间内的活动，不可能涉及时间上连续性的考虑。这就导致参赛学生把比赛目的设定为在短时间内争取有限的利益，甚至不用考虑一次过度索取的谈判对之后的关系处理会有怎样的不利影响，使谈判局限于短期利益。这种基于比赛形式的短期谈判导致模拟比赛对学生谈判视角和谈判意识的异化。

综上所述，集体谈判制度在实践中存在的诸多问题以及集体谈判在我国的复杂性，导致模拟集体谈判大赛很难与实践真正结合起来，难以设计恰当的具有普适性的评价标准，进而使其对学生实践能力的培养存在缺陷，使学生难以提高谈判意识，拓宽谈判视角。

（二）微观层面：大赛计划和实施过程中的结构性缺陷

比赛在具体设计中也存在着结构性的缺陷。其主要表现在比赛时间、比赛评判标准，以及比赛观赏性三个方面。

首先，比赛时间。比赛方案中设定：每场比赛控制在 40 分钟左右，双方各 4 位成员。期间由工会主席首先提出谈判目标并且控制节奏，双方进行博弈，最终达成一致或者无法达成一致。比赛时间只有 40 分钟，短时间的协商很难就任何谈判达成一致。比赛提供的案例一般都有很多项可谈的内容，其本意是为了双方谈判中合理利用各项谈判内容，有舍有求，进而留给彼此让步妥协以及利益交换的空间，然而谈判时间的限制导致这个目的不能有效实现。这也是参赛学生抱怨比赛难以培养谈判意识的根源所在。由于考虑到赛程资源有限，谈判时间压缩也是不得已而为之，其解决方法，我们将在之后提到。

其次，比赛评判标准。比赛方案中设定：评判时，最终能否达成一致是评估比赛成绩的重要评判标准，但是更重要的标准是：第一，队员整体表现，团队合作情况；第二，参赛队对主要信息点的掌握和把控，能否与理论相结合；第三，对谈判技巧的运用；第四，能否兼顾争取利益与保持彼此关系。比赛最终决出最佳劳方和最佳资方代表队。比赛在评判标准的设计上尽量贴合实际，其目的也十分明确，主要是考察学生的谈判基本功。但是，评价标准中涉及谈判意识方面的考察却并不明显，如谈判中如何巧妙地进行利益交换，如何引导对方达成共识等。同时，整个评价体系没有可以量化的标准。例如谈判双方达成共识，签订了协议，在这次利益博弈中哪一方获得的利益更大应当是评判胜负的重要标准，而评价体系明显遗漏了这个情况。

再次，比赛的观赏性问题。比赛方案在设计过程中只考虑到了参赛者和评委，而没有考虑到比赛本身是集体谈判实践教学的重要平台，能从中得到收获的不仅是参赛学生，还有更大部分的学生观众。调查中我们发现很多学生观众反映很难理解场上谈判者所说的内容。这个问题将导致更大部分学生对集体谈判实践教学认识模糊，远不能达到预期效果。

三、对模拟集体谈判大赛的改进意见

针对调查发现的问题，我们对模拟集体谈判大赛提出了几条改进意见。我们提出的改进意见主要针对大赛方案这一层面：

（一）适当增加比赛时间，减少谈判内容

40分钟的比赛时间双方很难就谈判达成协议，主要原因在于案例给出的谈判的内容过多。需要适当增加比赛时间，否则难以达到案例原有的目的。谈判内容也应当相应地减少，建议留下一个焦点内容和两个次要内容，同时案例设计时要考虑到各项谈判内容之间的内在联系，使参赛学生有利用谈判内容进行交换的空间。每场比赛的时间建议延长至一个小时，增加大赛赛程时间。随着比赛规模的扩大，参赛高校的增多，有必要考虑将比赛总体时间延长。

（二）完善细化比赛的评判标准

比赛原有的评判标准，虽然从目标和过程两个方面都予以了注重，但其主要只涉及了谈判基本功这一个评价维度。至于其中提到的团队合作、避免影响关系等标准没有得到细化，缺乏可以量化的标准，导致比赛结果的公平性受到质疑。针对这些问题，我们建议在评判标准中加入谈判意识这个维度，同时加入一些可以量化的指标。谈判意识主要是指谈判双方利益交换的技巧，讨价还价的能力，以及合作共赢的态度。在评判标准中加入了谈判意识这一维度，能够从本质上锻炼学生集体谈判的实践能力，避免把谈判大赛变成“辩论赛”。而可量化指标应当依据大赛组织者提供的案例具体设计，然后在比赛中交予评委作为参考。大赛组织者在选取并设计案例时要能明确各个数据，便于参赛者收到案例以后能够根据案例提供的数据设计自己合理的谈判底线。

（三）赋予观众基本的谈判信息

之前的比赛方案忽略了观众这一重要群体。集体谈判是一项专业性很强的实践，同时需要大量的背景信息来支撑。虽然我们把主要观众定位在劳动关系相关专业的学生，他们或许能够理解比赛中使用的专业策略，但如不能明确谈判案例的基本设定，也很难充分理解谈判的内容。这将导致观众的思维难以跟上比赛进度，进而失去观看比赛的兴趣。如调查中某同学所述，“在下面看完全不知道上面在说些什么。刚开始就不是很清楚案例是什么，谈的内容是什么。比赛开始时主持人说了一遍案例，没有什么印象”。基于学生需求和大赛定位两方面的考虑，我们建议大赛组织者在比赛开始前将案例的基本内容分发给观众，这样既有利于观众熟悉案例内容，而且能节省比赛介绍案例的时间。

后 记

本书以“全国高校模拟集体谈判大赛”为基础进行编写，是“北京市属高等学校高层次人才引进与培养三年行动计划（2013—2015 年）青年拔尖人才培育计划”的阶段性成果之一。首都经济贸易大学劳动经济学院冯喜良副院长是大赛的创意者和主要推动者之一，也是本书的总策划。他以对专业活动的热忱，通过不懈努力使模拟集体谈判这个课堂教学环节逐步建设成为劳动关系专业的全国性的盛会并走上常规化和组织化的道路，著名劳动关系专家常凯教授任大赛的组委会主任。迄今为止，已经有 9 所高校报名参加 2013 年在山东工商大学第二届模拟集体谈判大赛。中国劳动关系学会和常老师对大赛筹备给予了很大的支持。

感谢中国劳动关系学院乔健主任，他也是高校模拟集体谈判大赛的创意者和推动者之一，对大赛各个环节给予了大力支持和鼓励。山东工商学院公共管理学院傅志明院长也积极推动了高校模拟集体谈判大赛的开展。2011 年在中国人民大学李丽林主任的积极支持和参与下，北京高校模拟集体谈判大赛由首都经济贸易大学和中国劳动关系学院、中国人民大学联合举办，为大赛奠定了良好的基础。首都经济贸易大学盛龙飞老师和中国劳动关系学院王侃老师在其中做了大量的工作。

感谢首都经济贸易大学劳动经济学院朱俊生副院长对教学建设的支持，鼓励我们申报项目并获得了校级教学成果一等奖。感谢王晶主任对整个活动的支持。我和盛龙飞老师、詹婧老师组成教学和活动团队，互相配合，与他们的合作让我收益很大。盛老师负责大赛全部案例的编写，并与我交流了很多 2011 年大赛经验。詹老师在比赛规则设置等方面做了很多工作。

感谢各个高校的带队老师、参赛队员和评委们。是你们的精心准备和精彩表现，才使模拟集体谈判如此成功。参赛的学校、带队老师和学生们分别是（排名不分先后）：

中国劳动关系学院：乔 健　郑 桥　王 侃
中国人民大学：李丽林　张 维
山东工商大学：傅志明　彭 诵
中南财经政法大学：王长城　李 波　陈天学
河北工业大学：李培智　翟中玉　文太林
首都经济贸易大学：宋 湛　盛龙飞　詹 婧　宋 玥
评委名单：
孙文彬　中华全国总工会法律工作部　副部长
李 震　中国人力资源开发研究会　秘书长
李天国　人力资源与社会保障部劳动科学研究所　主任
陈 恺　北京中外企业人力资源协会　理事
涂 文　全国工商联研究室　副主任
王少波　北京物资学院　副教授

参赛学生名单：
中国劳动关系学院：李康宁、郑芳芳、简 璐、黄劲旸、王速超、刘 恬、卢清新、刘慧杰、杨雪琴
中国人民大学：张 晗、王筱格、李奥琛、杨 玥、张知依、王一宁、王笑颜、侯 宁
山东工商大学：郝梦晴、吴 倩、申 璐、季燕妮、张冠玉、欧灿伟、窦晓菡、郝雅静、顾勇炜、石 超
中南财经政法大学：郭俊儿、何 婉、刘雪剑、安多芬、沈 捷、冷玉凡、蒋 诗、田丹妮
河北工业大学：齐远超、吴 婷、张 涛、巩文成、苏建莹、车 轲、王 镇、马国建、杨旖旎、徐 旸
首都经济贸易大学：乔德玉、晋佳豪、刘霞薰、赵可婧、叶 桐、邓 丽、何颖颖、高乾熙

感谢首都经济贸易大学劳动经济学院姜蓓蓓副书记和孙乐老师为此次赛事活动提供的组织和服务，感谢劳动关系研学会同学和学院学生会同学的默默辛勤劳动。最后，要感谢中国工人出版社罗荣波编辑对本书出版付出的辛勤劳动。

编 者

2013 年 10 月